I0530124

ОТМИРАЮЩАЯ СОВЕСТЬ

John F. MacArthur

THE VANISHING CONSCIENCE

Tyndale House Publishers

Джон Мак-Артур

ОТМИРАЮЩАЯ СОВЕСТЬ

Знать пределы дозволенного в мире, отрицающем вину

БЛАГАЯ ВЕСТЬ
Самара 2022

УДК 27-46
ББК 86.376
М15

The Vanishing Conscience

by John F. Jr. MacArthur

WORD PUBLISHING

Dallas • London • Vancouver • Melbourne

All right reserved.

Translated into Russian by permission of Tyndale House Publishers

Цитаты из Писания приведены по Синодальному переводу Библии, если не указано иначе

Мак-Артур, Джон

М15 Отмирающая совесть: Знать пределы дозволенного в мире, отрицающем вину / Пер. с англ.: А. В. Петровский — Самара: Благая весть, 2022. — 336 с.

TMAI Edition:
ISBN 978-1-967358-14-4

Книга знаменитого американского проповедника призвана напомнить каждому человеку и обществу в целом о вопиющей порочности греха. Автор обличает современные теории о самоуважении и настаивает на необходимости покаяния. Именно это позволит нам не ощущать своей греховности и чувства вины и даст возможность обрести покой и свободу.

ББК 86.376

Издательство «Благая весть» выражает благодарность А. В. Петровскому и христианскому обществу «Библия для всех» за предоставленный перевод.

The Master's Academy International
E-mail: publishing@tmai.org

TMAI Edition:
ISBN 978-1-967358-14-4

© 1994,1995 by John F. MacArthur, Jr.
© «Благая весть», 2022

СОДЕРЖАНИЕ

Посвящается Алу Сандерсу

С признательностью за верную службу
Спасителю на протяжении полувека
и с благодарностью за многие годы,
в течение которых ты был для меня
мудрым и щедрым другом.

Предисловие

Мы живем в мире, где гордость возведена в статус добродетели. Самоуважение, почет, положительные эмоции — вот к чему побуждает стремиться современное общество. В то же время моральная ответственность подменяется «теорией жертвы», согласно которой мы должны искать причины своих неудач и злодеяний в окружающих, а не в себе самих. Откровенно говоря, библейское учение о человеческой порочности, грехе, чувстве вины, покаянии и смирении несовместимо ни с одним из этих воззрений.

Церковь с пугающей готовностью перенимает мирские взгляды — особенно в вопросах, касающихся психологии и самоуважения. Христиане нередко соглашаются со светскими представлениями о психологии вины и личном благополучии. Трудно переоценить пагубное влияние такого подхода на церковь.

Нигде вред от этого не проявляется более, чем в отношении верующих к своим грехам. Говоря о христианах нашей страны, я подметил обескураживающую тенденцию, которая существует на протяжении уже двух десятилетий. Верующих все менее заботят их грехи и все более волнуют самооправдание и самоуважение. Христиане быстро теряют представление о грехе как о корне всех людских бед. Многие христиане отрицают взаимосвязь между своими грехами и страданиями, выпадающими на их долю. Растет число верующих, которые пытаются разрешить стоящую перед каждым человеком дилемму, пользуясь абсолютно небиблейскими понятиями, такими как темперамент, пагубное пристрастие, неблагополучная семья, инфантилизм, зависимость, и целым сонмом других оправданий, которые лелеются мирскими психологами.

Исход такого отклонения может быть ужасающим. Забудьте о грехе, и вы лишитесь потребности в покаянии. Откажитесь от учения о порочности человека, и вы лишите смысла божественный план спасения. Сотрите представление о чувстве вины, и Спаситель будет уже не нужен. Предайте забвению понятие «совесть» — и вырастет аморальное поколение грешников. Церковь не должна участвовать наряду с миром в этом безбожном деле. Поступая так, мы тем самым девальвируем значение Благой Вести, которую Бог призвал нас возвещать.

Эта книга — не просто плач о прискорбном состоянии современного общества или вреде, который наносит нам грех, и не попытка взвалить на плечи христиан невыполнимую задачу по переустройству общества. Формирование чуткого отношения церкви к вопросам, затрагивающим прискорбную реальность греха, — вот единственное, что побудило меня написать эту книгу. Только так, по моему убеждению, можно добиться положительных изменений.

Может ли задача по переустройству общества быть достойным приложением усилий христиан? Недавно я сказал своему другу, что работаю над книгой, где затрагиваю вопросы греха и морального упадка современной цивилизации. «Не забудь призвать христиан активно обличать общество, — тут же посоветовал он. — Основная проблема состоит в том, что христиане не имеют подобающего влияния в политике, искусстве, индустрии развлечений, чтобы получить возможность менять текущее положение вещей к лучшему». Этого взгляда, как я полагаю, придерживаются многие христиане. Боюсь, я не могу с ними согласиться. Слабость церкви не в том, что мы не принимаем участия в решении общественно-политических и управленческих вопросов, а в том, что мы с готовностью перенимаем ложные ценности светского мира. Проблема заключается не в нашем относительном бездействии, а в тенденции уподобляться окружающему миру. Как я писал в предыдущей книге, во многих аспектах церковь становится подобной миру неверующих. Те, кто наиболее активно проявляет себя в социальной и политической сферах, нередко первыми перенимают светские ценности. Такие активисты не способны оказать здоровое влияние на общество, если их собственные убеждения неясны и слабы.

Обличать мир – занятие тщетное и бесцельное. Я убежден, что мы живем в постхристианском обществе, – в цивилизации, которая подчинена Богу и несет перед Ним ответственность. Как будет ясно из первых глав этой книги, многое свидетельствует в пользу того, что Бог отдал мир на откуп царящей в нем порочности. Бог не может ратовать за искусственную реформу морали в обществе, которое еще не минуло этап возрождения и обновления. Намерение Бога – и единственная задача церкви – возвещать о грехе и спасении каждому отдельному человеку, которого Бог Своей властью прощает и призывает *отойти* от мира. Бог желает спасти тех, кто покается в своих грехах и уверует в Евангелие, а не заниматься косметическим ремонтом морально обветшалого общественного здания.

Пусть это не покажется вам взглядом пессимиста или циника. В Писаниях было ясно предсказано время и условия, в которых мы сейчас живем:

> В последние дни наступят времена тяжкие. Ибо люди будут самолюбивы, сребролюбивы, горды, надменны, злоречивы, родителям непокорны, неблагодарны, нечестивы, недружелюбны, непримирительны, клеветники, невоздержанны, жестоки, не любящие добра, предатели, наглы, напыщенны, более сластолюбивы, нежели боголюбивы, имеющие вид благочестия, силы

же его отрекшиеся... Злые же люди и обманщики будут преуспевать во зле, вводя в заблуждение и заблуждаясь (2 Тим. 3:1-5,13).

Замыслы Божьи *исполняются*, каким бы ни было противление (тщетное) им со стороны людей. Тит. 2:11 уверяет нас, что спасительная для людей благодать Божья явилась, чтобы мы «целомудренно, праведно и благочестиво жили в нынешнем веке» (стих 12).

Даже среди злодеяний и пороков современного поколения любящие Бога имеют великую надежду. Не забывайте о том, что Он создаст Свою церковь, которую «врата ада не одолеют» (Мф. 16:18). Призванным по Его изволению Он благодетельствует (Рим. 8:28). Сам Христос является Заступником верующих в Него, которые не от мира, как и Он не от мира (Ин. 17:14). О чем просит Христос Отца? «Не молю, чтобы Ты взял их из мира, но чтобы сохранил их от зла... Освяти их истиною Твоею; слово Твое есть истина» (Ин. 17:15,17).

Что касается греха, то наша обязанность как верующих состоит не в попытках исцелить общество, но в прилежном и настойчивом очищении своих душ. В первую очередь нам надлежит избавляться от своих грехов. Только очистившись, церковь сможет оказывать благотворное влияние на окружающий мир — и это будет не поверхностное внешнее воздействие, а благотворная работа по обновлению душ. Вот чему посвящена эта книга. Она представляет собой своеобразное обращение к верующим — христианам, которые суть пришельцы и странники в этом враждебном мире (1 Пет. 2:11). Это призыв думать *по-библейски*, дабы видеть себя глазами Бога и обличать собственные грехи.

Чтобы понять, как следует обличать грехи, сначала нужно осознать стоящую перед нами проблему. В первой части данной книги описывается упадок современного общества, отношение к греху и то, как это влияет на нашу совесть. Во второй части исследуется природа греха. Практические советы по поводу того, как побеждать грех, вы найдете в третьей части. Три приложения дают дополнительные сведения о темах, затронутых в этой книге. В Приложении 1 рассматриваются наставления апостола Павла о том, как одерживать верх над грехом, данные им в шестой главе Послания к римлянам. В Приложениях 2 и 3 приводятся современные трактовки проповедей Ричарда Сиббса [Richard Sibbes] (XVII век) и Джонатана Эдвардса [Jonathan Edwards] (XVIII век). В проповеди Сиббса исследуется Первое послание Петра 3:21, а именно фраза: «обещание Богу доброй совести». В ней также подчеркиваются преимущества «чистой» совести. В проповеди Эдвардса объясняется, почему мы способны жить во грехе, даже не замечая этого, и приводится ряд советов о том, как отыскивать в своей совести грехи и расправляться с ними. Существуют две причины, побудившие меня предложить вашему вниманию именно эти проповеди. Во-первых, здесь содержатся полезные советы христианам, которые желают серьезно заниматься проблемой греха и пробуждать свою совесть. Во-вторых, в них наглядно демонстрируются отличия между тем, как церковь некогда относилась к греху, и как низко пали в этом отношении современные христиане. В церкви во что бы то ни стало нужно возродить прежний страх перед грехом, коим славились наши предки, — иначе в XXI веке мы превратимся в моральных калек.

Я молюсь, чтобы эта книга помогла благовестникам по-новому взглянуть на библейские учения о человеческой порочности, грехе, роли совести и обретении личностной святости. Я также надеюсь, что она поможет пресечь духовную апатию, безразличие, бесстыдство, эгоцентризм, которые завладевают сознанием христиан благодаря мирскому влиянию. Но более всего прочего я хочу, чтобы всякий верующий, прочитавший эти страницы, отрекся от подобных низменных ценностей и прививал себе «любовь от чистого сердца и доброй совести и нелицемерной веры» (1 Тим. 1:5).

ЧАСТЬ ПЕРВАЯ

ГРЕХОВНОЕ ОБЩЕСТВО

Современное общество пронизано грехом, разложением и духовным тлением. Это заметно повсюду. В первой части указываются те области современной жизни, где глас совести заглушается грехом.

В первой главе – «Что случилось с грехом?» – говорится о «терпимых» представлениях о грехе и чувстве вины. Приводятся многочисленные примеры того, что общество рассматривало людские пороки как «заболевания» и создало основанную на таком подходе методику «лечения», которая лишь усложняет проблему. Показывается, как «теория жертвы» подменяет традиционную мораль даже в самой церкви.

Во второй главе – «Автоматическая система оповещения души» – представлена ключевая концепция книги об отмирающей совести, которая должна сигнализировать душе о грехе. Обсуждаются методы очищения и укрепления совести.

В третьей главе – «Каким образом грех заглушает совесть» – исследуется постепенное сползание общества в бездну греховности, обусловленное индивидуализмом, нехваткой здравого смысла, извращенной верой, необузданной похотью и сексуальной распущенностью. Проводится параллель между духовным разложением Рима и современным моральным упадком, в связи с чем подчеркивается возросшая потребность в духовном возрождении.

1

ЧТО СЛУЧИЛОСЬ С ГРЕХОМ?

В стенаниях и упреках со стороны наших пророков и провидцев не встретишь слова «грех», — слова, которое некогда было истинным лозунгом пророков прошлого. Прежде об этом слове помнил каждый, нынче же его услышишь нечасто. Но значит ли это, что грех, произрастающий из самой нашей сути, более не является причиной всех наших бед? Разве в мире появились святые, на коих нет грехов, в которых нужно каяться и которые должно искупать? Может быть, все дело лишь в «преступных наклонностях», «болезнях» или обыкновенной человеческой глупости? Неправедные дела творятся и по сей день, мы это хорошо знаем; ночами среди пшеницы недобрая рука разбрасывает семена плевел: Неужели никто не понесет ответственности за такие злодеяния? Все мы иногда ощущаем беспокойство и упадок духа, и даже смутное чувство вины; но разве есть среди нас безгрешные?

Куда же, в самом деле, девался грех? Что с ним стало?

Д-р Карл Меннингер[1]

Катерина Пауэр скрывалась от правосудия более двадцати трех лет. В 1970 году, в период расцвета радикализма в студенческой среде, она участвовала в ограблении одного из бостонских банков, в результате чего был застрелен

---

[1] Karl Menninger, *What ever Became of Sin?* (New York: Hawthorn, 1973), 13.

полицейский, отец девятерых детей. Преследуемая властями, мисс Пауэр вынуждена была скрываться. На протяжении четырнадцати лет она входила в десятку самых разыскиваемых преступников, за которыми охотилось ФБР. И вот, в конце 1993 года, она решила сдаться.

В заявлении для прессы Катерина Пауэр назвала свои действия, приведшие к смерти полицейского, «наивными и необдуманными». Что же заставило ее сдаться властям? «Я должна расплатиться за грехи прошлого, чтобы жить полной жизнью в настоящем» — вот что ответила Катерина.

Ее муж добавил: «*Сдаться ее побудило отнюдь не чувство вины*. Она хотела вернуться к прежней жизни. Она хотела вновь стать цельной натурой».

В статье о Катерине Пауэр журналист Чарльз Краутхаммер писал:

Ее сдача властям – ради того чтобы снова зажить «полной жизнью» – была своеобразным методом лечения, если точнее – последним шагом к обретению собственного «я».

Алан Блум как-то описал человека, недавно вышедшего из тюрьмы, где он прошел «курс лечения». «Он заявил, что отыскал собственное „я“ и научился любить себя, – пишет Блум. – Но если бы он жил тысячу лет назад, то обрел бы Бога и научился с презрением относиться к себе как к грешнику».

В век, когда слово «грех» приобрело оттенок эксцентричности – и используется в основном по отношению к таким вредным для здоровья порокам, как курение и пьянство, – добровольная сдача властям обвиняемого в вооруженном ограблении и убийстве расценивается не как раскаяние, а как шаг на пути личностного роста. Рассказывает Джейн Альперт, еще одна радикалка, «жертва» своего времени (она участвовала в организации серии взрывов, в которых пострадал 21 человек): «Я многие годы училась понимать, терпеть и прощать окружающих и себя саму».

Умение прощать себя. Оно очень важно для современных «революционеров» с криминальными наклонностями [2].

В самом деле, в наши дни нередко слышишь от самых разных людей о том, что они учатся прощать самих себя. Но данная терминология вводит нас в заблуждение. «Прощение» подразумевает осознание своей вины. Многие из тех, кто сегодня говорит о прощении, яростно отрицают само понятие вины. Катерина Пауэр — типичный тому пример. Ее муж исключил факт осознания ею своей вины как фактор, заставивший ее прийти в полицию. Она просто хотела «облегчить душу», «расплатиться за грехи прошлого», — чтобы зажить полной жизнью.

Представление о грехе сегодня несовместимо с популярным понятием «цельности натуры» и потребностью защищать свою мнимую добропорядочность.

Досадное чувство вины

Наше общество объявило войну чувству вины. Само понятие вины называют средневековым, устаревшим и бесполезным. Людям, которых мучают угрызения совести, обычно советуют обращаться к психотерапевтам, чья задача — восстановить их пошатнувшийся «имидж». Никто не должен чувствовать себя виноватым. Чувство вины не повышает

---

[2] Charles Krauthammer, «From People Power to Polenta», Time (4 October 1993), 94.

наше самомнение и самоуважение. Общество поощряет грех, но оно и слышать не желает о чувстве вины, которое порождает в человеке этот самый грех.

Доктор Уэйн Дайр, автор книги «Зоны твоих заблуждений», ставшей бестселлером 1976 года, похоже, был одним из первых влиятельных людей, которые стали принижать ценность чувства вины. Он называет его «самым бесполезным среди всех заблуждений». Согласно доктору Дайру, чувство вины есть не что иное, как заурядный невроз. «Зоны нашего сознания, где произрастает чувство вины, должны быть сожжены, расчищены и навечно забетонированы» [3].

> Общество поощряет грех, но оно и слышать не желает о чувстве вины, которое порождает в человеке этот самый грех.

Каким же образом возможно «расчистить» и «забетонировать» «зоны вины»? Перестать совершать греховные поступки, которые пробуждают в нас чувство вины? А может, покаяться и просить прощения? Вовсе нет, если верить доктору Дайру. В действительности предлагаемое им «лекарство» настолько разнится с библейскими принципами, насколько это только возможно. Вот что он советует читателю, которого мучают угрызения совести: «Сделайте что-нибудь такое, что непременно вызовет в вас чувство вины... Отправьтесь на недельку в отпуск, если вам давно этого хотелось, несмотря на протесты ваших домашних, которые должны вызвать у вас угрызения совести. Такое поведение пробудит в вас вездесущее чувство вины» [4]. Другими словами, вам предлагается бросить вызов своей совести. Если потребуется, разругайтесь с женой или детьми.

---

[3] Wayne W. Dyer, *Your Eironeous Zones* (New York: Funk & Wagnalls, 1976), 90–91.
[4] Там же, 105–106.

Обрушьтесь с кулаками на это чувство недовольства самим собой. Короче, сделайте нечто, способное заставить вас мучиться угрызениями совести, а затем постарайтесь заглушить ее, забыть о семейных обязанностях и даже не внимать мольбам близких вам людей.

В наши дни к чувству вины редко относятся серьезно. Обычно его характеризуют как незначительную досаду, неприятность, одно из мелких огорчений жизни. В нашей местной газете недавно появился материал о чувстве вины. Это была весьма легкомысленная статейка, где в основном говорилось о таких невинных грешках, как чревоугодие, сон до обеда, и прочих «греховных радостях», как окрестил их автор. В статье цитировались психиатры. Многие из них называли чувство вины необоснованным и приписывали ему способность лишать нас всех радостей жизни.

В библиотечном каталоге периодических изданий подобные статьи значатся в разделе, носящем название «Чувство вины»: «Как перестать относится к себе слишком строго», «Угрызения совести могут свести вас с ума», «Распространитель чувства вины», «Избавься от чувства вины», «Перестань винить себя», «Чувство вины: забудь о нем», «Не корми чудище по имени Чувство вины», — и еще сонм подобных статей.

В рубрике «Советы» мое внимание привлек один заголовок. В нем давался универсальный совет всему нашему поколению: «Это не твоя вина». Накануне в газету пришло письмо от женщины, которая никак не могла избавиться от некой вредной привычки.

«Первое, что вы должны предпринять, — отвечает ей ведущий рубрики, — перестать винить себя. Ваша слабость — *не* ваша вина; прекратите корить себя; более того, не судите себя за то, что вы не в состоянии контролировать. Взваливая себе на плечи бремя вины, вы только подливаете масла в огонь, снижаете самооценку, начинаете еще больше переживать, еще глубже впадаете в депрессию, еще острее ощущаете собственную неполноценность и зависимость от окружающих. Распрощайтесь с угрызениями совести».

Сегодня можно сбросить с себя практически любое бремя вины. Мы живем в «безвинном» обществе. Анна Ландерс писала:

Одно из самых болезненных, пагубных, требующих от нас наибольших затрат сил и времени человеческих чувств – это чувство вины… Оно может испортить вам целый день – или неделю, или всю жизнь, – если только вы впустите его в себя. Стоит вам поступить нечестно, обидеть кого-нибудь, обмануть, проявить эгоизм, как оно тут же начинает терзать вас… Забудьте о том, что оно возникло в результате вашей самоуверенности, глупости, лености, опрометчивости, слабости или неуверенности. Вы поступили плохо, и чувство вины мучает вас. Очень плохо. Но помните, что испытываемые вами душевные муки вполне закономерны… Не забывайте, что угрызения совести отравляют нашу жизнь, и мы не хотим, чтобы они присутствовали в нашем мире [5].

Другими словами, вы не должны терзать себя, если поступили «нечестно, обидели кого-нибудь, обманули, проявили эгоизм». Думайте, что вы в полном порядке. Пускай «самоуверенны, глупы, ленивы, опрометчивы, слабы или неуверенны в себе», — но в порядке. Не забивайте себе голову удручающими мыслями о поступках, которые могут вызвать у вас чувство вины.

---

[5] The Ann Landers Encyclopedia (New York: Doubleday, 1978), 514–517.

Нет чувства вины – значит не было и греха

При подобном образе мыслей не остается места для таких слов, как «грех», «раскаяние», «сожаление», «покаяние» и «искупление». Раз нет виноватых, откуда возьмутся грешники? Современное общество дает свой ответ: все люди – *жертвы.* Жертвы не должны отвечать за свои поступки: они страдальцы, не властные над обстоятельствами. Таким образом, всякое грехопадение должно рассматриваться как неблагоприятное стечение обстоятельств, в которых грешник – жертва. Нам следует быть достаточно «чувствительными» и «сострадательными», чтобы понимать: то, что мы склонны называть грехом, на самом деле есть свидетельство незавидного положения человека в этом мире, в результате чего тот и становится жертвой.

Позиция жертвы настолько популяризировала себя в обществе, что места для понятия «грех» просто не осталось. Любой может избежать ответственности за свои преступления – стоит только назвать себя жертвой. Такой подход в корне изменил отношение общества к поведению его членов.

Некоего преступника, получившего пулю во время ограбления магазина в Нью-Йорке, парализовало. Однако ему удалось через суд взыскать с владельца магазина, стрелявшего в него, возмещение ущерба за нанесенный вред здоровью. Адвокат в своей речи сказал жюри присяжных, что его подзащитный изначально был жертвой общества, и неблагоприятное экономическое положение толкнуло его на преступление. Теперь же подсудимый стал еще и жертвой «бесчувственного» хозяина магазина,

> Любой может избежать ответственности за свои преступления – стоит только назвать себя жертвой

который выстрелил в него. Вследствие того что этот человек не проникся бедственным положением вора, последний обречен остаток жизни провести в инвалидном кресле. А посему он вправе требовать возмещения ущерба. Присяжные согласились с адвокатом. Владельцу магазина пришлось выплатить солидную денежную компенсацию. Несколько месяцев спустя тот же калека был арестован за совершение вооруженного ограбления.

Бернард Мак-Каммингз сделал ставку на точно такое же положение жертвы. Обокрав и жестоко избив престарелого человека в нью-йоркском метро, он был ранен при попытке скрыться с места преступления. Парализованный на всю жизнь Бернард подал в суд на Транспортный Департамент Нью-Йорка и получил 4,8 миллиона долларов в качестве компенсации. Обворованный им человек оказался больным раком. Он до сих пор оплачивает больничные счета. Мак-Каммингз, грабитель, которого суд признал большей жертвой, стал миллионером [6].

Еще два подобных случая имели место в Англии. Барменша, насмерть заколовшая ножом посетительницу во время потасовки в баре, и женщина, в гневе задавившая своего любовника автомобилем, были оправданы судом, после того как они заявили, что в результате острых предменструальных болей у них помутился рассудок и они не контролировали себя. Обеим вместо наказания было назначено лечение [7].

Муниципальный инспектор из Сан-Франциско, убивший своего коллегу и мэра Джорджа Москона, назвал причиной своего поступка увлечение «вредной пищей» — в частности чипсами, — которая на некоторое время лишила

---

[6] Steve Lopez, «Thief Becomes a Millionaire over a Beating», *LA Daily News* (2 December 1993), 25.

[7] Barbara Sommer, «PMS in the Courts: Are All Women on Trial?», *Psychology Today* (August 1984), 36.

его здравомыслия. В результате родилось громкое «дело о чипсах». «Снисходительные члены жюри присяжных признали его виновным в непредумышленном убийстве»[8]. В своем заключении они основывались на мнении, что «вредная пища» сказалась «на умственных способностях» обвиняемого, и это послужило обстоятельством, смягчившим его вину. Он вышел на свободу еще до того, как истек бы срок пребывания у власти убитого им мэра.

Бесчинствующие участники одной из банд Лос-Анджелеса прямо перед телекамерами избили водителя грузовика Регинальда Денни почти до смерти. Суд присяжных признал их виновными в нанесении незначительных телесных повреждений, решив, что они не контролировали ситуацию и потому не могут отвечать за свои действия.

В современной Америке теоретически возможно совершить самое чудовищное преступление и выйти сухим из воды, сославшись на мнимое умственное или психическое расстройство или придумав себе недуг, который объяснил бы данный поступок и избавил от наказания.

Торговец наркотиками и наркоман из Бронкса был оправдан после убийства восьми подростков и двух женщин, которых ои расстрелял в упор в голову. Это преступление стало самым громким серийным убийством в Нью-Йорке с 1949 года. Но присяжные решили, что наркотики и стресс «служат достаточным оправданием его действий». Они заявили, что обвиняемый «совершил убийства под влиянием наркотиков и пребывая в крайней степени эмоционального расстройства». В результате ему было предъявлено менее суровое обвинение, что выразилось в сравнительно мягком пригозоре[9].

---

[8] «Bitter Legacy», *Time* (26 September 1983), 19.
[9] J. Rangel, «Defendant in the Killing of 10 Is Guilty of Reduced Charge», *New York Times* (27 July 1985), 1,27.

Впрочем, не только преступники-рецидивисты используют такие приемы, чтобы оправдать себя в глазах общественности. Миллионы добропорядочных, с точки зрения закона, граждан с разных ступеней социальной лестницы пользуются подобной тактикой, чтобы оправдывать самих себя за то зло, что они творят.

Майкл Дивер, советник Рональда Рейгана, отказался признать себя виновным в даче ложных показаний, оправдывая свой поступок чрезмерным увлечением алкоголем и наркотиками, которые негативным образом сказались на его памяти. Он признался, что, работая в Белом Доме, «ежедневно выпивал до одной бутылки виски»[10]. Этот аргумент частично удовлетворил судью, и он вынес Диверу приговор с отсрочкой исполнения[11].

Ричард Берендзен, президент Американского университета в Вашингтоне, был уличен в непристойных телефонных разговорах с женщинами. Сославшись на трудное детство, он выставил себя жертвой, в результате ему было назначено наказание с отсрочкой, а университет выплатил Берендзену выходное пособие в размере одного миллиона долларов. Позже он написал книгу о своих злоключениях, где объяснил, что использовал непристойные разговоры по телефону исключительно «с целью сбора необходимой информации». Книга вызвала восторженные отзывы газетчиков из Washington Post и USA Today[12].

Модель «грех как заболевание»

Вероятно, излюбленным способом уклонения от ответственности является подход, при котором каждый грех

---

[10] Amy Wilentz, «Pondering a High-Proof Defense», *Time* (2 November 1987), 60.

[11] P. Shenon, «Deaver Is Sentenced to Suspended Term and $10,000 Fine», *New York Times* (24 September 1988), 1.

рассматривается как заболевание. Алкоголики и наркоманы идут в клиники, чтобы вылечиться от «химических зависимостей». Дети, постоянно нарушающие установленные в школе порядки, могут избежать наказания, если их сочтут «гиперактивными» или признают у них наличие «дефицита концентрации внимания». Чревоугодники более не считаются грешниками; у них «проблемы с питанием». Даже прелюбодей, потративший все семейные сбережения на оплату услуг проституток, должен вызывать у людей понимание и сострадание: он «сексуально озабочен».

Агент ФБР был уволен за растрату двух тысяч долларов, которые он проиграл в казино за один день. Позже он подал иск, заявив, что его пристрастие к азартным играм является заболеванием, и потому увольнение следует расценивать как неправомерную дискриминацию. И он выиграл дело! Более того, его лечение предписано было оплатить из страховки, предоставляемой работодателем, словно это был заурядный случай воспаления аппендикса или операция по удалению вросшего ногтя[13].

Похоже, в наше время всякий человеческий порок трактуется как заболевание. То, что раньше именовалось грехом, теперь рассматривается как целый букет заболеваний. Всевозможные виды аморального и преступного поведения нынче стали обозначаться как симптомы психических отклонений. Преступления, разнообразные формы извращений и всякую номинальную «зависимость» теперь, когда так сильно стремление считать их заболеваниями, можно оправдать. Даже такие часто встречающиеся проблемы, как эмоциональная слабость, депрессия, беспокойство,

---

[12] Andrew Ferguson, «Take Off the Kid Gloves», *National Review* (1 November 1993), 80.

[13] «Compulsive Gambling May Be a Handicap, and a Shield from Firing», *Wall Street Journal* (21 June 1988), 1.

> Даже такие часто встречающиеся проблемы, как эмоциональная слабость, депрессия, беспокойство практически во всех случаях рассматриваются как пороки плоти, а не души.

практически во всех случаях рассматриваются как пороки плоти, а не души.

Американская Ассоциация психиатров издает толстый справочник, который призван помочь психотерапевтам в определении этих новоявленных «заболеваний». В «Диагностическом и статистическом перечне ментальных расстройств» (Третье издание, дополненное) описываются следующие «расстройства».

• *Отклонение поведения* – «устойчивая модель поведения, при котором нарушаются основные права окружающих, а также нормы и правила поведения, обусловленные возрастом».

• *Вызывающее поведение* – «модель негативного, агрессивного и вызывающего поведения».

• *Неестественное поведение* – «распространенная модель поведения, характеризующаяся повышенной эмоциональностью с целью привлечь к себе внимание».

• *Антиобщественное поведение* – «модель безответственного и антиобщественного поведения, которое начинается в детстве или на начальном этапе подросткового периода и продолжается во взрослой жизни».

И так далее, и тому подобное. Тысячи родителей под влиянием таких «диагнозов» не желают наказывать своих детей за шалости. Вместо этого они ищут объяснения, или «диагнозы», поведению своих неуправляемых детей.

Говоря словами одного писателя, подход, при котором грех рассматривается как заболевание, настолько внедрился в наше общественное сознание, что всем нам уже можно ставить диагноз: «расстройство психики». Мы стремимся обойти закон с целью оправдания заядлых игроков, которые присваивают чужие деньги, чтобы посещать игорные дома, а потом заставляют страховые компании оплачивать их счета за лечение. Мы хотим лечить людей, которые не способны обрести любовь и вместо этого (если это женщины) увлекаются легкомысленными мужчинами или (если это мужчины) с головой ныряют в омут разврата, так и не находя счастья. И все это — а также многие другие «заболевания» — мы называем «пагубными пристрастиями».

> Чего хочет достигнуть эта новая индустрия «пристрастий»? Появляются все новые и новые привязанности и люди, страдающие ими. Вскоре каждый из нас окажется запертым в собственном мире пристрастий в окружении таких же «больных» со своими отличными от других неврозами. Каким отвратительным и безнадежным видится нам наше будущее! А тем временем *число этих пристрастий с каждым годом растет*[14].

Но значительно хуже, что число людей, страдающих этими новыми «заболеваниями», увеличивается еще быстрее. Совершенно ясно, что психиатры не справляются с проблемой, которая в Писании названа грехом. Вместо этого они внушают сотням тысяч людей мысль о том, что они больны, а потому не могут нести ответственность за свое поведение. Тем, кто обращается к психотерапевтам, это дает возможность считать себя пациентами, а не злодеями. И побуждает их проходить интенсивные — и дорогостоящие — курсы

---

[14] Stanton Peele, *Diseasing of America* (Lexington, Mass.: Lexington, 1989), 2—4 (emphasis in original).

лечения, которые длятся годами, а иногда и всю жизнь. Складывается ощущение, что от этих заболеваний никому не суждено излечиться в полной мере.

Модель «грех как заболевание» способствовала появлению и бурному росту целой индустрии по оказанию психотерапевтических услуг, где крутятся миллиарды долларов. Более того, многогодичные, а в ряде случаев и пожизненные, курсы лечения гарантируют психотерапевтам безоблачное в экономическом плане будущее. Один из них, проанализировав сложившуюся тенденцию, вывел стратегию того, как психотерапевтам надлежит продвигать свои услуги на рынке.

1. Продолжать «психологизацию» жизни.
2. Создавать проблемы из трудностей и сеять панику.
3. Внушать потенциальным клиентам мысль о том, что они не в состоянии самостоятельно справиться со своими проблемами.
4. Предлагать психологические, а не духовные пути решения проблемы.[15]

Он также отмечает тот факт, что многие психотерапевты намеренно растягивают сроки лечения на долгие годы, даже когда проблема, побудившая человека обратиться за помощью, уже решена или забыта. «Они сильно затягивают процесс лечения, в результате чего пациент становится настолько зависимым от своего лечащего врача, что требуется определенное время – иногда полгода и больше, – чтобы преодолеть эту зависимость и подготовить пациента к „свободной" жизни».[16]

---

[15] Bernie Zilbergeld, *The Shrinking of America* (Boston: Little, Brown, 1983), 89.
[16] Там же, 167.

«Исцеление» — ключевое слово для программ реабилитации Анонимных Алкоголиков, которые явно позиционируются как пожизненные курсы лечения. Мы привыкли, что человек, который на протяжении сорока лет воздерживался от алкоголя, на собрании местной группы АА встает и заявляет: «Меня зовут Билл. Я алкоголик». В наше время почти все, кто страдает «пагубными пристрастиями», используют такой же подход — включая одержимых сексом, гневом, заядлых игроков, курильщиков, хронических должников, мужей, постоянно избивающих своих жен, педофилов, завистников, неудачников, вспыльчивых и презирающих себя людей. Их учат называть себя «пациентами», а не «излеченными». Тем, кто все-таки смеет считать себя излеченным от того или иного недуга, настойчиво внушают, что они заблуждаются.

Неверный рецепт

Таким образом, лечение, при котором грех рассматривается как заболевание, только усугубляет проблему, с которой должно бороться. Оно частично снимает чувство вины и в то же время заставляет пациентов считать себя жертвами, на всю жизнь порабощенными своими недугами. Неудивительно, что такой диагноз зачастую становится пророчеством, которое в конечном итоге сбывается.

Неправильно поставленный диагноз означает, что *любое* предписанное лечение будет крайне неэффективным. Курс терапии в случаях, обозначенных как патология, обычно подразумевает длительное лечение, выработку снисходительного отношения к самому себе, реабилитацию или же все вышеперечисленное вместе, и даже ряд прочих психологических ухищрений, таких как самогипноз. «Вместо термина „грех“ психотерапевты используют формулировку

„заболевание"; вместо предупреждения о последствиях назначают лечение и требуют от окружающих понимания; вместо ответственности говорят о вспыльчивом характере. Оправдание болезни становится привычным подходом в случаях антиобщественного поведения»[17].

Но на секунду представьте, что проблема кроется в грехе, а не в заболевании. Тогда единственным лекарством будет смиренное покаяние (признание заслуженности наказания Божьего, поскольку вы, и только вы, несете ответственность за свой грех), за которым следует искупление и духовный рост посредством духовных упражнений, таких как молитва, чтение Библии, общение с Богом и другими верующими и упование на Христа. Другими словами, если признать тот факт, что проблема лежит в духовной плоскости, то рассмотрение ее с точки зрения медицины только усугубит «заболевание» и не избавит «больного» от греха. Именно это и происходит повсюду в наше время.

Печальная истина о таком «лечении» заключается в том, что оно крайне непродуктивно и даже вредно. Приписывая грешнику роль жертвы, мы тем самым отметаем или занижаем его вину, порожденную дурным проступком. Намного проще сказать: «Я болен», чем: «Я грешник». Но в таком случае не учитывается, что прегрешение есть серьезное преступление против праведного, вездесущего и всемогущего Бога. По этой причине личная вина грешника – то, на что нужно обращать внимание в первую очередь. Лечение же по модели «грех как заболевание» не обличает грех, а старается оправдать его, тем самым причиняя огромный вред человеческому сознанию.

---

[17] Charles I Sykes, *A Nation of Victims: The Decay of the American Character* (New York' Si Martin's, 1992), 13

Следовательно, это вовсе не лечение, а чудовищная ошибка, ведущая к росту пороков и вечному проклятию.

Общество как жертва

Очевидная неэффективность лечения по модели «грех как заболевание» все же не помешала ему завоевать популярность в обществе. В конце концов, люди хотят грешить и не мучиться угрызениями совести, а такая философия сулит им именно это. Данная тенденция выразилась в том, что Чарльз Сайкс называет «нацией жертв». Сайкса тревожит стремление всех и каждого видеть себя жертвой, что, по его убеждению, сильно подрывает моральные устои американского общества. «Пропаганда „жертвенности“ подменяет более традиционные представления о морали и справедливости», – пишет он[18].

> Теория жертвы настолько поразила нашу культуру, что жертву сегодня можно назвать символом (талисманом) современного общества.

Теория жертвы настолько поразила нашу культуру, что жертву сегодня можно назвать символом (талисманом) современного общества.

Сайкс пишет:

Что касается будущего американцев, прогнозы отнюдь не утешительные; в наши дни все большую тревогу вызывает судьба американца как личности...

Государственный гимн уже звучит как жалобный вой.

Американцы ведут себя так, словно получили пожизненную страховку от неудач и навсегда сняли с себя

---

[18] Там же, 16.

ответственность за свои грехи. Британский журнал «Экономист» с удивлением отмечает, что в Соединенных Штатах, «лишившись работы, вы можете подать в суд и требовать возмещения морального ущерба. Если банк, в котором вы хранили свои сбережения, вдруг обанкротится, государство возместит вам сумму, которая была на вашем счете… Если вы, сидя за рулем в пьяном виде, стали причиной автоаварии, то можете в суде апеллировать к тому факту, что окружающие вовремя не убедили вас бросить пить. *Всегда найдется кто-то, кого можно обвинить.*»

К сожалению, такова формула тупика, в котором оказалось современное общество: настойчивый поиск виноватых наряду со стойким нежеланием принимать на себя ответственность. Поощряемая судами «позиция жертвы» видоизменяет ткань общества, включая политику взаимоотношений между работником и работодателем, криминальное судопроизводство, образование, образ жизни и сам язык. Сообщество взаимозависимых граждан перестало существовать. Ему на смену пришло общество надменных, эгоистичных, рвущихся к успеху любой ценой индивидуумов, которые скрывают собственную раздражительность под маской жертвы [19].

Те, кто называет себя жертвой, требуют для себя исключительных прав и уклоняются от ответственности. Таким образом они опровергают наличие у себя каких бы то ни было обязательств перед другими людьми и обществом в целом. В те времена, когда каждый член общества нес ответственность за свои поступки, граждане должны были

---

[19] Там же, 15.

вносить посильный вклад в жизнь общества. Они не спрашивали, что страна может сделать для них, но искали, как послужить своей родине. Теперь, когда каждый вправе называть себя жертвой, люди стали думать, что у них есть право на безвозмездную благосклонность со стороны общества.

Более того, если все мы жертвы, не может быть и речи о личной ответственности за проступки и антиобщественное поведение. В конце концов, жертвы имеют право жалеть себя; чувство вины не должно обременять их. Вот каким образом теория жертвы наносит урон совести.

А раз некого винить за общественные пороки, кто же все-таки виноват? Бог? Напрашивается именно такой вывод, если, конечно, наше общество признает сам факт существования Бога. Но в обществе жертв нет места для представлений о благосклонном, справедливом Боге.

Представления о грехе как о заболевании наводняют церковь

Может сложиться впечатление, что позиция жертвы и сопутствующее «лечение» настолько очевидно противоречат библейским истинам, что христиане все как один должны ратовать за обличение подобных заблуждений. Но, к сожалению, дело обстоит иначе. Благодаря богословию, возводящему во главу угла самоуважение, и увлечению церкви светской психологией, позиция жертвы приобрела почти такое же влияние в среде евангельских христиан, как и во всем остальном мире неверующих.

> Позиция жертвы приобрела почти такое же влияние в среде евангельских христиан, как и во всем остальном мире неверующих.

Сегодня, когда грешники обращаются за помощью в церкви и другие христианские объединения, им нередко говорят, что их проблема заключается в каком-либо психическом расстройстве. Грешников побуждают прощать, уважать и любить самих себя. Они редко слышат призыв к покаянию и смиренному обращению к Богу в лице Христа в поисках прощения. Эту экстраординарную перемену в деятельности церкви замечают даже неверующие.

Венди Каминер, к примеру, не претендует на то, чтобы называться христианкой. Ее отношение к церкви можно даже охарактеризовать как враждебное. Себя она называет «скептиком, светским гуманистом, иудейкой, феминисткой, интеллектуальным законником»[20]. Но и она подметила перемену в поведении евангельских христиан, которую описала с завидной точностью. Она пишет о том, что религия и психология всегда были несовместимы. Теперь же «между ними не только заключено перемирие, но и установились весьма радушные отношения»[21]. Даже с позиции неверующего она заметила, что такое радушие в корне исказило фундаментальное учение о грехе и спасении. Она пишет:

> Труды христианских авторов о разнообразных формах пагубных зависимостей, вроде тех, что издаются клиникой Минирта-Майера в Техасе, по содержанию практически не отличаются от книг по той же тематике, написанных светскими авторами... Религиозные писатели оправдывают свою приверженность психологии, заявляя о ее «соответствии» ряду Божьих истин и наряду с этим превознося некоторые психологические истины. Религиозные лидеры некогда обличали

---

[20] Wendy Kaminer, *I'm Dysfunctional, You're Dysfunctional* (Rending MA.: Addison-Wesloy. 1992), 121.
[21] Там же, 124.

психоанализ за его «моральный нейтралитет»... Ныне
же в популярной христианской литературе грех при-
равнивается к заболеванию [22].

Некоторые критические замечания Каминер в адрес евангельских христиан неправомерны и безосновательны, но
в этом отношении она права: неизбежным результатом
увлечения церкви мирской психологией становится отказ
от сколь бы то ни было понятного представления о грехе.
А это, в свою очередь, неизбежно вносит сумятицу в наше
благовестие.

Говоря о том, какие взгляды преобладают в современном
мире, Каминер пишет: «Неважно, каким плохим человеком
вы были в 70-е (годы самолюбования) и 80-е (годы стяжатель-
ства), не играет роли, как часто вы употребляли наркотики,
вступали в половую связь или грешили, вы по-прежнему не-
винны по сути: никакие ваши прегрешения не могут запят-
нать божественное дитя в вас» [23]. В другом месте она пишет:

Дети в нас всегда чисты и безгрешны, вроде сенти-
ментальных героев Диккенса, что подразумевает наличие в каждом добра... Даже у Теда Банди есть «дитя
внутри». Творимое им зло – лишь маска, дисфункция
психики.

Взгляд психотерапевтов на грех как заболевание
ярко прослеживается в теории зависимости – это не
богословие «огня и серы». Согласно этой теории, сты-
дить детей, журить их – значит в первую очередь на-
носить им вред. Чувства вины и стыда «бесполезны
в жизни», заявляет Мелоди Битти в своей книге «Скажи

---

[22] Там же, 124–125.
[23] Там же, 20.

„нет“ зависимости». «Чувство вины только усугубляет наши страдания… Нужно уметь прощать себя». Госпоже Битти следовало бы напомнить, что люди, у которых отсутствуют чувства вины и стыда, на языке психологии называются «социопатами». Нам стоит быть благодарными этим чувствам хотя бы за то, что они сдерживают расцвет убийств и морального разложения [24].

Мисс Каминер делает вывод, что в среду евангельских христиан проникла новая антропопсихотеология, которая в вопросах греха противоречит тому, во что мы должны верить и что обязаны возвещать. В этом смысле ее понимание проблемы намного глубже, чем у евангельских авторов, которые продолжают освещать темы, навеянные мирским культом самоуважения.

Это весьма непростой вопрос. Отрицаете вы свои грехи открыто и осознанно либо скрытно и путем самообмана, в любом случае искажение библейских представлений о грехе привносит хаос в христианскую веру.

Популярные консультационные программы на христианском радио являются лучшими барометрами тенденций, существующих в христианстве. Когда последний раз вы слышали, чтобы выступающий по радио психотерапевт сказал человеку, которого мучают угрызения совести, что-то вроде: «Ваше чувство вины оправданно; вы согрешили и должны покаяться перед Богом»?

Недавно я слушал ток-шоу одной местной религиозной радиостанции. Эту ежедневную передачу ведет человек, называющий себя христианским психологом. В тот день он говорил о необходимости преодоления чувства вины.

---

[24] Там же, 18.

Возлагать вину на себя, вещал он своим слушателям, в большинстве случаев неразумно и, следовательно, весьма губительно для психики. Он прочел длинную лекцию о том, почему и как нужно прощать себя. Вся его речь была отголоском расхожей мирской мудрости: чувство вины есть не что иное, как воображаемый дефект психики. Нельзя позволять этому чувству принижать собственную значимость. И так далее. Он так и не упомянул о раскаянии и покаянии, которые являются необходимыми условиями для прощения, и не процитировал ни одной строки из Писания.

Такого рода рекомендации опасны и не имеют ничего общего с библейским взглядом на грех. Конечно, чувство вины может быть не всегда обоснованным, но оно красноречиво сигнализирует: что-то не в порядке, а посему следует выяснить, что стало его причиной, и внести необходимые коррективы в свое поведение. В духовном мире чувство вины выполняет ту же функцию, что боль — в мире физическом. Боль обращает наше внимание на какую-либо телесную проблему, которую надо разрешить. Чувство вины есть боль души, которая сигнализирует нам о каком-либо грехе или неправедном намерении, от которого нужно очиститься.

Отрицать чувство вины — значит приносить душу в жертву эго. Кроме того, как все мы интуитивно чувствуем, такое отрицание не решает проблему. Не принося никакой пользы, оно причиняет вред совести и тем самым ослабляет способность человека избегать разрушительных для его души грехов. Более того, отрицание чувства вины делает здоровое самомнение недостижимым. «Как можно уважать себя, если вы не отвечаете за самих себя и свои поступки?»[25]. И, что еще более важно, возможно ли уважать себя без одобрения собственной совести?

---

[25] Garth Wood, *The Myth of Neurosis* (New York: Harper & Row, 1986), 9.

Тщетность отрицания чувства вины

Двадцать лет назад психиатр Карл Меннингер написал выдающуюся книгу под названием «Что случилось с грехом?»[26]. Меннингер, не будучи христианином, все же видел всю нелепость такого подхода к решению социальных проблем, при котором их причины не рассматриваются через призму моральных норм поведения. Он указывал, что современный психологический подход — когда чувство вины расценивается как психическое отклонение, а попытка искать его причину в себе как заблуждение — приводит к тому, что люди перестают ощущать моральную ответственность за свои поступки. Это, как писал Меннингер, губительнейшим образом сказывается на душе и обществе в целом. Он добавляет, что мы отчаянно нуждаемся в воскрешении убежденности: определенное поведение является *греховным*. По прошествии двадцати лет его книга все еще звучит как глас вопиющего в пустыне. Хотя именно сегодня как никогда нам следует прислушаться к его словам.

С некоторыми выводами Меннингера можно не согласиться. Но его основной тезис полностью соответствует истине. Он недвусмысленно заявляет, что *умственное* здоровье напрямую зависит от здоровья *душевного*. В искренней оценке своих грехов и принятии на себя полной ответственности за свои моральные падения он видит первый шаг ко всякому истинному исцелению от ментальных или психологических недугов. Но еще более важной представляется его уверенность в том, что практически ничем нельзя помочь человеку, который отказывается брать на себя ответственность за свои поступки.

---

[26] Karl Menninger, *Whatever Became of Sin?* (New York: Hawthorn, 1973), 2.

Одна эта логическая посылка, будучи по достоинству оцененной и взятой на вооружение психотерапевтами, незамедлительно оказала бы благотворное влияние на общество.

К сожалению, как мы уже видели, многие психотерапевты в своей работе придерживаются совершенно противоположного подхода. Когда чувство вины клеймится определениями «бесполезное» и «непродуктивное», когда стыд принимается за нездоровое проявление и профессиональные психиатры призывают пациентов прощать самих себя без покаяния, — что станет с нашей совестью?

Очевидна возрастающая способность современного человека сваливать вину на другого — выставлять «козлами отпущения» своих родителей, ссылаться на разочарования детства и прочие неподвластные ему условия. Совершенно неважно, какова ваша проблема — будь вы маньяком-убийцей или просто неуравновешенным человеком, — всегда найдется тот, кто объяснит, почему вы не виноваты в собственных прегрешениях, и охотно научит вас заглушать глас потревоженной совести.

С *практической* точки зрения, такой подход не срабатывает. Сегодня растет число людей, которые ощущают потребность в помощи профессиональных психотерапевтов. У многих формируется своего рода зависимость. Не имея сил самостоятельно совладать с чувством вины, такие люди становятся зависимыми от психотерапевтов, которые постоянно должны подпитывать их чувство собственного достоинства советами типа: «Не стоит слишком строго

> Совершенно неважно, какова ваша проблема – будь вы маньяком-убийцей или просто неуравновешенным человеком, – всегда найдется тот, кто объяснит, почему вы не виноваты в собственных прегрешениях, и охотно научит вас заглушать глас потревоженной совести.

относится к себе»; «Не нужно винить себя»; «Следует перестать быть инфантильным»; «Прекратите корить себя»; «Распрощайтесь с чувством вины»; «Вы не такой уж плохой человек» и т. д. и т. п.

С *библейской* точки зрения, такие рекомендации наносят вред духовному здоровью. Они не рассматривают проблему человеческой греховности, а, наоборот, питают самые пагубные склонности человеческой природы. Они порождают наиболее губительную форму отрицания, – отрицание собственной вины. И для большинства людей, которые все же не могут избавиться от мук совести, чувство вины усугубляется попытками обвинить тех, кто на самом деле ни в чем не виноват.

Стремление отмежеваться от собственного чувства вины никогда не освободит нас от него. Наоборот, те, кто отказывается признавать свои грехи, в действительности становятся заложниками этого болезненного чувства. «Скрывающий свои преступления не будет иметь успеха; а кто сознается и оставляет их, тот будет помилован» (Пр. 28:13). «Если говорим, что не имеем греха, – обманываем самих себя, и истины нет в нас. Если исповедуем грехи наши, то Он, будучи верен и праведен, простит нам грехи наши и очистит нас от всякой неправды» (1 Ин. 1:8-9).

Иисус Христос пришел в мир спасти грешников! Иисус особо подчеркивал, что пришел не для того, чтобы спасать тех, кто хочет самостоятельно оправдаться перед Богом (Мк. 2:17). Если отсутствует признание греха и вины, если совесть вынужденно молчит, невозможно ни спасение, ни освящение, и, как следствие, освобождение от беспощадного ига греха не может быть осуществлено.

2

АВТОМАТИЧЕСКАЯ СИСТЕМА ОПОВЕЩЕНИЯ ДУШИ

Наученная, чуткая совесть есть Божий проверяющий. Она раскрывает нам глаза на моральную сторону наших поступков и намерений, отвращает от беззаконий, делает нас ответственными, внушает нам чувство вины, стыда и страха перед будущим наказанием, которого мы заслуживаем, когда позволяем себе выходить за установленные совестью рамки поведения. Сатана силится притупить, развратить, а при случае и вовсе уничтожить нашу совесть. Релятивизм, материализм, нарциссизм, конформизм перед светским миром и гедонизм современного (западного) общества во многом помогают ему добиваться своих целей. Его задача упрощается еще и тем, что присущая неверующим моральная развращенность проникает в современную церковь.

Д. И. Пакер[27]

В 1984 году самолет компании Avianca Airlines потерпел катастрофу в Испании. Специалисты, расследовавшие причины трагедии, сделали странное открытие. При анализе записей так называемого черного ящика, который, наряду с параметрами полета, фиксирует все разговоры в кабине

---

[27] J. I. Packer, Rediscovering Holiness (Ann Arbor: Servant, 1992), 151.

пилотов, выяснилось, что за несколько минут до крушения пронзительный, синтезированный голос бортового компьютера, следившего за безопасностью полета, несколько раз предупреждал пилотов: «Поднимитесь выше! Поднимитесь выше!»

Пилот, приняв это за сбой системы, рявкнул в ответ: «Заткнись, приятель!» — и выключил компьютер. Все пассажиры и члены экипажа погибли.

Когда я услышал об этом ужасном инциденте в новостях, то тут же провел аналогию с тем, как современные люди обращаются с предупреждениями, которые дает им совесть.

Как уже отмечалось в предыдущей главе, мудрость нашего века гласит, что чувство вины почти во всех случаях является безосновательным или даже пагубным, поэтому нам нужно просто «выключить» его. Но хорош ли этот совет? Что такое, в конце концов, совесть и порождаемое ею чувство вины, которое знакомо практически каждому? Как чутко надлежит нам воспринимать болезненные уколы совести? Совесть может ошибаться, разве нет? Тогда откуда нам знать, является ли чувство вины закономерным следствием наших поступков, или же это продукт излишнего беспокойства? Какая роль отведена совести в жизни христианина, который стремится к освящению библейскими путями?

Что есть совесть?

В современном мире совесть нередко рассматривают как некий психический дефект, который лишает людей чувства собственного достоинства. Отнюдь не являясь ни дефектом, ни расстройством психики, наша способность ощущать собственную вину есть потрясающий дар Божий. Господь сотворил совесть и снабдил ею человеческую душу. Эта автоматическая система оповещения души в нужный момент говорит нам: «Поднимитесь выше! Поднимитесь выше!», дабы мы не упали и не погибли навеки.

В XVII веке пуританин Ричард Сиббс, имея в виду совесть, писал, что это *душа отражается в себе самой*[28]. Совесть есть одна из основных отличительных особенностей, которые выделяют человеческое существо из всего остального живого мира. Люди, в отличие от животных, способны оценивать свои поступки и на основании этого определять собственный моральный статус. В этом и состоит функция совести.

Совесть — это врожденная способность отличать хорошее от плохого. У каждого, даже у самого закоренелого язычника, есть совесть: «когда язычники, не имеющие закона, по природе законное делают, то, не имея закона, они сами себе закон: они показывают, что дело закона у них написано в сердцах, о чем свидетельствует совесть их и мысли их, то обвиняющие, то оправдывающие одна другую» (Рим. 2:14-15).

Совесть побуждает нас поступать справедливо и удерживает от неправедных дел. Однако ее не следует равнять с голосом Божьим или законом Божьим. Это человеческое чувство, которое отображает наши поступки и мысли в свете высоких требований, предъявляемых нам Богом. Когда мы идем наперекор своей совести, она осуждает нас, пробуждая чувство стыда, душевные муки, сожаление, тревогу, испуг и даже страх. Когда мы поступаем по совести, она хвалит нас, наполняя душу радостью, покоем, даруя самоуважение и хорошее настроение.

В Новом Завете понятие «совесть» упоминается около тридцати раз. Термин «совесть» происходит от латинских слов «знать» и «вместе». Можно сказать, что совесть — знание

---

[28] Richard Sibbes, *Commentary on 2 Corinthians Chapter 1*, in Alexander B. Grosart, ed., *Works of Richard Sibbes*, 7 vols. (Edinburgh: Banner of Truth, 1981 reprint), 3:208.

о себе самом, то есть совесть знает наши внутренние мотивы и истинные помыслы. Совесть выше разума и интеллекта. Можно строить логические выводы, оправдывая себя, но потревоженную совесть не так-то легко утихомирить.

На древнееврейском слово «совесть» звучало как *leb*, в Ветхом Завете его обычно переводят как «сердце». Совесть так тесно связана с человеческой душой, что древние иудеи не видели между ними разницы. Следовательно, когда Моисей писал, что фараон «ожесточил сердце свое» (Исх. 8:15), он имел в виду, что тот заглушил голос своей совести, чтобы не исполнять волю Божью. Когда в Писаниях говорится о «смягченном сердце» (2 Пар. 34:27), то имеется в виду чуткая совесть. «Правые сердцем» (Пс. 7:11) — те, у кого чистая совесть. Когда Давид просил: «Сердце чистое сотвори во мне, Боже» (Пс. 50:12), он хотел очищения своей души и совести.

Как мы уже говорили в первой главе, в наши дни множество людей пытаются подавить, заглушить голос своей совести. Они приходят к выводу, что истинная вина за их проступки лежит на какой-либо детской драме, воспитании, неблагоприятных социальных условиях и прочих неподконтрольных им причинах. Или же люди убеждают себя в том, что их прегрешения являются психической проблемой, а не моральной, — вследствие чего алкоголизм, сексуальную развращенность, аморальное поведение и другие пороки называют «психическими недугами». Отвечать на голос совести подобным образом — все равно что приказывать ей «заткнуться».

> В наши дни множество людей пытаются подавить, заглушить голос своей совести.

В принципе возможно «выключить» совесть посредством продолжительного пренебрежения ее предупреждениями. Апостол Павел, имея в виду людей с практически умерщвленной совестью, говорил, что «слава их — в сраме» (Флп. 3:19; см. Рим. 1:32). Разум и совесть могут оказаться в такой степени оскверненными, что перестанут отличать чистое от нечистого (см. Тит. 1:15). После такого осквернения совесть в конце концов замолкает. С точки зрения морали, люди с оскверненной совестью подобны слепцам. Предупредительные сигналы больше не тревожат их, но опасность никуда не делась; *в действительности она еще больше, чем прежде.*

Впрочем, даже сильно оскверненная грехами совесть замолкает не навсегда. В Судный, день совесть каждого человека предстанет перед Богом, Который есть Судья праведный. Даже самый закоренелый злодей перед престолом Божьим обнаружит, что его собственная совесть свидетельствует против него.

Однако совесть может ошибаться. Ее не следует считать источником откровений о праведном и неправедном. Ее роль заключается не в том, чтобы учить нас моральным и этическим идеалам, а в том, чтобы призывать каждого держать ответ перед высокими идеалами добра и зла. Совесть «учится» как у культурных традиций, так и у божественной истины, поэтому требования, которые она побуждает нас соблюдать, не обязательно должны быть библейскими (1 Кор. 8:6-9). Совесть может обличать нас даже в тех случаях, когда мы не нарушили ни один из законов Божьих. Иногда она привязывает нас к тому, от чего Господь хочет нас освободить (Рим. 14:14, 20-23). Дабы функционировать в полную силу и в согласии с истинной праведностью, совесть должна «информироваться» Словом Божьим. Если у чувства вины нет библейского основания, это чувство является важным свидетельством духовного разлада. Если же оно напоминает нам о плачевном состоянии нашей совести, это должно породить в нас духовную жажду, чтобы мы, следуя по пути духовного роста, приводили свою совесть в гармонию со Словом Божьим.

Совесть реагирует на обвинительные импульсы сознания, а посему может быть укреплена и пробуждена, как того требует Слово. Мудрый христианин старается овладеть библейскими истинами в полной мере, чтобы его совесть была в совершенстве «информирована» и выносила справедливые суждения, руководствуясь исключительно Словом. Регулярное «питание» Словом будет укреплять «немощную» совесть и сдерживать не в меру активную. И наоборот, всякого рода заблуждения, человеческая мудрость и губительные нравы, проникая в сознание, будут разрушать и душить совесть.

Другими словами, совесть подобна дневному свету — в отличие от света искусственного. Она впускает свет в душу, но сама света не дает. Ее эффективность определяется количеством чистого света, на который мы ее выставляем, и чистотой, в которой ее содержим. Покройте ее вуалью самоуверенности или поместите в полную темноту забвения — и она перестанет выполнять свою функцию. Вот почему Павел говорил о необходимости содержать совесть в чистоте (1 Тим. 3:9), дабы она ничем не осквернялась (1 Кор. 8:7; Тит. 1:15).

Или, если прибегнуть к другой метафоре, наша совесть подобна нервным окончаниям пальцев. Ее восприимчивость к внешним раздражителям может быть снижена сердечной черствостью или даже совсем утрачена. Павел предупреждал об опасностях, которые таит в себе совесть немощная (1 Кор. 8:10,12) и совесть «сожженная» (1 Тим. 4:2).

Психопаты, серийные убийцы, патологические лжецы и прочие грешники, у которых отсутствует представление о морали, являются ярчайшими примерами людей, погубивших или приглушивших свою совесть. Неужели такие люди грешат и не чувствуют никаких угрызений совести? Если да, это происходит потому, что они нанесли чудовищный вред своей совести посредством аморального поведения и творимых ими беззаконий. Разумеется, на момент рождения совесть у них была, поскольку она является неотъемлемой частью души. И хотя совесть можно ослабить или заглушить до степени немоты, она все же будет накапливать свидетельства, которые однажды обернутся против грешной души.

Суд совести

Ричард Сиббс представляет совесть в качестве суда на совете человеческого сердца. Она играет роль всех участников судебного процесса. Совесть выступает, в качестве *писаря*, который записывает все подробности случившегося (Иер. 17:1), и в качестве *обвинителя*, который свидетельствует против наших грехов, и в образе *защитника*, дабы отстаивать нашу невиновность (Рим. 2:15). Она играет роль *свидетеля*, дающего показания за или против нас (2 Кор. 1:12). Она и *судья*, выносящий приговор или оправдывающий нас (1 Ин. 3:20-21), и *палач*, карающий мечом скорби, когда вина наша доказана (1 Цар. 24:6). Сиббс сравнивает кару, которую обрушивает на нас совесть, с «ударом адского меча»[29].

Совесть ведает всеми нашими потаенными мыслями и желаниями, поэтому она может по праву считаться самым точным и доверительным свидетелем на суде нашей души, по сравнению с какими бы то ни было сторонними свидетелями. Тот, кто превратно толкует свидетельства

---

[29] Там же, 210–211.

> Совесть ведает всеми нашими потаенными мыслями
> и желаниями, поэтому она может по праву считаться самым
> точным и доверительным свидетелем на суде нашей души,
> по сравнению с какими бы то ни было сторонними
> свидетелями.

совести в пользу благополучия человеческого сознания, подвергает себя смертельной опасности. Греховные помыслы и стремления могут ускользнуть от взгляда сознания, но им не пройти незамеченными мимо бдительного ока совести. И не скрыться от взора всевидящего Бога. Когда такие люди предстанут перед Всевышним на последнем суде, их совесть будет знать о каждом их прегрешении и выступит в качестве гневного обличителя.

Это, как пишет Сиббс, должно удерживать нас от тайных прегрешений:

> Греша, не следует уповать на сокрытие грехов. Что толку, если ты скроешь свой грех от других? Тебе не скрыть его от твоей совести. Кто-то сказал: «Какой прок тебе в том, что никто не ведает о твоем проступке, когда ты сам прекрасно о нем знаешь?». Какая польза тому, кого не может осудить никто из людей, но судья ему – совесть? Он несет в себе тысячи свидетельств против себя. *Совесть подобна тысячам свидетелей.* Посему не греши в надежде сокрыть злодеяние. Лучше всем знать о твоем грехе, нежели только тебе одному. Все грехи твои однажды будут начертаны у тебя на челе. *И сделает это твоя совесть.* Если ты пошел на сделку со своей совестью и заставил ее замолчать, она заговорит в другой жизни... В каждом из нас пребывает свидетель; и, как говорил Исаия, «грехи наши свидетельствуют против нас». Таиться бесполезно. Совесть обличит нас [30].

Как происходит очищение совести

Одним из аспектов чуда спасения является очищение и омоложение совести после обновления души, гак называемого «нового рождения». Во время акта спасения души сердце «кроплением» очищается «от порочной совести» (Евр. 10:22). Совесть очищается кровью Христа (Евр. 9:14). Само собой, это не означает, что кровь Иисуса обладает мистическим или волшебным свойством, которое позволяет ей очищать совесть. Тогда как это происходит?

Богословские представления на этот счет весьма просты и вместе с тем основательны Согласно закону Ветхого Завета, кровь требовалась для искупления грехов. Но такие ветхозаветные жертвы не оказывали никакого воздействия на совесть. В Евр. 9:9-10 сказано: «Дары и жертвы, не могущие сделать в совести совершенным приносящего, и которые с яствами и питиями, и различными омовениями и обрядами, относящимися до плоти, установлены были только до времени исправления». Эти жертвы не могли искупить грех, «ибо невозможно, чтобы кровь тельцов и козлов уничтожала грехи» (Евр. 10:4). Скорее, они символизировали веру и послушание того, кто приносил жертву, и наряду с этим предвещали смерть Христа, Которому суждено было пролить Свою кровь во имя окончательного и бесповоротного искупления всех грехов человеческих.

Таким образом, благодаря искупительной жертве Христа стало возможным то, что кровь тельцов и козлов только символизировала: «Он грехи наши Сам вознес телом Своим на древо» (1 Пет. 2:24). Грехи наши были вменены Спасителю, и Он искупил их. И наоборот, Его совершенная

---

[30] Там же, 212 (Курсив мой – *Д. М.*).

праведность вменяется тем, кто веруют в Него (Рим. 4:22-24; Флп. 3:9). Поскольку вина за наши грехи была смыта кровью Христа и Его непорочная праведность приписывается нам, Бог признает нас невиновными и принимает как праведников. Эта доктрина известна как *оправдание*.

Когда Бог выносит Свой вердикт: «Невиновен, воистину праведен», – кто другой может осудить нас? «Кто будет обвинять избранных Божиих? Бог оправдывает их. Кто осуждает? Христос Иисус умер, но и воскрес: Он и одесную Бога, Он и ходатайствует за нас» (Рим. 8:33-34). Говоря иначе, когда сатана, «клеветник братий наших, клеветавший на них пред Богом нашим день и ночь» (Отк. 12:10), выдвигает против нас обвинение, кровь Христа вопиет о пощаде. Когда наши грехи свидетельствуют *против* нас, кровь Христа ходатайствует *за* нас перед Богом. Следовательно, кровь Христа должна быть признана «говорящей лучше, нежели Авелева» (Евр. 12:24).

Однако еще важнее то, что: когда наша совесть беспощадно обвиняет нас, кровь Христа взывает о прощении. Искупительная жертва Христа в полной мере удовлетворила Божьи требования, предъявляемые праведности, и потому прощение и милосердие гарантированы всем, кто смиренно верует во Христа и кается в своих грехах. Мы принимаем на себя ответственность за свои грехи и веруем в то, что со смертью Христа они были нам прощены. Мы исповедуем грехи, дабы Господь даровал нам очищение и радость (1 Ин. 1:9). Вот как «Кровь Христа,

Искупительная жертва Христа в полной мере удовлетворила Божьи требования, предъявляемые праведности, и потому прощение и милосердие гарантированы всем, кто смиренно верует во Христа и кается в своих грехах.

Который Духом Святым принес Себя, непорочного, Богу, очистит совесть нашу от мертвых дел для служения Богу живому и истинному!» (Евр. 9:14). Другими словами, вера наша сообщает совести нашей о выкупленном драгоценной кровью Христа прощении.

Но не означает ли это, что верующие могут продолжать грешить и при этом иметь чистую совесть? Конечно же, нет. «Мы умерли для греха: как же нам жить в нем?» (Рим. 6:2). Новое рождение ведет к полному перерождению души человеческой (2 Кор. 5:17). Омытая и обновленная совесть является одним из свидетельств произошедшей в нас перемены (см. 1 Пет. 3:21). Еще одно свидетельство – любовь к правде и ненависть ко греху (1 Ин. 3:3,8). Верующие, чье поведение противоречит их вере, оскверняют свою совесть (1 Кор. 8:7). Те, кто исповедует Христа, но отвергает веру и добрую совесть, терпят духовное кораблекрушение (1 Тим. 1:19), тем самым доказывая, что изначально не имели веры истинной (см. 1 Ин. 2:19).

Чистая совесть идет рука об руку с уверенностью в спасении (Евр. 10:22). Непреклонный на своем пути верующий должен во главу угла ставить веру, чтобы его совесть постоянно очищалась от чувства вины: «Если исповедуем грехи наши, то Он, будучи верен и праведен, простит нам грехи наши и очистит нас от всякой неправды» (1 Ин. 1:9).

Какой несравненный дар – кровью Христа очищать оскверненное сознание! Потревоженная совесть есть «удар адского меча», в то время как совесть чистая – предвкушение славы.

Первая и священная обязанность всякого христианина следить за чистотой своей возрожденной совести. Павел сказал немало на эту тему. Вот что он говорит о совести в следующих стихах:

- «Павел, устремив взор на синедрион, сказал: мужи братия! я *всею доброю совестью* жил пред Богом до сего дня» (Деян. 23:1).
- «Посему и сам подвизаюсь всегда иметь *непорочную совесть* пред Богом и людьми» (Деян. 24:16).
- «Цель же увещания есть любовь от чистого сердца и *доброй совести* и нелицемерной веры» (1 Тим. 1:5).
- «Чтобы ты воинствовал... как добрый воин, имея веру и *добрую совесть*» (1 Тим. 1:18-19).
- «Благодарю Бога, Которому служу от прародителей с *чистою совестью*» (2 Тим. 1:3).

Как писал Павел Тимофею, дьяконы должны в первую очередь хранить «таинство веры в *чистой совести*» (1 Тим. 3:9).

Чистая совесть необходима не только как внутренний голос, но и как внешнее свидетельство. Спокойная совесть присуща тем, чья жизнь является живым свидетельством о Христе. Павел часто приравнивал свою совесть к свидетельству: «Ибо похвала наша сия есть свидетельство совести нашей, что мы в простоте и богоугодной искренности, не по плотской мудрости, но по благодати Божией, жили в мире, особенно же у вас» (2 Кор. 1:12). «Отвергнув скрытные, постыдные дела, не прибегая к хитрости и не искажая слова Божия, а открывая истину, представляем себя совести всякого человека пред Богом» (2 Кор. 4:2). Петр писал: «Имейте добрую совесть, дабы тем, за что злословят вас, как злодеев, были постыжены порицающие ваше доброе житие во Христе» (1 Пет. 3:16).

Как укреплять немощную совесть

Как мы вкратце отметили выше, в Писании говорится о том, что у ряда христиан совесть немощная. Но немощная совесть и совесть сожженная – не одно и то же. Сожженная совесть бездеятельна, невосприимчива ко греху и почти безмолвна. Немощная же совесть обычно отличается повышенной чувствительностью и активностью в вопросах, которые никоим образом не связаны с грехом. Есть некоторая ирония в том, что немощная совесть охотнее обвиняет нас, чем совесть здоровая. В Писании совесть называется немощной оттого, что она *очень ранима.*

> Есть некоторая ирония в том, что немощная совесть охотнее обвиняет нас, чем совесть здоровая.

Люди с немощной совестью нередко сожалеют о том, что не вызовет никакого чувства вины в зрелом, опытном христианине, которому известна правда Божья.

Немощная совесть есть продукт незрелой или хрупкой веры, еще не до конца избавившейся от мирского влияния и не напитанной Словом Божьим. К немощным верующим надлежит относиться с любовью и без осуждения, поскольку их совесть весьма нежна и ранима. Вот какое наставление дает Павел римлянам: «Немощного в вере принимайте без споров о мнениях. Ибо иной уверен, что можно есть все, а немощный ест овощи» (Рим. 14:1-2). Из этих слов Павла мы понимаем, что немощный верующий чересчур придирчив и требователен к себе, испытывает муки совести тогда, когда для этого нет оснований. И, как будет сказано дальше, немощной совести нередко сопутствует чрезмерный педантизм.

Павел наставляет ранних христиан в том, что верующие со здоровой совестью не должны уничижать тех, у кого она немощна (Рим. 14:3), и уж тем более поощрять их в стремлении «насиловать» свою совесть. Немощные верующие должны прислушиваться к голосу своей совести и не отвергать его. Если у них входит в привычку не обращать внимания на сигналы тревоги, подаваемые совестью, то они рискуют лишиться одного из самых значимых инструментов освящения и очищения.

Павел учил крепких верой где только возможно утешать немощных братьев, которых терзают угрызения совести. Поощрять сомневающегося верующего в его терзаниях — значит подталкивать его ко греху. «А сомневающийся, если ест, осуждается, потому что не по вере; а все, что не по вере, — грех» (Рим. 14:23).

Коринфскую церковь разрывали внутренние противоречия по поводу того, можно ли есть пищу, приносимую в жертву идолам. Коринф, будучи городом язычников, изобиловал храмами, где пищу жертвовали языческим богам и богиням. Пищу приготовляли, после чего возлагали на алтарь. Очевидно, что идол не мог принять эти дары, поэтому языческие священники после ритуалов распродавали их по сходной цене. Этим они и зарабатывали себе на жизнь. В Коринфе такую пищу можно было приобрести по значительно более низким, чем в продуктовых лавках, ценам.

Некоторые христиане называли эту пищу оскверненной и поэтому считали, что есть ее — грех. Другие же, памятуя о тщетности идолопоклонства, ели ее безо всяких угрызений совести. Среди коринфских верующих намечался раскол, и они обратились к Павлу за советом.

В ответе апостола ярко проиллюстрировано то, как христианам надлежит обращаться со своей совестью. Во-первых, Павел напомнил им, что идолы не имеют никакой власти. «Мы знаем, что идол в мире ничто и что нет иного Бога, кроме Единого» (1 Кор. 8:4). «У нас один Бог» (1 Кор. 8:6). Идолы суть воображаемые боги. Их не существует. Как верующие в Бога живого, мы не признаем их. Может ли несуществующий бог осквернить съедобную пищу? Посему употребление «идоложертвенных» даров в пищу не является прямым грехом. Каждому христианину предоставлено право выбирать, что ему есть, а от чего отказываться. «Пища не приближает нас к Богу: ибо, едим ли мы, ничего не приобретаем: не едим ли, ничего не теряем» (1 Кор. 8:8).

Павел отмечал, что не всякому верующему доступна эта истина. Многие из числа коринфских верующих лишь недавно отреклись от идолопоклонства и обратились к Богу. Всю жизнь их учили бояться и поклоняться лжебогам. Воспоминания и ассоциации из прошлой жизни «во тьме» были еще слишком ярки. Их совесть не могла согласиться с тем, что пища с языческих алтарей чиста (1 Кор. 8:7).

Ни один верующий, писал Павел, не имеет права поступать вопреки своей совести. Более того, верующий не должен склонять своих братьев по вере ко греху, требуя от них поступать наперекор совести, — даже если эта совесть немощна и осуждает их за то, что они вольны делать как по закону Божьему, так и по закону морали. Таким образом, свобода во Христе дается нам наряду с ответственностью перед собственной совестью и еще более строгой ответственностью перед церковью:

> Берегитесь, однако же, чтобы эта свобода ваша не послужила соблазном для немощных. Ибо если кто-нибудь увидит, что ты, имея знание, сидишь за столом в капище, то совесть его, как немощного, не расположит ли и его есть идоложертвенное? И от знания твоего погибнет немощный брат, за которого умер Христос. А согрешая таким образом против братьев и уязвляя немощную совесть их, вы согрешаете против Христа (1 Кор. 8:9-12).

Основная мысль: если ваша вера крепка, а совесть благополучна, вы вольны наслаждаться свободой во Христе без риска ощутить уколы совести: «Все, что продается на торгу, ешьте без всякого исследования, для спокойствия совести» (1 Кор. 10:25). Но если у вас есть основания полагать, что ваши действия могут ранить того, кто в данный момент наблюдает за вами, лучше воздержитесь. Чутко относитесь к верующим с немощной совестью. Павел приводит такой пример: «Но если кто скажет вам: „это идоложертвенное“, — то не ешьте ради того, кто объявил вам, и *ради совести... Совесть же разумею не свою, а другого*: ибо для чего моей свободе быть судимой чужою совестью?» (1 Кор. 10:28-29). Не давайте ближнему повода к преткновению или соблазну (Рим. 14:13).

Немощная и непрестанно осуждающая совесть должна рассматриваться как помеха на пути духовного роста. Многие верующие, наделенные сверхвосприимчивой совестью, стараются выдать свою чрезмерную придирчивость за свидетельство глубокой духовности. Но в действительности все обстоит иначе. Верующие с немощной совестью зачастую обидчивы и легко поддаются искушению (см. 1 Кор. 8:13). Они нередко бывают слишком нетерпимы к окружающим (Рим. 14:3-4). Такие люди легко поддаются соблазну читать нравоучения другим (Рим. 14:20; см. Гал. 3:2-5). Их ум и совесть быстро оскверняются (Тит. 1:15).

Говоря о верующих с немощной совестью (Рим. 14; 1 Кор. 8-10), Павел характеризует их как «духовно незрелых» людей, которым не хватает знания (1 Кор. 8:7) и веры

> Немощная и непрестанно осуждающая совесть должна рассматриваться как помеха на пути духовного роста. Многие верующие, наделенные сверхвосприимчивой совестью, стараются выдать свою чрезмерную придирчивость за свидетельство глубокой духовности. Но в действительности все обстоит иначе.

(Рим. 14:1,23). Павел не скрывает своей надежды, что такие верующие смогут преодолеть указанную стадию, подобно тому как дети, вырастая, избавляются от страха перед темнотой. Те же, кто намеренно задерживается на этом этапе духовного взросления, — особенно те, кто считает чрезмерно восприимчивую совесть предметом гордости, — имеют искаженное представление о том, что значит быть «зрелым» верующим. Истинный духовный рост просвещает ум и утверждает сердце в вере. Это единственный способ укрепить немощную совесть.

Как блюсти чистоту совести

Каким образом мы можем сохранять совесть чистой? Как подобает отвечать на ее уколы? Эти вопросы будут часто затрагиваться в нашей книге, а пока давайте рассмотрим и запомним ряд простых принципов, касающихся исповедания, прощения, возмещения ущерба, промедления и научения.

Покайтесь в известных вам грехах и отвратитесь от них. Исследуйте свое чувство вины в свете Писания. Разберитесь с грехами, о которых предостерегает вас Слово Божье. В Притчах 28:13 сказано: «Скрывающий свои преступления не будет иметь успеха; а кто сознается и оставляет их, тот будет помилован». В первой главе Первого послания Иоанна говорится, что исповедь будет иметь самые благоприятные последствия для христианина: «Если исповедуем грехи наши, то Он, будучи верен и праведен, простит нам грехи наши и очистит нас от всякой неправды» (стих 9). Нам надлежит исповедоваться, перед кем мы согрешили: «Признавайтесь друг пред другом в проступках и молитесь друг за друга, чтобы исцелиться» (Иак. 5:16). Но в первую очередь мы должны исповедоваться Тому, Кого наш грех ранит больше всего. Давид писал: «Но я открыл Тебе грех мой и не скрыл беззакония моего; я сказал: „исповедаю Господу преступления мои“, и Ты снял с меня вину греха моего» (Пс. 31:5).

Попросите прощения и примиритесь с тем, против кого вы согрешили. Иисус наставлял нас: «Итак, если ты принесешь дар твой к жертвеннику и там вспомнишь, что брат твой имеет что-нибудь против тебя, оставь там дар твой пред жертвенником, и пойди прежде примирись с братом твоим, и тогда приди и принеси дар твой» (Мф. 5:23-24). «Ибо если вы будете прощать людям согрешения их, то простит и вам Отец ваш Небесный, а если не будете прощать людям согрешения их, то и Отец ваш не простит вам согрешений ваших» (Мф. 6:14-15).

Загладьте свою вину. Бог велел Моисею: «Скажи сынам Израилевым: если мужчина или женщина сделает какой-либо грех против человека, и чрез это сделает преступление против Господа, и виновна будет душа та, то пусть исповедаются во грехе своем, который они сделали, и возвратят сполна то, в чем виновны, и прибавят к тому пятую часть, и отдадут тому, против кого согрешили» (Чис. 5:6-7). Лежащим в основе этого закона принципом должны руководствоваться и верующие новозаветной эпохи (см. Лк. 19:8; Флм. 19).

Старайтесь как можно скорее снять бремя греха с совести. Павел писал, что делал все возможное, чтобы «всегда иметь непорочную совесть пред Богом и людьми» (Деян. 24:16). Некоторые из нас предпочитают не замечать чувства вины, ошибочно полагая, что со временем их совесть очистится сама по себе. Этого не произойдет. Промедление только обостряет чувство вины. А это, в свою очередь, порождает депрессию, беспокойство и другие психологические проблемы. Чувство вины сохраняется надолго даже после того, как забыто само прегрешение, иногда распространяясь на другие сферы нашей жизни. Здесь кроется одна из причин того, что люди нередко ощущают вину и не могут понять, в чем дело. Такое смутное чувство вины может свидетельствовать о наличии серьезных проблем в духовной сфере. Вероятно, это и имел в виду Павел, когда писал: «для оскверненных и неверных нет ничего чистого, но осквернены и ум их и совесть» (Тит. 1:15).

Единственный способ очистить и укрепить совесть — незамедлительно обратиться с искренней молитвой к Богу. Промедление в подобном вопросе неизбежно усугубляет проблему.

Научайте свою совесть. Как было сказано раньше, легко возбудимое чувство вины обычно возникает в результате нехватки духовных знаний (1 Кор. 8:7). Если у вас легкоранимая совесть, не оскверняйте ее; иначе вы приучите себя закрывать глаза на обличения, что сделает невозможным истинное обличение. Более того, осквернение совести само по себе есть грех (1 Кор. 8:12; см. Рим. 14:23). Питайте совесть Словом Божьим, дабы она могла руководствоваться в своих суждениях проверенной информацией.

Важным аспектом подготовки совести является обучение ее сосредоточиваться на правильном объекте — божественно явленной истине. Если совесть ориентируется только на наши чувства, то ее суждения могут быть неверными. Сфокусированная исключительно на чувствах и ощущениях совесть не заслуживает доверия. Склонные к депрессии и меланхолии люди должны особо ревностно следить за тем, чтобы их совесть не полагалась на ощущения. Чувство отчаяния, если его не контролирует обученное сознание, провоцирует появление в душе необоснованных сомнений и страхов. Слово Божье, а не наши чувства, должно «курировать» совесть.

Далее, совесть будет делать ошибочные выводы, когда наш ум сосредоточен только на прегрешениях и не замечает триумфа Божьей благодати в нас. Истинным христианам знакомы как муки совести, так и ликование во Христе. Совесть должна замечать плоды Духа Святого, равно как и пережитки нашей грешной плоти. Нужно, чтобы она видела не только наши прегрешения, но и нашу веру. В противном случае совесть будет порождать неоправданные сомнения и страхи касательно праведности нашего пребывания перед Богом.

Нам надлежит питать совесть истинами Божьими и учением Писания. Тогда она будет подлинным мерилом наших поступков, и мы сможем в большей мере полагаться на нее. Заслуживающая доверия совесть становится мощным подспорьем на пути духовного роста и крепкой веры.

Возрождение библейских представлений о совести

Совесть, по всей видимости, является самым недооцененным и непонятым атрибутом человеческой природы. Психология, как мы видели, старается не столько понять механизмы действия совести, сколько заставить ее замолчать. Просачивание массовой психологии в евангельскую церковь уже серьезно подмыло основания библейских представлений о роли совести в жизни человека. Печально, что коллективное сознание светского общества постепенно отмирает. Теперь же, вследствие широкого распространения философии «не вини себя», то же самое происходит и в церкви.

Как мы уже говорили, Писание учат нас никогда не отрицать чувство вины. Наоборот, Библия говорит, что многие из нас виноваты в большей мере, чем сами полагают. Павел писал: «хотя я ничего не знаю за собою, но тем не оправдываюсь; судия же мне – Господь» (1 Кор. 4:4).

Вместо того чтобы отрицать и заглушать обличающий голос совести, мы, познавшие Христа, должны питать ее чистым Словом Божьим, прислушиваться к ней и учиться ее понимать. Но более всего прочего нам надлежит блюсти свою совесть в чистоте. Это ключевой момент нашего свидетельства миру нечестивых.

Мы не должны допустить, чтобы возвещаемая нами Благая Весть осквернялась мирскими понятиями, которые принижают значение чувства вины и побуждают людей стремиться только к собственному благополучию. Современные люди после знакомства с Евангелием представляют себе Иисуса как Спасителя от бед, печали, одиночества, отчаяния, боли и страданий. В Писании сказано, что Он пришел спасти людей от их *грехов*. Таким образом, одна из фундаментальных истин Евангелия гласит: все мы презренные грешники (Рим. 3:10-23). Единственная возможность обрести подлинное спасение и освободиться от грехов — со смиренным и сокрушенным сердцем покаяться в них. Нельзя укрыться от чувства вины, внушая себе мысль о том, что мы не так уж и плохи. Нам нужно взглянуть в глаза своим прегрешениям и осознать вопиющую греховность собственных преступлений против Бога и людей. Разве не этому учит известная притча?

Два человека вошли в храм помолиться: один фарисей, а другой мытарь. Фарисей, став, молился сам в себе так: «Боже! благодарю Тебя, что я не таков, как прочие люди, грабители, обидчики, прелюбодеи, или как этот мытарь: пощусь два раза в неделю, даю десятую часть из всего, что приобретаю». Мытарь же, стоя вдали, не смел даже поднять глаз на небо; но, ударяя себя в грудь, говорил: «Боже! будь милостив ко мне, грешнику!» Сказываю вам, что сей пошел оправданным в дом свой более,

> нежели тот: ибо всякий, возвышающий сам себя, уни-
> жен будет, а унижающий себя возвысится (Лк. 18:10-14).

Евангелие через Духа Святого напрямую взывает к нашей совести. Прежде чем показать путь к спасению, оно долж-но заставить грешника осознать свои грехи. Те, кто привык заглушать голос совести в незначительных вопросах, ни за что не захотят признать обвинение в грехах, которые на-столько чудовищны, что сулят им вечное проклятие. Гру-бое подавление совести делает людей невосприимчивыми к евангельским истинам.

Некоторые христиане, осознав это, пришли к выводу, что Евангелие следует «осовременить». Они исключили из него учение о грехе. В их понимании Христос является Спасителем от бессмысленной жизни, средством самореа-лизации, решением проблем, связанных с воображаемым представлением о себе, или ответом на духовные запросы человека. Евангелие в их трактовке не взывает к совести неверующих, в нем не упоминается грех. Поэтому такая «весть» совершенно бесполезна и неистинна.

Другие, сохранив в некоторой степени понятие «грех», упоминают о нем вскользь и насколько возможно «тактич-но». Они подчеркивают греховность каждого человека, но не объясняют всей серьезности проблемы: «Конечно, ты грешен. Все мы грешны!» — как будто, чтобы получить представление о всеобщей греховности, достаточно только этого и совсем не требуется ощутить чувство вины, поро-жденное собственной совестью. Но разве может искренне

> Разве может искренне раскаяться тот, кто не чувствует на себе ответственности за свои грехи? Получается, что современная тенденция девальвировать значимость совести в действи-тельности подрывает значимость самого Евангелия.

раскаяться тот, кто не чувствует на себе ответственности за свои грехи? Получается, что современная тенденция девальвировать значимость совести в действительности подрывает значимость самого Евангелия.

Факт отмирания совести губительно сказывается на жизни христиан. Совесть есть ключ к радости и преодолению. То, что дает нам чистая совесть, является олицетворением наивысших благ христианской жизни. Как мы уже заметили, в трудные времена преследований и гонений апостол Павел нередко взывал к своей непорочной совести (например, Деян. 23:1; 24:16; 2 Кор. 1:12). В периоды суровых испытаний уверенность в безупречности своего сердца в глазах Бога придавала ему сил и стойкости. Павел трепетно опекал свои сердце и совесть, дабы не лишиться этого источника уверенности. Он дорожил своей чистой совестью, поскольку она доставляла ему радость.

Следует желать не похвал из уст нечестивых, а чистой совести. Сам процесс духовного взросления учит нас питать совесть истинами Писания, после чего начинать жить в соответствии с ними, не заботясь о людской молве. Чарльз Уэсли написал гимн совести:

> Мне нужен праведный закон –
> Не спящий страх Господень,
> Чтоб я видел грех издалека
> И был им потревожен.
> Дай мне способность чувствовать приближение
> Гордости или порочного желания,
> Дабы не сбиться мне с пути истинного
> И гасить разгорающийся огонь страсти.
>
> Дабы не отступиться от Тебя,
> Не оскорбить Твою благость,

> Даруй сыновний страх перед Отцом,
> Ниспошли чуткую совесть.
> Пусть в мгновение она
> Замечает грехи мои!
> Пробуждай душу мою при виде греха,
> И да бодрствует она во всякое время.

В наши дни нечасто услышишь эту песнь. Похоже, церковь забыла о том, как важна здравая совесть для духовной жизни. Я убежден, это основное объяснение того, что так много христиан сегодня терпят неудачи и страдания. Они просто не умеют должным образом прислушиваться к голосу своей совести, относятся к ней легкомысленно. Некоторые христиане не постигли важности постулата о том, что совесть должна быть ясной и чистой. Они вступают в споры с совестью. Чувство вины представляется им помехой или даже угрозой. Слишком много духовных сил уходит у них на тщетные попытки разобраться с чувствами, порожденными обличительной деятельностью совести, – без должного желания взглянуть в глаза прегрешениям, которые и потревожили совесть.

Это может быть расценено как духовное самоубийство. Об отвергнувших свою совесть Павел писал, что они «потерпели кораблекрушение в вере» (1 Тим. 1:19). Они подобны пилоту, который отключил систему предупреждения об опасности.

Мы *обязаны* уделять внимание своей совести. Пугающе высока цена, которую мы можем заплатить за ее «отключение». Это неминуемо приведет к духовной катастрофе. Кто как не мы, внявшие истинам Писания, в первую очередь должны помнить о значимости здравой совести! Мы должны возрождать и применять в жизни библейские знания о совести, иначе нам нечего будет сказать грешному миру.

3

КАК ГРЕХ
ЗАГЛУШАЕТ ГОЛОС СОВЕСТИ

Этот миф (о сравнительной добропорядочности человечества) принуждает людей верить, что они жертвы, а не преступники; всегда страдают, и никогда не причиняют страданий другим. Такой подход снимает с людей всякую ответственность, как это было в темные века. Можно оправдать любое преступление, потому что всегда найдется «козел отпущения» – либо так называемая болезнь общества, либо расстройство психики.

Один писатель назвал нашу эпоху «золотым веком оправдания», когда чувство вины становится уделом «ограниченных умов», когда никто ни перед кем не несет ответственности, даже перед собственной совестью.

По злой иронии, все это происходит в эпоху гулагов, лагерей смерти и массовых убийств. Г. К. Честертон сказал, что вероучение о первородном грехе является единственной философией, которая на практике подтверждала свою состоятельность на протяжении многих столетий дошедшей до нас истории человечества.

Чарльз В. Колсон [31]

---

[31] Charles W. Colson. «The Enduring Revolution: 1993 Templeton Address» (pamphlet), «Sources, No. 4» (Washington: Wilberforce Forum, 1993), 4-5.

Губительная, всеобъемлющая порочность — таково наследие века психологии. Никогда еще грех не принимал настолько отвратительные и ужасные формы, как сейчас. Наркотики, проституция, порнография, сексуальные извращения и уголовные преступления заполонили наши города. С каждым годом преступность молодеет и наглеет. Колеса правосудия пробуксовывают, тюрьмы переполнены.

Мне возразят: мол, эти проблемы не новы. Схожие пороки были бичом человечества с самых ранних времен. Это так. Но, в отличие от предыдущих, наше поколение не замечает наибольшее из зол — грех против непогрешимого закона абсолютно святого Бога. Современное общество, как видно, отнюдь не склонно считать такое поведение предосудительным или *грешным*.

Боб Вернон, бывший помощник главы полицейского департамента Лос-Анджелеса, обращает внимание на растущее число «нравственных уродов» — молодых людей, которые делают преступный образ жизни своей карьерой и совершают самые гнусные преступления без тени раскаяния. Он рассказывает о подростке по кличке Палочка-выручалочка, члене банды. Палочка-выручалочка открыл беспорядочную стрельбу на пароме, где в тот момент находилась «свита» королевы предстоящего школьного бала выпускников. Несколько девочек получили ранения, одна из них оказалась в критическом состоянии. Преступление произошло средь бела дня, и сотни свидетелей тут же указали на Палочку-выручалочку как на зачинщика кровавой бойни. После ареста в комнате для допросов он поведал Вернону мотивы, толкнувшие его на это страшное преступление. Оказалось, что парню просто нужно было попасть в тюрьму, чтобы там получить бесплатное лечение. У него было венерическое заболевание и пара гнилых зубов. Он сообщил также, что в тюрьме намеревался заняться

> Сегодня публика чуть ли не аплодирует человеку,
> который выставляет напоказ то, что в прошлом
> считалось пороком (или грехом).

тяжелой атлетикой, чтобы немного «подкачаться». Но прежде ему нужно было состряпать для себя «приличную» репутацию. «Меня будут называть крутым», — гордо заявил он полицейским[32].

Вернон пишет:

То, что с чем мы столкнулись на примере Палочки-выручалочки, является одной из коренных проблем, поражающих наши семьи и общество: потеря совести. Тенденция выражается в том, что мы больше не должны бояться темной стороны своего «я». Это шокирующее влечение опустошает наше общество. Делом чести становится не только само нарушение социальных устоев, но и бахвальство таким антиобщественным поведением... Подобные манеры всегда были присущи обществу, даже такие, которые мы считаем пагубными. Существенная разница заключается в том, как мы реагируем на подобные проявления «низменной природы». Сегодня публика чуть ли не аплодирует человеку, который выставляет напоказ то, что в прошлом считалось пороком (или грехом). «Шоу Фила Донахью» красноречиво об этом свидетельствует. Люди рвутся на национальные телеканалы, признаются в супружеской неверности перед многомиллионной аудиторией и похваляются своей решимостью продолжать в том же духе. Другие рассказывают о своем

---

[32] Robert L. Vernon, L. A. *Justice* (Colorado Springs: Focus on the Family, 1993), 209–212.

осознанном решении родить ребенка вне брака. Третьи бахвалятся ложью и обманом, которые помогли им разбогатеть, и многие совершенно открыто вещают о том, как дурачат государственную налоговую службу. Как правило, зрители «на ура» встречают этих отважных героев, дерзнувших пойти наперекор социальным нормам и правилам[33].

Действительно ли общество утрачивает способность оперировать такими понятиями, как зло и добро? Неужели теория относительности гуманитарной культуры низвела современное общество до статуса полного морального разложения?

Обольщение грехом ожесточает совесть

Наиболее ужасающим аспектом нравственного упадка является тот факт, что данная проблема культивирует саму себя. Отрицаемый грех затмевает сознание. Автор Послания к евреям наставлял своих читателей, дабы никто из них «не ожесточился, обольстившись грехом» (Евр. 3:13). Грех обольщает и бросает вызов нашей совести, тем самым ожесточая человеческое сердце. Ожесточенное грехом сердце в большей мере становится подверженным соблазну, гордости и всем прочим формам греха. Таким образом, неисповеданный грех заглушает и оскверняет совесть и все больше и больше порабощает людей.

Мы видим, что нужда в обличении греха ослабевает и общественное сознание разрушается, общество развращается и более терпимо начинает относиться к проявлениям распущенности.

---

[33] Там же, 213.

Быстрое разложение общественных норм, касающихся приличий и нравственности, является достаточным свидетельством существования этого феномена. То, что всего десятилетие назад считалось неприемлемым и шокировало людей, ныне вовсю пропагандируется телевидением. Непристойные шутки, которые не так давно рассказывались лишь шепотом, теперь являются «гвоздем программы» детских развлекательных передач. И положение дел в этом вопросе непрестанно ухудшается. Стоило появиться на экранах мультсериалу «Семейка Симпсонов», который, казалось, являлся олицетворением нравственного нигилизма в мультипликации, MTV тут же создал парочку персонажей, на фоне которых главный герой «Симпсонов» выглядит прямо-таки пай-мальчиком. Бивис и его друг, чье имя я не решусь тут воспроизвести, воплощают в себе глубину упадка современного общества. Все непристойное» грубое, незаконное им представляется «крутым», а доброе и священное нещадно высмеивается.

Бивис и его приятель – герои подрастающего поколения. От этой мысли становится не по себе. Как долго еще будет падать наше общество в пропасть нравственного разложения?

Повсюду мы видим свидетельства морального упадка. Возьмите в руки любое развлекательное издание с газетной стойки в супермаркете. Заголовки так и кричат об извращениях, супружеских изменах, обжорстве, эгоизме, эпатаже, самоуверенности, пьянстве, аморальном поведении, злобе и прочих человеческих пороках. Как верно подметил помощник главы полиции Лос-Анджелеса Боб Вернон, хуже всего то, что эти пороки расцениваются как заслуги! Вы, должно быть, заметили, какое широкое распространение получили майки и наклейки, где напечатаны самые невообразимые пошлости, о которых на людях и говорить-то стыдно. Наше общество упивается собственной греховностью. Люди не стыдятся грешить; они хвалятся своими грехами! Они принимают участие в телевизионных шоу, чтобы выставлять напоказ свои пороки. И публике это нравится! Как писал апостол Павел, «они знают праведный суд Божий, что делающие такие дела достойны смерти; однако не только их делают, но и делающих одобряют» (Рим. 1:32).

Павел сделал этот комментарий в конце первой главы Послания к римлянам, завершая разговор о развращающей силе греха. Его слова из второй части этой главы в точности описывают то затруднительное положение, в котором сейчас пребывает общество. Апостол объясняет, как и почему отмирает человеческая совесть. Он дает понять, что заглушающие голос своей совести рискуют подвергнуться страшному наказанию: Бог оставляет таких людей наедине с их собственными грехами. Именно это происходит с нашим народом. Всю свою историю человечество, народ за народом, отринув Бога, лишалось Божьего благоволения и порабощалось своими же грехами.

Для начала – одна тревожная весть...

С 16-го стиха первой главы Послания к римлянам начинается развернутое, систематическое исследование Евангелия, которое продолжается до самого конца письма. Павел венчает свое приветствие, обращенное к верующим римлянам, словами: «я не стыжусь благовествования Христова, потому что оно есть сила Божия ко спасению всякому верующему, во-первых, Иудею, потом и Еллину. В нем открывается правда Божия от веры в веру, как написано: „праведный верою жив будет“» (Рим. 1:16-17).

И тут, когда нам начинает казаться, что сейчас апостол сообщит *добрую весть* о спасающей силе Божьей, как гром среди ясного неба звучат его слова: «Ибо открывается гнев Божий с неба на всякое нечестие и неправду человеков, подавляющих истину неправдою» (Рим. 1:18). Об этом и следующим за ним стихах Мартин Ллойд-Джонс писал: «Это ужасающие строки. Меланхтон называет восемнадцатый стих „предвестником страшной грозы“. Но вспышки молний призваны не только напугать нас, но и озарить истину»[34].

Оказывается, доброй вести о спасении предшествует неутешительная весть о грехе. Иисус сказал: «Не здоровые имеют нужду во враче, но больные; Я пришел призвать не праведников, но грешников к покаянию» (Мк. 2:17). Павлу было известно, что те, кто недооценивает всю тяжесть и опасность человеческой греховности, — особенно те, кто не замечает собственной порочности, — не способны воспользоваться единственно возможным «лекарством» от греха. Освещению этого вопроса и посвящена наша книга.

Не осознавшие тяжести своих грехов не могут спастись. И речи не может быть о примирении с Богом для грешников, которые не ведают о своем разобщении с Ним. Истинный страх Божий не может проникнуть в сердца этих слепцов. Те, кто не трепещет, слушая священные угрозы Божьи, не смеют надеяться на Его милосердие.

> Не осознавшие тяжести своих грехов не могут спастись.

Другими словами, любая попытка искоренить совесть является одним из самых губительных стремлений, которые только могут завладеть сердцем человека. Она неминуемо навлекает на грешника гнев Божий — не окончательный

---

[34] D. Martyn Lloyd-Jones, *The Plight of Man and the Power of God* (Grand Rapids: Eerdinans, 1945), 14.

гнев, который есть суд (ад), и не эсхатологический (день Господень), а гнев *временный*. Это выражается в том, что Бог отвращает от людей поддерживающую их благодать и подвергает человека или общество круговому процессу «хождения по мукам», нисколько не притупляя их совести. Именно такое наказание имел в виду Павел, когда, обращаясь к верующим в Листре, сказал: « [Бог] в прошедших родах попустил всем народам ходить своими путями» (Деян. 14:16).

Эту мысль Павел изложил в Послании к римлянам 1:18-32. Он говорит о гневе Божьем, который навлекают на себя люди, опускаясь в пучину распутства и греха. Обратите внимание, что самый драматичный эпизод в его рассказе — не перечисление грехов, хотя он свидетельствует о весьма мерзких людских пороках, а следующий факт: с каждым шагом под ударами бича Божьего совесть грешника все больше ожесточается и постепенно отмирает.

Присутствие в нас совести неоспоримо

Павел утверждает, что Бог карает людей, «подавляющих истину неправдою» (Рим. 1:18). Его слова относятся к грешникам, которые успешно заглушили голос своей совести. Подавляемая ими истина есть врожденное знание о Боге, добре и зле, о том, что такое хорошо и что такое плохо. Это известно каждому, «явно для них, потому что Бог явил им» (стих 19). Другими словами, Бог являет Себя самым непосредственным образом в сознании каждого человека.

Это впитанное с молоком матери знание о Боге в дальнейшем прирастает естественным путем благодаря свидетельствам Его могущества и божественной сущности – «ибо невидимое Его, вечная сила Его и Божество, от создания мира через рассматривание творений видимы» (стих 20). Ниспосылаемая таким образом истина отнюдь не двусмысленна или загадочна — она «видима», причем не только для особо одаренных верующих. «Небеса проповедуют славу Божию, и о делах рук Его вещает твердь» (Пс. 18:2). Небо и земля проповедуют Бога всем и каждому.

Говоря иначе, эти знания — о существовании Бога, Его могуществе, благости и славе — очевидны как для верующих, так и для неверующих, для христиан и язычников, иудеев и филистимлян. Никто не вправе оправдывать себя своим неведением. Даже самому «дремучему» язычнику известно больше, чем он хочет признавать. Нет оправдания подавляющим истину и заглушающим голос своей совести.

Вниз по наклонной

Павел проследил, как гнев Божий сопровождает человечество на его пути в бездну греха. Он описывает ведущие вниз ступени этого пути, а нам кажется, что мы читаем заголовки газет. Чем глубже падает общество в пропасть неверия и распутства, тем очевиднее исполнение пророчеств Писания. Они находят отражение в мирской суетности, отсутствии здравого смысла, извращенной вере, необузданной похоти и сексуальной распущенности. Очерченные Павлом почти две тысячи лет назад проблемы в точности соответствуют самым распространенным сегодня порокам.

> Очерченные Павлом почти две тысячи лет назад проблемы в точности соответствуют самым распространенным сегодня порокам.

Безрассудные домыслы. «Но как они, познав Бога, не прославили Его, как Бога, и не возблагодарили, но осуетились в умствованиях своих, и омрачилось несмысленное их сердце» (Рим. 1:21).

Как только человек начинает подавлять истину неправдою, он теряет «духовные якоря». Отвергните свет, и вы окажетесь в кромешной тьме. Именно это происходит с человечеством на протяжении всей его истории.

Не является исключением из этого правила и современное общество. В любом случае, истина Божья доступна нам как никаким предшествующим поколениям. Однако и неверие сегодня распространено как никогда.

С прогрессом науки мы все больше узнаем о тонкостях строения вселенной. Современная наука установила, к примеру, что структура молекулярного мира намного сложнее, чем это представлялось ученым сто лет назад. Сегодня уже известны так называемые субатомные частицы. Мы знаем, что капля воды состоит из бесчисленного множества таких частиц. Одна только капля озерной воды содержит также целое семейство крошечных живых существ, о существовании которых до изобретения микроскопа никто не догадывался. Но, взглянув в противоположную сторону, мы теперь видим, что границы нашей галактики намного обширнее, а вселенная куда сложнее, чем думалось нашим дедам. Сегодня мы лучше понимаем взаимосвязи, существующие между космическими объектами, и обладаем более полными сведениями о хрупком балансе природы.

Нам следовало бы иметь более четкие, чем у наших предшественников, представления о безграничном могуществе и мудрости Создателя. Наука открыла удивительные миры в природе, о которых прошлые поколения даже не подозревали. Чем больше мы узнаем о творении Божьем, тем лучше понимаем царящие в нем порядок, мудрость и благость Того, Кто сотворил этот мир и вдохнул в него жизнь. Но в то же время наука по мере своего развития все больше проникается атеистическими представлениями. Невероятно, но факт: чем лучше мы начинаем понимать силы и гармонию, которые движут вселенной, тем громче голоса наших ученых, отчаянно пытающихся объяснить невозможность существования правящего миром Создателя.

Неужели настолько упорядоченное творение могло возникнуть по воле случая? В это верится не больше, чем в возможность получения готовых часов путем встряхивания мешочка с деталями от них. Эволюционный атеизм есть не что иное, как «суетные умствования», домыслы людей, стремящихся подавить в своем сознании истину о существовании Бога. В результате этого омрачается несмысленное сердце их (см. Рим. 1:21).

Человеческая раса деградирует, а не эволюционирует. Вместо того чтобы воспарить навстречу свету и свободе, люди, отвергнув Бога, сползают в отвратительную канаву, заполненную мерзостью их злодейств и неверия. Отвергая Бога, мы попадаем в рабство греха, погружаемся во тьму, обрекаем себя на суетность. Отрекаясь от Творца, мы отрекаемся от истины, света и вечной жизни, тем самым расшатывая основы нравственности и скатываясь в бездну грешного невежества, о чем и говорит Павел в этих стихах.

За моральным разложением неминуемо приходит духовная тьма. Отвергающие Бога также отвергают и праведность. Безбожие неотвратимо ведет к моральной развращенности – и наоборот. Неверие и безнравственность тесно переплетены между собой.

Смерть здравого смысла. «Называя себя мудрыми, обезумели» (Рим. 1:22). У тех, кто отказывается чтить Бога, отсутствует духовное мышление. Неверие пагубно сказывается даже на их способности мыслить здраво. Мышление таких людей особенно недееспособно в духовных вопросах, поскольку грехи затеяли духовное восстание в их душах. Они не способны отличить правду от лжи, добро от зла. Отвергнув Бога, эти люди лишились надежды отыскать путь, ведущий к истине. «Сказал безумец в сердце своем: „нет Бога". Они развратились, совершили гнусные дела; нет делающего добро» (Пс. 13:1; см. также 52:2).

Безумие, о котором говорится в стихе, можно еще назвать абсолютной духовной слепотой. Это величайшее безумие из всех. Оно развращает сознание и лишает неверующего способности рассуждать о духовных вопросах.

Наше общество прострелено навылет духовным безумием. Похоже, критерии нравственности полностью опровергнуты. В общественных школах запрещено преподавать Слово Божье и даже основы морали, но детей там охотно обучают технике секса, а потом бесплатно раздают презервативы. Школьные врачи не могут дать ребенку таблетку аспирина без согласия его родителей, но обладают правом направить девочку в клинику, где ей сделают аборт, не ставя в известность руководство школы. У детенышей китов и морских котиков больше прав, чем у человеческих младенцев. Суды в первую очередь пекутся о соблюдении прав преступника, а не жертвы.

Здравый смысл редко фигурирует в общественном сознании или морали. Называя себя мудрым, наше общество гордо выставляет напоказ свое безумие.

Извращенная вера. Нравственное безумие неизбежно подрывает духовность. В самом деле, все созданные человечеством вероучения являются плодами слепого духовного безумия. Люди «славу нетленного Бога изменили в образ, подобный тленному человеку, и птицам, и четвероногим, и пресмыкающимся» (Рим. 1:23).

В противоположность представлениям современной антропологии, изобретенная человеком религия не избрала восходящий путь эволюционного развития.

В противоположность представлениям современной антропологии, изобретенная человеком религия не избрала восходящий путь эволюционного развития. Нельзя утверждать, что религия началась с язычества и постепенно «доросла» до монотеистических воззрений. Как раз наоборот. Согласно Писанию, всякое мирское вероучение развивается в сторону, противоположную той, где пребывает истина, истинный Бог, при этом неизменно склоняясь к служению идолу («образ, подобный тленному человеку») и далее к анимизму («птицам, и четвероногим, и пресмыкающимся»).

В Писании сказано, что после грехопадения «[люди] начали призывать имя Господа [Бога]» (Быт. 4:26). У нас нет сведений о том, что в период между грехопадением и потопом люди поклонялись идолам. Бог наслал на мир потоп, потому что «велико [было] развращение человеков на земле и... все мысли и помышления сердца их были зло во всякое время» (Быт. 6:5). Но в Писании не содержится никаких указаний на то, что люди создавали идолов и поклонялись им.

Однако спустя некоторое время после потопа идолослужение стало превалировать. Авраам был призван из семьи язычников (Нав. 24:2). Во времена Моисея идолопоклонство было широко распространено в Египте. Когда сыны Израиля вернулись в землю обетованную, в культуре хананеев они столкнулись с разнообразными формами идолослужения, которые были даже отвратительнее того, что израильтяне видели в Египте. Им не удалось истребить хананеев, и лжерелигия этого народа стала постоянной преградой на пути всех последующих поколений Израиля.

История древнего мира подтверждает предположение о том, что религия постепенно деградировала и все больше отклонялась в сторону многобожия и анимизма.

Геродот, живший в V веке до Р. Х., отмечает, что в Древней Персии не было языческих храмов и идолов[35]. Августин цитирует римского историка I века, Варро, который сказал: «Древние римляне сто семьдесят лет жили без идолов»[36]. А это значит, что только спустя 170 лет *после* основания Рима его граждане переняли многобожие и начали поклоняться языческим богам. Луциан, греческий писатель, живший во II веке, пришел к подобным выводам относительно древних Греции и Египта[37].

Люди по природе своей склонны отвергать славу Божью в пользу идолов, «заменять истину Божию ложью, и поклоняться, и служить твари вместо Творца» (Рим. 1:25). Человеческому сознанию необходим Бог, но люди предпочитают Ему плоды умов своих. Вот почему первая заповедь гласит: «Да не будет у тебя других богов пред лицом Моим. Не делай себе кумира и никакого изображения того, что на небе вверху, и что на земле внизу, и что в воде ниже земли; не поклоняйся им и не служи им» (Исх. 20:3-5). Но в то самое время, когда Моисей получал скрижали завета от Бога, Аарон с израильтянами отливали золотого тельца, идола (Исх. 32:1-6).

Подходит ли наше общество под описание, приведенное в первой главе Послания к римлянам? Разумеется, да. У современных людей свои материалистические идолы — деньги, престиж, успех, философия, здоровье, удовольствие, спорт, развлечения, приобретения и прочее. Все эти категории приобретают статус идола, если мы отдаем им любовь и верность, которые должны отдавать Богу. Проблема та же — люди продолжают служить твари вместо Творца.

---

[35] Herodotus, *The Histories*, 1:31.
[36] Augustine, *The City of God*, 4:31.
[37] Lucian, *The Syrian Goddess*, 34.

Не следует думать, что современное идолослужение обладает более утонченными характеристиками, нежели идолопоклонство первобытных язычников. Взгляните на перемены, произошедшие в религиозной жизни американцев за последние пятьдесят лет. Движение «Новый век» активно пропагандирует индуизм. Астрология, спиритизм и прочие оккультные учения завоевали небывалую популярность. Религии коренных жителей Америки, такие как вуду, сантерий, друиды, викка (черная магия), и другие древние языческие культы обрели новую жизнь. Служители сатаны, о которых еще два столетия назад и речи не было в нашей стране, ныне одна из самых быстрорастущих сект, причем она особо популярна в молодежной среде. Недавно из выпуска новостей я узнал, что только в одном графстве Орандж, штат Калифорния, за последние десять лет было зафиксировано более пятисот случаев ритуального убийства животных, включая украденных у хозяев собак и кошек.

В современном обществе люди поклоняются стихиям, пятнистым совам, дельфинам и китам. Служение земле и тварям, похоже, переживает период своего расцвета; в нашем обществе не осталось места для Бога Творца. Мать землю почитают превыше Бога Отца.

Будучи далеко не самым выдающимся достижением человечества, современная религия является наиболее очевидным проявлением развращенности расы людей.

Предпочитая других богов Богу живому, люди совершают тягчайший грех богохульства. Грешники, отвергающие Бога истинного, нередко бывают чрезвычайно религиозны. Сотворенная людьми религия не может быть свидетельством человеческого достоинства; это доказательство человеческой порочности. Лжерелигия — самое постыдное «изобретение» человечества. Это не вознесение к высотам любви и мудрости, а ползание и беспорядочное совокупление двуногих тварей в грязи безбожия. Все тенденции в современной религии и материализме указывают на это.

Необузданная похоть. Это еще один шаг по наклонной, когда люди становятся заложниками собственных страстей: «предал их Бог в похотях сердец их нечистоте, так что они сквернили сами свои тела» (Рим. 1:24).

Ничто так ярко не характеризует современное западное общество, как похоть. Размах и влияние современной индустрии развлечений красноречиво свидетельствуют, насколько глубоко наше общество увязло в страстях. Стяжательство, чревоугодие, секс — вот основные инструменты рекламной индустрии. Похоть во всех ее проявлениях стала прибыльным бизнесом в нашем обществе.

По мере того как страсти людей всячески разжигаются и поощряются, общество начинает терпимее относиться к безнравственности, непристойностям, порнографии, богохульству и прочим порокам. Мы уже обращали внимание на значительное расширение рамок дозволенного в индустрии развлечений, имеющее место в последние годы. Беспричинную ругань и постельные сцены нередко включают даже в фильмы, рекомендованные детям. Нечасто увидишь музыкальный видеоклип, где не было бы секса или насилия. С каждым годом телевидение стремится вылить на нас как можно больше грязи с голубых экранов.

> Более десятка разнообразных ток-шоу ежедневно бесстыдно взывают к самым низменным интересам людей.

Более десятка разнообразных ток-шоу ежедневно бесстыдно взывают к самым низменным интересам людей. Все постижимые виды разврата и извращений демонстрируются телезрителям в дневном эфире. Похоже, единственная ценность, которую должны оберегать в себе люди, – это терпимость к любым проявлениям человеческой натуры.

Греховная похоть бывает нескольких видов. В греческом языке это слово звучит как *epithumia* и обозначает «желание». Греховные желания включают в себя неутолимую жажду развлечений, денег, влияния, престижа и секса. Короче говоря, похоть, – это желание получить то, что запрещено Богом. Такие порочные желания в Писании называются «плотскими похотями» (см. 2 Пет. 2:18; Еф. 2:3). Нам велено «удаляться от плотских похотей, восстающих на душу» (1 Пет. 2:11).

Разжигающие свои страсти должны получить по заслугам: «предал их Бог... нечистоте» (Рим. 1:24). Выражение «предать» (*paradidomi*, греч.) иногда используется в значении «посадить в темницу» (Мк. 1:14). Под ним подразумевается акт правосудия, совершаемый Богом в отношении тех, чья совесть ожесточена, – Он удаляет Свою сдерживающую руку от таких людей, и они превращаются в рабов своих же страстей. Другими словами, Бог допускает, чтобы последствия грехов в полной мере обрушились на голову грешника. И грешник, влекомый своей необузданной похотью, неизбежно начинает предаваться тягчайшим формам сексуальной распущенности. «Они осквернили сами свои тела» (Рим. 1:24).

Сексуальная распущенность. Без сдерживания со стороны Бога и здравой совести вырвавшиеся на свободу страсти неминуемо приведут человека к самым низким и извращенным формам сексуальной распущенности. Плотские желания, деградируя, становятся «постыдными страстями»: «Потому предал их Бог постыдным страстям: женщины их заменили естественное употребление противоестественным; подобно и мужчины, оставив естественное употребление женского пола, разжигались похотью друг на друга, мужчины на мужчинах делая срам и получая в самих себе должное возмездие за свое заблуждение» (Рим. 1:26-27).

Именно этот путь избрало для себя наше общество. Виды секса, которые несколько десятилетий назад практически единогласно признавались извращениями, ныне наводнили наши дома и улицы. Гомосексуалисты стали смелее — и самоувереннее, требуя общественного одобрения своему пороку. Небиблейское мышление в такой мере развратило общественное сознание, что во всех слоях общества симпатии к движению гомосексуалистов быстро крепнут. Отвергнув нормы морали, которым учит Писание, наше общество лишилось авторитетного мнения Бога, Который осуждает мужеложство. Лишь немногие люди сегодня ужасаются этому беззаконию. На них оказывается давление с целью заставить и этих немногих «смотреть на вещи шире», чтобы стать более «продвинутыми», раскрепощенными, терпимыми и даже снисходительными к таким извращениям. Те, кто не в полной мере предан истинам Писания, не могут противостоять общественному мнению. Общественное сознание продолжает развращаться, скользя по наклонной все быстрее и быстрее.

Насколько терпимо наше общество относится к гомосексуализму? Многие крупные города сегодня спонсируют ежегодно проводимые организацией «Gay Pride» празднества с парадами, прогулками на паромах и массовыми шествиями людей, ратующих за гомосексуальный образ жизни. Однако средства массовой информации, занимающиеся освещением этого события, кое-что утаивают. Иначе и быть не может. Участники таких карнавалов нередко ведут себя настолько беззастенчиво и непристойно, что попади эти эпизоды в газеты или выпуски новостей, их авторы будут обвинены в распространении порнографии. Такие шествия стали своеобразной трибуной для гомосексуалистов в их стремлении обрести политическое влияние и посредством этого привить свои порочные и губительные ценности обществу. В последние годы они добиваются заметных успехов в погоне за властью.

В центральной части Нью-Йорка, к примеру, открылась первая национальная школа для гомосексуалистов — Harvey Milk School [Молочная школа Харви], названная так в честь убитого общественного инспектора из Сан-Франциско, который также был активистом движения в защиту прав гомосексуалистов[38]. По нелепому стечению обстоятельств, собрания «учеников», среди которых есть и трансвеститы, и мужчины-проститутки, проходят в приходском корпусе методистской церкви.

В последнее время расплодились воинственно настроенные союзы, выступающие в защиту гомосексуалистов. Своей деятельностью члены таких организаций, как «Лига гомосексуалистов», «Союз геев и лесбиянок против клеветы», «Объединение геев за запрет гетеросексуализма», «Геи и мотоциклы», «Воинствующие геи», стараются шокировать и запугать всякого, кто смеет считать их образ жизни греховным.

Движения за права гомосексуалистов добились значительных успехов в политической сфере. За первый год своего президентства Билл Клинтон принял на государственную службу по меньшей мере семнадцать представителей сексуальных меньшинств обоего пола — и устроил в их честь фуршет. «Впервые в истории человечества руководитель страны отважился нарушить это табу, — торжествующе

---

[38] Dennis A. Williams and Susan Agrest, «A School for Homosexuals», *Newsweek* (17 June 1985), 93.

заявил один из новоявленных чиновников. — Теперь имя Билла Клинтона войдет в историю»[39].

Правительственные органы и суды вносят свою лепту в дело узаконения гомосексуализма. В Висконсе две студентки, снимавшие комнату, опубликовали в местной газете объявление о поиске третьего квартиранта. Поскольку они отказали претендентке, которая оказалась лесбиянкой, Комиссия по правам человека принудила их выплатить той 1.500 долларов в качестве компенсации за причиненный моральный ущерб. Комиссия также потребовала от них принести лесбиянке письменные извинения и записаться на «образовательные курсы», проводимые гомосексуалистами.

Такое нравоучительное «промывание мозгов», спонсируемое правительством, приобретает все больший размах. Законы о правах гомосексуалистов вынудили сообщество «Больших братьев» через газетные объявления подыскивать мужчин для оставшихся без отцов мальчиков, чтобы опекать последних и прививать им необходимые во взрослой жизни навыки посредством моделирования отношений отец — сын. Некогда эта организация исключала гомосексуалистов из числа потенциальных «отцов», но под нажимом правительства вынуждена была изменить свою политику. Подобное давление было оказано и на молодежную организацию бойскаутов, которые теперь должны задействовать гомосексуалистов в качестве вожатых.

Риторический спор о правах сексуальных меньшинств ставит гомосексуалистов вне рамок морали, характеризуя их образ жизни как «альтернативный», обусловленный «сексуальными предпочтениями» индивида. В основе таких диспутов лежит представление о врожденной гомосексуальности. Гомосексуальные наклонности объясняются генетической

---

[39] «Quotable», *Daily News* (3 November 1993), 6.

предрасположенностью, а не влиянием окружения, и потому гомосексуальность по сути не может быть аморальной. Но в первую очередь следует отметить, что проводимые исследования до сих пор не могут подтвердить генетическую обусловленность гомосексуальных наклонностей. Но даже если такая взаимосвязь будет доказана, сможет ли это каким-либо образом повлиять на тот факт, что в Слове Божьем мужеложство названо грехом? Гуманистическая психопатология многие годы пытается оправдать различные формы греха — алкоголизм, наркоманию, преступные наклонности и сексуальные извращения — генетической предрасположенностью отдельных индивидуумов. Все эти попытки не учитывают очевидной истины, которую раскрывает Писание: каждый из нас рождается грешником. У каждого присутствуют врожденные греховные наклонности. Однако сей печальный факт не освобождает нас от вины за греховные деяния.

Какой очередной «альтернативный» образ жизни будет легализован? Садомазохизм — смесь секса с издевательством? Зоофилия — секс с животными? Некрофилия — секс с трупами? Или, может быть, педофилия — сексуальные отношения с детьми?

Вероятно, вы будет шокированы, узнав о существовании группы сторонников педофилии, так называемой «Американской национальной ассоциации любви между мужчинами и мальчиками». Ее лозунг: «Начни заниматься сексом с восьми лет, иначе будет поздно». Эта организация, открыто действующая под защитой конституции, занимается регулярной рассылкой своих информационных бюллетеней по всей стране. Составитель бюллетеней — школьный учитель!

Находятся и такие, кто ратует за легализацию и пропаганду инцеста (сексуальные контакты между родственниками).

Совет США по образованию и браку (ССОБ) издал документ, согласно которому «любые упреки в отношении инцеста с позиции религии и нравственности» признаются необоснованными. В документе также сказано, что чувство вины, вызванное нарушением этого табу, наносит обществу больший вред, нежели сами развратные действия в отношении родственников. В нем содержится и негодование по поводу того, что запрет инцеста «мешает проведению научных исследований данного феномена», и призыв ко всем «ученым не из робкого десятка, имеющим желание докопаться до истины», провести масштабное исследование в этой области[40]. Кстати, тот же самый ССОБ оказал огромное влияние на включение занятий по «половому просвещению» в программы всех общественных школ страны.

Общество становится настолько толерантным, что, кажется, любые извращения могут быть оправданы. Все это суть пугающее свидетельство того, что Бог отдал наше греховное общество на откуп его же «постыдным страстям». Парадоксально, но именно такого рода гуманизм, или, другими словами, любовь к человеку, лишает наше общество человеческого облика.

Больше всего обескураживает тот факт, что многие церкви и церковные объединения принимают гомосексуалистов в свои ряды. У гомосексуального сообщества имеются даже свои христианские союзы, и некоторые из них называют себя евангельскими христианами. Все больше и больше людей из числа христиан выступают в поддержку мнения о том, что гомосексуальность не является грехом. Похоже, многие главы церквей просто не желают отстаивать бескомпромиссные позиции библейского вероучения.

---

[40] Benjamin DeMott, «The Pro-Incest Lobby», *Psychology Today* (March 1980), 11.

> Больше всего обескураживает тот факт, что многие
> церкви и церковные объединения принимают
> гомосексуалистов в свои ряды.

Но Писание ясно и четко высказывается в отношении мужеложства. Библия открыто и безапелляционно обличает гомосексуализм. В Ветхом Завете гомосексуализм рассматривается наряду с такими извращениями, как инцест, зоофилия и прочее, наказание за которые – смерть. (Лев. 20:13, см. также стихи 11-16). В Послании к римлянам Павел ясно называет гомосексуализм «срамом» (стих 27), порождаемым «постыдными страстями» (Рим. 1:27). Апостол причисляет мужеложство к самым низменным формам разврата: «Для беззаконных и непокоривых, нечестивых и грешников, развратных и оскверненных, для оскорбителей отца и матери, для человекоубийц, для блудников, *мужеложников*, человекохищников, клеветников, скотоложников, лжецов, клятвопреступников и для всего, что противно здравому учению» (1 Тим. 1:9-10). Павел пишет: «Или не знаете, что неправедные Царства Божия не наследуют? Не обманывайтесь: ни блудники, ни идолослужители, ни прелюбодеи, ни малакии, ни мужеложники, ни воры, ни лихоимцы, ни пьяницы, ни злоречивые, ни хищники – Царства Божия не наследуют» (1 Кор. 6:9-10).

Неужели гомосексуалисты обречены? Слава Богу, у них есть надежда. С покаявшихся и обретших новую жизнь во Христе удаляются все грехи, которые иначе могли бы навечно погубить их. Приведя длинный список всевозможных извращений, приверженцы которых не унаследуют Царства Божьего, Павел тут же добавляет: «И такими были некоторые из вас; но омылись, но освятились, но оправдались именем Господа нашего Иисуса Христа и Духом Бога нашего» (1 Кор. 6:11).

Непокаянные гомосексуалисты, согласно Писанию, получают «в самих себе должное возмездие за свое заблуждение» (Рим. 1:27). Возмездие грозит и обществу, которое оправдывает такие грехи. Что же означает фраза «должное возмездие за свое заблуждение»? В ней подразумеваются последствия грехов. СПИД определенно может быть отнесен к таким последствиям. Но еще более суровое прижизненное наказание, решающий удар карающей руки праведного Бога, настигает грешников, когда Бог предает их «превратному уму» (стих 28). Это низводит духовность и мораль в низшую степень упадка. Совесть у таких людей, по всей видимости, полностью отмерла. Они будут истово предаваться грехам – «непотребствам» – до тех пор, пока их души остаются порочными.

Смерть совести

Весьма прискорбно осознавать, с какой поразительной точностью упадок нашего общества соответствует описанному Павлом сползанию по наклонной во грех.

Маурис Робертс пишет:

> Колесо истории совершило полный оборот. Мы как цивилизация возвращаемся к состоянию, о котором писал апостол Павел в первой главе Послания к римлянам....
>
> Одно время исследователи Библии толковали первую главу Послания к римлянам только применительно к римской истории I века по Р. Х. Но те дни канули в Лету. По примеру апостолов современные христиане запада могут обнаружить вокруг себя многочисленные признаки закосневшего в грехе общества. Состояние современной веры и нравов в точности

совпадает с тем, что творилось в век апостолов и характеризовалось словом «упадок». Языческий Рим вряд ли мог бы научить современного человека чему-то новому в плане изощренно греховного образа жизни. Языческие Греция, Египет и Вавилон сами могли бы перенять у нашего поколения пару-тройку навыков того, как затмевать свет Евангелия и бросать вызов Богу.

Что сильнее всего печалит читателя Библии, так это осознание того, что общество не извлекло уроков из своего прошлого и двухтысячелетней истории издания Библии, но предается тем же самым порокам, из-за которых Бог постоянно ввергал мир в пучину страданий, порожденных людской тягой к чувственным наслаждениям, ведущим к саморазрушению[41].

Возможно, с еще большим прискорбием мы осознаем факт своей крайней развращенности. Нам удалось заглушить голос совести. Теперь в своих поступках люди могут руководствоваться только собственным превратным умом. Разум превращается в пособника безудержной похоти:

> И как они не заботились иметь Бога в разуме, то предал их Бог превратному уму – делать непотребства, так что они исполнены всякой неправды, блуда, лукавства, корыстолюбия, злобы, исполнены зависти, убийства, распрей, обмана, злонравия, злоречивы, клеветники, богоненавистники, обидчики, самохвалы, горды, изобретательны на зло, непослушны родителям, безрассудны, вероломны, нелюбовны, непримиримы, немилостивы. Они знают праведный суд Божий что делающие такие

---

[41] Maurice Roberts, «God Gave Them Up», *The Banner of Truth* (October 1993), 3–4.

дела достойны смерти; однако не только их делают, но
и делающих одобряют (Рим. 1:28-32).

Всего в пяти стихах Павел трижды употребляет слово
paradidomi – «предавать». Первый раз – в двадцать четвертом
стихе: «предал их Бог... нечистоте»; затем: «предал их Бог
постыдным страстям» (стих 26) и теперь: «предал их Бог
превратному уму» (стих 28). Обратите внимание на ужесто-
чение Божьей кары. Опять-таки эта картина полностью соответствует скольжению по наклонной в бездну греха,
отмечаемому в нашем обществе на протяжении трех или
четырех последних десятилетий. Может ли прочитавший эти
стихи отрицать утверждение о том, что в них описывается наше общество с поразительной точностью? С точки зрения
морали, наш ум утратил дееспособность. Люди более не
в состоянии отличить правду от лжи, добро от зла. Можно
предположить, что кто-нибудь должен прийти к выводу
о способности библейских норм морали исправить текущее
положение дел в нашем обществе, но эта простая, разумная
мысль ускользает от порочного ума. Заядлые грешники не
способны здраво рассуждать о вопросах нравственности
и морали. В жертву греху они принесли собственное сознание!

На заключительном этапе прижизненного суда Бог
оставил людей один на один с пороками, так полюбивши-
мися им: «они исполнены всякой неправды, блуда, лукавства,
корыстолюбия, злобы, исполнены зависти, убийства, рас-
прей, обмана, злонравия» и потому стали «злоречивы, кле-
ветники, богоненавистники, обидчики, самохвалы, горды,
изобретательны на зло, непослушны родителям, безрассуд-
ны, вероломны, нелюбовны, непримиримы, немилости-
вы» (Рим. 1:29-31).

Слово «нелюбовны» из этого списка, в оригинале *astorgos*,
дословно переводится как «без естественной привязанности».

Этим словом описываются те, у кого отсутствует врожденное чувство любви к семье, — например, матери, бросившие своих детей, мужья, избивающие своих жен, дети, не почитающие своих родителей, отцы, измывающиеся над своими детьми, а также братья и сестры, ненавидящие друг друга. Наше общество изобилует подобными прегрешениями; вряд ли можно подобрать более точное описание сегодняшней ситуации, чем эта формулировка, — у людей отсутствует естественная привязанность.

Прочие пункты из списка Павла — такие как корыстолюбие, зависть, убийство, распри, обман, клевета, жестокость, гордость, самоуверенность, злонравие, непослушание родителям, вероломство и ненависть к Богу — безукоризненно характеризуют наиболее заметные пороки современного общества. Разумеется, предыдущие поколения тоже были не без греха. Но, в отличие от своих предков, люди в наши дни надменно и без тени стыда похваляются своей порочностью. «[Они] не только их делают [грешат], но и делающих одобряют» (Рим. 1:32). У нашего общества серьезные проблемы.

Нет оправдания тем, кто уподобляется окружающим, вместо того чтобы исполнять Слово Божье. «Они знают праведный суд Божий, что делающие такие дела достойны смерти», — пишет Павел в тридцать втором стихе. Совесть таких людей свидетельствует против них. Сейчас они подавляют в себе чувство вины, но на суде Божьем совесть этих грешников будет обличать их самих.

Даже при жизни обманывающие самих себя и свою совесть навлекают на себя святой гнев Божий. Бог предает их «превратному уму» (Рим. 1:28). Говоря иначе, вред, который они наносят своей совести, и есть ниспосланная им Божья кара. Иисус говорит: «*Суд же состоит в том*», что свет пришел в мир; но люди более возлюбили тьму, нежели свет, потому что дела их были злы» (Ин. 3:19). Отвергающие свет обрекаются иа жизнь во мраке. Бог предает этих людей их же грехам, в результате чего совесть у них перестает функционировать должным образом.

Положение дел можно по праву назвать гибельным и ужасающим. На отвратительнейшие из грехов наше общество взирает сквозь пальцы и даже одобряет их. Человеческая цивилизация достигла дна глубин порочности и пребывает там под Божьим проклятием.

> Человеческая цивилизация достигла дна глубин порочности и пребывает там под Божьим проклятием.

тием. Совесть у современного человека сожжена, развращена, затуманена, подавлена и искажена. Без здравой совести люди обречены на неуклонное сползание в бездну порока. Человечество собирает гнев надень гнева (см. Рим. 2:5).

Осталась ли у людей надежда на спасение? У тех, кто покается и примет Христа, – да. Они могут спастись «от рода сего развращенного» (Деян. 2:40). Их совесть очистится и возродится (Евр. 9:14). Каждый из них станет «новой тварью» (2 Кор. 5:17).

Но может ли спастись само общество? Категорически нет, – без всеобъемлющего обновления. Покуда людские массы не начнут обращаться ко Христу, сползание общества по наклонной будет продолжаться. При наличии такого множества людей с порочной совестью и ожесточенным сердцем потребуется беспрецедентный рост числа верующих, чтобы изменить вектор движения общества. Проблемы эти духовного свойства, их невозможно решить средствами образования или политики. Христиане, которые полагают, что политическими мерами возможно изменить ситуацию к лучшему, не понимают сути проблемы. Истинные верующие должны знать, что текущее состояние нашего общества есть результат праведного гнева Божьего. Бог не поручал Своему народу заниматься переустройством общества. Мы не обязаны тратить свои силы на реформирование нравственности. Мы — соль, то есть своеобразный консервант, препятствующий окончательному разложению современного поколения (Мф. 5:13). И мы — свечи, поставленные светить людям, чтобы они, видя совершаемые нами добрые дела, прославляли нашего Отца Небесного (Мф. 5:14-16). Другими словами, наша первостепенная задача — проповедовать Слово Божье, жить по Слову и хранить себя «неоскверненными» от мира (Иак. 1:27). Мы должны влиять на общество своим образом жизни, а не «стараниями плоти» или политическим лоббированием Божьих интересов.

Нужно делать все, что в наших силах, чтобы сохранять свою совесть чистой. Мы должны питать свое сердце и ум истинами Писания и противиться порочному духу нашего времени. Для этого нам нужно осознавать собственную греховность и уметь справляться со своими грехами. Об этом и пойдет речь в следующей главе.

ЧАСТЬ ВТОРАЯ

ПРИРОДА ГРЕХА

Нужно понять природу, греха, и особенно свою греховность, прежде чем мы научимся противостоять ему как в себе самих, так и в окружающем мире. Если мы хотим дать новую жизнь своей гибнущей совести, сперва необходимо обрести четкое представление о природе греха. Собрав достаточно информации о противнике, мы сможем использовать библейскую стратегию для победы над грехом (этому посвящена третья часть настоящей книги). Вторая часть научит вас лучше понимать грех, познакомив с тем, как и почему он заглушает голос совести.

Четвертая глава – «Что вы вкладываете в понятие „абсолютная развращенность"?» – разъясняет толкование абсолютной развращенности, данное Павлом в 1-3 главах Послания к римлянам. Из этой главы вы также узнаете о том, как современная психология трактует принцип самоуважения, которое является основным камнем преткновения на пути осознания людьми своей греховности. Общество озабочено служением эго, а не Богу.

Пятая глава – «Грех и исцеление от греха» – исследует сущность греха и наше стремление оправдывать его. В ней освещается богословская проблема возникновения греха и зла и то, как они вписываются в Божий замысел. Также будет рассказано о спасении посредством единения со Христом и «нового рождения».

Шестая глава – «Внутренний враг побежден» – приводит примеры превратного подхода верующих к противостоянию греху. Проливается свет на опасности, порождаемые стремлением к совершенству, и рассматривается ряд религиозных групп, исповедующих это стремление. Вдобавок будет продемонстрирована важность правильного подхода к вопросам освящения и оправдания и раскрыт смысл понятия «свобода от греха».

4

ЧТО ВЫ ВКЛАДЫВАЕТЕ В ПОНЯТИЕ «АБСОЛЮТНАЯ РАЗВРАЩЕННОСТЬ»?

> Слепой не видит никакой разницы между шедевром Тициана ши Рафаэля и портретом королевы на деревенской вывеске. Глухой не может отличить игру свистульки от органа в храме. Даже животные, запах которых отвратителен нам и другим зверям, не имеют об этом ни малейшего представления. И павший человек, думаю, не может даже предполагать, насколько грех отвратителен в глазах Бога — Того Самого Господа, Чьи творения рук так прекрасны и совершенны.
>
> Джон Райл[42]

Для гуру современной психологии нет концепции более важной, чем самоуважение. Согласно принципу самоуважения, плохих людей не существует — есть только те, кто считает себя плохим.

На протяжении многих лет эксперты в вопросах образования, психологи и растущее число христианских лидеров возводят самоуважение в ранг панацеи от всех человеческих страданий. Если верить основоположникам этой доктрины, человек, хорошо относящийся к себе,

---

[42] Райл Д. Святость. Пенза: Приди и помни, 2017, с. 26.

99

и вести себя будет хорошо, у него будет меньше психологических проблем, и он сможет много добиться в жизни. Нам говорят, что люди с высокой самооценкой менее склонны к совершению преступлений, аморальному поведению, неудачам в учебе и у них меньше трудностей во взаимоотношениях с окружающими.

Слепая вера в теорию о самоуважении

Апологеты самоуважения добиваются значительных успехов, убеждая людей в том, что самоуважение является ключом к решению всякого рода проблем. Одно исследование показало, что большинство людей склонны считать самоуважение наиболее важным мотивом для упорного труда и достижения успеха. Более того, самоуважение было поставлено ими даже выше, чем чувство ответственности и страх перед неудачей[43].

Действительно ли самоуважение настолько важно? В самом ли деле оно побуждает нас, например, добиваться успехов? Есть масса свидетельств, что это не так. В ходе проведенного недавно исследования подросткам шести различных национальностей был предложен стандартный математический тест. Помимо заданий из области математики, ребятам предлагалось ответить и на такой вопрос: «Хорошо ли вы знаете математику?». В математических заданиях американские школьники набрали меньше всего баллов, сильно отстав от корейских подростков, которые получили наивысшие оценки. Ирония в том, что три четверти корейских учеников на вопрос: «Хорошо ли вы знаете математику?», ответили отрицательно. Напротив, 68 процентов

---

[43] Jerry Adler, Pat Wingert, Lynda Wright, Patrick Houston, Howard Manley, and Alden Cohen, «Hey, I'm Terrific», *Newsweek* (17 February 1992), 50.

американцев оценили свои математические знания на «отлично»[44]. Наши дети проваливают экзамены по математике, но при этом остаются вполне довольными собой.

В плане морали и нравственности наше общество оказалось в точно таком же положении. Практические выводы красноречиво свидетельствуют о том, что общество достигло самой низкой в своей истории точки морального упадка. Казалось бы, и самоуважение людей должно было пострадать. Но статистика показывает, что сегодня американцы чувствуют себя как никогда хорошо. В проведенном в 1940 году исследовании 11 процентов женщин и 20 процентов мужчин согласились с утверждением: «Я важен для общества». В 1990 году эти же показатели скакнули до 66 и 62 процентов соответственно[45]. Девяносто процентов опрошенных заявили о своей высокой самооценке[46]. Невероятно, но факт: в то время как нравственная ткань общества разлагается, самоуважение индивидуумов растет. Однако позитивное отношение людей к себе, похоже, ни в коей мере не содействует духовному развитию общества и не побуждает людей становиться лучше.

Действительно ли дело в низкой самооценке? Неужели кто-то на самом деле полагает, что, научив людей лучше относиться к себе, можно справиться с такими проблемами, как разгул преступности, нравственное разложение, разводы, издевательства над детьми, подростковая преступность, наркомания, и прочими пороками, которые увлекают общество в пучину греха? Разве могло бы общество пасть так низко, если бы теория о самоуважении была верна? Стоит

---

[44] Charles Krauthammer, «Education: Doing Bad and Feeling Good», *Time* (5 February 1990), 70.

[45] Cheryl Russell, «Predictions for the Baby Boom», *The Boomer Report* (15 September 1993), 4.

[46] Adler, 50.

ли надеяться, что повышение самооценки граждан в конечном итоге разрешит проблемы современного общества? Есть ли хотя бы тень свидетельства, способного оправдать эту надежду?

Нет. В статье из журнала «Newsweek» говорится: «Самоуважение... вряд ли это вопрос научной педагогики, скорее веры. Веры в то, что позитивные мысли способны раскрыть в каждом изначально заложенное в нас добро»[47]. Другими словами, представления о том, что самоуважение делает людей лучше, базируются исключительно на слепой вере. Кроме того, эта вера противоречит вере христианской, поскольку основывается на небиблейском предположении, будто люди изначально безгрешны и должны только раскрыть наличествующее в них добро.

Церковь и культ самоуважения

Тем не менее в число наиболее ярых сторонников учения о самоуважении всегда входили представители церкви. Доктрина Нормана Винсента Пила о «позитивном мышлении», популярная несколько десятилетий назад, была одной из ранних теорий о самоуважении. В 1952 году Пил издал свой труд под названием «Сила позитивного мышления»[48]. Книга начинается такими словами: «Верьте в себя! Верьте в свои способности!». Во вступлении Пил называет свою книгу «руководством по самосовершенствованию... написанным с единственной целью — помочь читателю обрести счастье, чувство удовлетворенности и собственной значимости»[49]. Книгу рекламировали как пособие по

---

[47] Там же.

[48] Norman Vincent Peale, *The Power of Positive Thinking* (Englewood Cliffs, NJ: Prentice Hall, 1952).

[49] Там же, viii.

мотивационной терапии, а не как теологический труд. Но, по словам самого Пила, его книга посвящена «применению на практике христианского вероучения; она является простой, но вместе с тем научно обоснованной и действенной системой использования практических приемов по достижению благополучия в жизни»[50].

> Тем не менее в число наиболее ярых сторонников учения о самоуважении всегда входили представители церкви.

Евангельские христиане в массе своей неохотно перенимали систему взглядов, согласно которой люди должны верить в самих себя, а не в Иисуса Христа. Созданная Норманом Винсентом Пилом теория о самоуважении была детищем от брака теологического либерализма и неоправославия.

Время истощило силы христианского сопротивления этой доктрине. Сегодня на книжных полках специализированных магазинов в избытке представлена христианская литература, выступающая в поддержку самоуважения и позитивного мышления. Даже обозреватели из «Newsweek» заметили эту тенденцию. Они обращают внимание на «оправданность теории самоуважения с точки зрения христианской веры»:

Эти представления (о самоуважении) способны обескуражить человека зрелого возраста, который до сих пор помнит то время, когда слово «христианин» часто сопровождалось термином «смирение». Но в церквях Америки, где некогда прихожан открыто называли

---

[50] Там же, ix.

грешниками, ныне возникли более терпимые взгляды на человеческую природу... Обличение христиан теперь считается малопродуктивным: ведь это подрывает их веру в себя и снижает самооценку [51].

Наиболее активным поборником внедрения теории о самоуважении в среду евангельских христиан можно по праву считать доктора Роберта Шуллера, одного из самых известных учеников Нормана Винсента Пила. Ведя еженедельную передачу «Час силы», которую смотрят миллионы людей, Шуллер навязчиво пропагандирует «учение» о самоуважении. В этой передаче ревностнее, чем в каких-либо других телевизионных программах, защищается и оправдывается распространение самоуважения в церкви. У многих людей передача породила желание внимать данному учению. Впрочем, именно эту цель и ставят пред собой ее создатели.

В отличие от Пила, который до недавнего времени даже не пытался изображать из себя сторонника евангельского взгляда на общество, Шуллер непрестанно облекает свое учение в термины традиционного, консервативного и реформированного богословия. Он говорит об обращении ко Христу, призывает неверующих к обретению «новой жизни» и подчеркивает потребность в личностном общении с Иисусом Христом. На самом деле учение Шуллера ближе к неоправославию, чем к евангельскому христианству. В его постулатах о самоуважении находит отражение *мирской гуманизм*, светская система взглядов, которая ставит человека, его ценности и запросы выше славы Божьей.

Если это учение основывается на серьезном заблуждении, в чем лично у меня нет никаких сомнений, его следует

---

[51] Adler, 50.

обличить и опровергнуть, а также предупредить о существующей опасности церковь (Тит. 1:9).

Джон Райл порицает характерную для его поколения тенденцию, которая выражалась в терпимом отношении к превратно толкуемому богословию под лозунгами великодушия и благодеяний.

> Тенденция современной мысли – в отвержении догматов, вероучений и прочих жестких рамок религии. Однако приверженцы данной тенденции в достаточной мере великодушны и мудры, чтобы не обличать ничьих точек зрения и выражать доверие всем ревностным и образованным учителям нравственности и духовности, какими бы разнородными и губительными ни были высказываемые ими мнения. Как будто все праведны и нет неправых! Как будто все будут спасены и никто не погибнет![52]

Христианская любовь требует от нас поступать по заповедям Божьим (2 Ин. 6) и не закрывать глаза на заблуждения. Поскольку я проповедую и пишу книги, я несу ответственность за свои слова перед Словом Божьим. Точно так же должны поступать и другие проповедники. Прошу не расценивать мою критику в адрес учения доктора Шуллера как нападки на его личность. Я забочусь исключительно о чистоте христианского вероучения. Из-за пагубного влияния учения доктора Шуллера на современную церковь и верующих по всему миру необходимо дать ему высказаться, после чего рассмотреть его проповеди через незамутненное стекло Слова Божьего.

---

[52] Райл, 16.

Освящение человеческой гордости?

Роберт Шуллер утверждает, что «любить себя – это сильнейшее желание всякого человека»[53]. Отнюдь не являясь грехом, продолжает Шуллер, жажда любви к себе непредосудительна, посему ее следует всячески поощрять, лелеять и питать. Он называет презрительное отношение церкви ко греху проявлением невроза и призывает учить людей не бояться гордости[54]. «Смерть Иисуса

> Отнюдь не являясь грехом, продолжает Шуллер, жажда любви к себе непредосудительна, посему ее следует всячески поощрять, лелеять и питать.

на кресте освятила путь эго», – написал он[55]. Упрочивая правомерность этого утверждения, в одном из телевизионных ток-шоу он заявил: «У Иисуса тоже было эго. Ведь он сказал: „Когда Я вознесен буду от земли, всех привлеку к Себе“. Вот это самомнение!»[56].

Согласно Шуллеру, «грех есть надругательство над своей психикой»[57]. А также «грех есть поступок или мысль, отнимающие у меня либо у кого-то другого чувство собственного достоинства», а геенна огненная – лишь утрата гордости в результате такого поступка или мысли[58].

Согласуются ли подобные заявления с библейским учением о том, что гордость сама по себе была первородным грехом, приведшим к низвержению сатаны с небес (Ис. 14:12-14) и изгнанию из рая Адама (Быт. 3)? Могут

---

[53] Robert Schuller, *Self-Esteem: The New Reformation* (Waco: Word, 1982), 33.
[54] Там же, 57.
[55] Там же, 75 (Курсив как в оригинале).
[56] Robert Schuller, «The Phil Donahue Show», 12 August 1980.
[57] Schuller, *Self-Esteem*, 99.
[58] Там же, 14.

ли они гармонично сочетаться со словами Иисуса о мытаре, который оплакивал собственную греховность? Иисус привел этот случай как пример истинного покаяния (Лк. 18:13-14).

Однако, с точки зрения учения о самоуважении, «глубочайшее ощущение собственной греховности» не есть добродетель; это неверие[59]. Более того, согласно этой доктрине, «самый страшный грех – это когда я говорю: „Я грешен. Я недостоин быть дитем Бога“. Ибо, как только человек поверит в то, что он „недостойный грешник“, весьма вероятно, что он не сможет всем сердцем принять спасение, предложенное Богом в лице Иисуса Христа»[60]. Доктор Шуллер даже осмеливается утверждать, что «слишком частые исповедальные и покаянные молитвы наносят урон психическому здоровью христиан, питая чувство собственной греховности»[61].

Те, кто знает Библию лишь поверхностно, вряд ли изменят свою точку зрения. Давид говорил: «Жертва Богу – дух сокрушенный; сердца сокрушенного и смиренного Ты не презришь, Боже» (Пс. 50:19). Первая заповедь блаженства заучит так: «Блаженны нищие духом, ибо их есть Царство Небесное» (Мф. 5:3). Иаков писал: «Очистите руки, грешники, исправьте сердца, двоедушные. Сокрушайтесь, плачьте и рыдайте; смех ваш да обратится в плач, и радость – в печаль. Смиритесь пред Господом, и вознесет вас» (Иак. 4:8-10). В Писании также сказано: «Перед падением возносится сердце человека, а смирение предшествует славе» (Пр. 18:13; см. также 15:33). «Бог гордым противится, а смиренным дает благодать. Итак, смиритесь под крепкую

---

[59] Там же, 15.
[60] Там же, 98
[61] Там же, 104.

руку Божию, да вознесет вас в свое время» (1 Пет. 5:5-6). «Кто возвышает себя, тот унижен будет, а кто унижает себя, тот возвысится» (Мф. 23:12).

В недавнем радиоинтервью доктора Шуллера спросили, каким образом его учение согласуется с вышеприведенными стихами Писания. «Необязательно проповедовать все, о чем говорится в Библии», – ответил Шуллер[62]. Повторяя давнее заблуждение неоправославия, он принижает авторитет Писания, устанавливая псевдодихотомию между авторитетом Христа и авторитетом Писания («Христос главенствует над Писанием; Писание не главенствует над Христом... Библия не должна оспаривать у Господа позицию славы»)[63]. Шуллер вторит представителям неоправославия, которые называют слова Иисуса «непоколебимым основанием», на котором, в отличие от писем Павла, следует возводить здание служения[64]. Шуллер с изрядной долей неприязни относится к таким выражения, как «гнев Божий» и т.п.: «Я *никогда* не стану говорить подобные вещи», – заявил он во время одного ток-шоу. «Мне хочется привлечь людей, а не отпугнуть их... В некоторых случаях благоразумно воздерживаться от использования ряда понятий»[65]. Почему? Потому что, согласно доктору Шуллеру, «Благая Весть не только не непогрешима, но потенциально опасна, раз она призывает человека сперва унизиться, прежде чем он может быть вознесен»[66].

«Основной дефект» современного христианства, по мнению Шуллера, заключается в нашей «неспособности

---

[62] «A Special Interview with Dr. Robert Schuller», «The White Horse inn» radio broadcast with Michael Horton, host (1 November 1992).
[63] Schuller, *Self-Esteem*, 45.
[64] Там же, 39.
[65] «A Special Interview».
[66] Schuller, *Self-Esteem*, 127

проповедовать Евангелие так, дабы оно могло удовлетворить глубочайшую потребность каждого человека – духовную жажду славы»[67]. Он утверждает, что церковь обязана прославлять человека и интерпретировать понятие «грех» таким образом, чтобы оно не принижало его чувства собственного достоинства[68]. «Что нам нужно, – говорит Шуллер, – так это богословие спасения, альфой и омегой которого является признание существования у каждого из нас жажды славы»[69].

А как быть со славой *Божьей*? Согласно новому богословию самоуважения, это неверный подход. «Классическое богословие заблуждалось в своем стремлении трактовать теологию как учение, центром которого является Бог, а не человек»[70]. «Это одна из причин, по которым церковь оказалась сегодня в затруднительном положении», – заявляет доктор Шуллер[71]. По его оценке, реформатское богословие также не смогло четко сформулировать тот факт, что корень греха есть отсутствие самоуважения»[72]. Шуллер призывает избрать для нашей веры новую «точку отсчета» – отличную от Писания и учения о Боге. При таком новом подходе, говорит он, во главу угла должна ставиться слава человечества. «И тогда понятие „человеческое достоинство“, – пишет Шуллер, – станет новым фундаментом богословия![73] В результате возникнет новое вероучение, способное прославить человечество»[74].

---

[67] Там же, 31.

[68] Там же.

[69] Там же, 26–27.

[70] Там же, 64.

[71] Там же, 36.

[72] Там же, 98.

[73] Там же, 37.

[74] Там же, 39.

«Что есть человек, что Ты знаешь о нем?»

Но стоит ли стремиться к прославлению человека? Бог говорит: «Я Господь, это – Мое имя, и не дам славы Моей иному» (Ис. 42:8). «Ради имени Моего отлагал гнев Мой, и ради славы Моей удерживал Себя от истребления тебя. Вот, Я расплавил тебя, но не как серебро; испытал тебя в горниле страдания. Ради Себя, ради Себя Самого делаю это, – ибо какое было бы нарекание на имя

> Другими словами, Бог продолжает долготерпеть и ниспосылать людям Свои милость и благодать не потому, что мы их заслуживаем, но ради имени Своего – во имя Своей, не нашей, славы.

Мое! *славы Моей не дам иному*» (Ис. 48:9-11). Другими словами, Бог продолжает долготерпеть и ниспосылать людям Свои милость и благодать не потому, что мы их заслуживаем, но ради имени Своего – во имя Своей, не нашей, славы. «Господи! что есть человек, что Ты знаешь о нем, и сын человеческий, что обращаешь на него внимание? Человек подобен дуновению; дни его – как уклоняющаяся тень» (Пс. 143:3-4; см. Иов 7:17; 15:14; Пс. 8:5; Евр. 2:6).

С другой стороны, «благая весть» богословия самоуважения звучит так: «Все должны узнать, что Бог желает видеть людей довольными собой!»[75]

Но так ли это на самом деле? Или, может быть, в первую очередь Он призывает грешников осознать собственное безнадежное положение? Ответ очевиден для тех, кто ищет его в Писании.

Богословие самоуважения вынуждено иначе трактовать понятие «греха», дабы свести к минимуму его неприглядность

---

[75] Там же, 58.

в глазах Бога. «В основе греха лежат негативные представления человека о себе»[76]. Другими словами, грех – согласно этому учению – есть преступление против *человеческой* славы. Это прегрешение против нас самих, против чувства собственного достоинства, которое совсем не обязательно будет грехом против Бога и Его закона. В действительности определение греха как бунта против Бога, даваемое классическим богословием, сегодня является «однобоким и даже оскорбительным»[77].

Роберт Шуллер отрицает даже факт порочности человеческой природы: «По природе своей мы склонны испытывать страх, но между тем мы не греховны... Назовите это „негативной самооценкой“; но не говорите, что человеческая душа по сути своей порочна. Если бы это было так, тогда человек воистину был бы абсолютно развращен»[78].

Понимание учения об абсолютной развращенности

Начиная с первых строк Писания и до последних мы читаем об абсолютной развращенности рода человеческого. Неверующих Павел характеризует как «мертвых по преступлениям и грехам» (Еф. 2:1). Без спасения и веры все люди живут «по обычаю мира сего» и в непослушании Богу (стих 2). Мы, познавшие и возлюбившие Господа, «жили некогда по нашим плотским похотям, исполняя желания плоти и помыслов, и были по природе

> Начиная с первых строк Писания и до последних мы читаем об абсолютной развращенности рода человеческого.

---

[76] Там же, 67
[77] Там же, 65.
[78] Там же.

чадами гнева, как и прочие» (стих 3). Мы «были в то время без Христа, отчуждены от общества Израильского, чужды заветов обетования, не имели надежды и были безбожники в мире» (стих 12).

В этих стихах Павел описывает состояние неверующих как разобщенность с Богом. Слова Павла никоим образом не могут служить подтверждением заявления доктора Шуллера о том, будто проблема человечества кроется в страхе, а не в его абсолютной развращенности. Павел пишет, что у неверующих «нет страха Божия» (Рим. 3:18). Перед тем как принять спасение, мы были врагами Бога (Рим. 5:8,10). Мы были «отчужденными и врагами, по расположению к злым делам» (Кол. 1:21). Страсти греховные, разжигаемые ненавистью к закону Божьему, руководили всей нашей жизнью (Рим. 7:5). Грех действовал во всех «членах наших». Мы были развращенны, порочны и в высшей степени грешны.

Наша смертная природа — как говорит здесь Павел, «смертное тело», — единственная область, в которой грех может атаковать нас. Грех не претендует на наши вечные души. Однажды наша бренная природа – тело и разум – будет «поглощена жизнью» (2 Кор. 5:4). Смертная воля облечется в нетленное (1 Кор. 15:53-54). Мы должны с нетерпением ждать этого «искупления тела нашего» (Рим. 8:23). Господь наш Иисус Христос «уничиженное тело наше преобразит так, что оно будет сообразно славному телу Его» (Флп. 3:20-21). Тогда, и только тогда, мы навеки окажемся вне досягаемости греха. Но пока мы смертны, мы подвержены тлению.

Развращенность затрагивает все аспекты человеческой природы — наши сердце, ум, чувства, совесть, побуждения и волю (см. Иер. 17:9; Ин. 8:44). Непокаявшиеся грешники не могут угодить Богу (Ис. 64:6). Они не способны любить

Бога, Который являет Себя в Своем Слове. Духовные истины недоступны их пониманию. Они не могут веровать.
А это значит, что они не способны угождать Богу и уповать на Него (Евр. 11:1).

Абсолютная развращенность подразумевает, что грешники не могут творить духовное благо или спасаться от
греха.. Они настолько не склонны любить правду, настолько мертвы во грехе, что не в состоянии спасти себя и даже
принять спасение от Бога, Неверующие не могут желать,
понимать, верить и пользоваться духовной истиной:
«Душевный человек не принимает того, что от Духа Божия,
потому что он почитает это безумием: и не может разуметь,
потому что о сем надобно судить духовно» (1 Кор. 2:14).
И несмотря на все это, люди гордятся собой! Следовательно, проблема не в отсутствии самоуважения.

Из-за греха Адама это состояние духовной смерти, на-
зываемое абсолютной развращенностью, передалось всему
человечеству. Иначе оно еще называется «первородный
грех». Вот как это трактуется в Писании: «как одним человеком грех вошел в мир, и грехом смерть, так и смерть
перешла во всех человеков, потому что в нем все согрешили» (Рим. 5:12). Когда, будучи главой человеческой расы,
Адам согрешил, все человечество развратилось. «Непослушанием одного человека сделались многие грешными» (Рим. 5:19). На протяжении многих столетий не утихают
богословские диспуты о том, как такое стало возможным.
Однако нам достаточно понимать, что в Писании ясно сказано: в результате греха Адама все человечество стало порочным. Мы были «в Адаме», когда согрешили, посему
вина за грех и угроза смертельного наказания легла на всех
нас: «в Адаме все умирают» (1 Кор. 15:22).

Мы склонны думать: «Я был грешен уже при рождении
и никогда не имел непорочной природы; почему, в таком

случае, я должен нести ответственность за свои грехи?"». Но сама наша порочная природа является ответом на вопрос о том, почему наши грехи настолько серьезны. Грех проистекает из самой нашей сути. Именно из-за своей греховной природы мы грешим: «Ибо извнутрь, из сердца человеческого, исходят злые помыслы, прелюбодеяния, любодеяния, убийства, кражи, лихоимство, злоба, коварство, непотребство, завистливое око, богохульство, гордость, безумство, — всё это зло извнутрь исходит и оскверняет человека» (Мк. 7:21-23). По природе своей мы являемся «чадами гнева» (Еф. 2:3). Первородный грех — включая всякие порочные устремления и греховные желания нашей души — заслуживает не меньшего наказания, чем все наши осознанные и совершаемые добровольно грехи. В конце концов, что есть грех, если не *anomia* – беззаконие? (1 Ин. 3:4)? Или, как сказано в Кратком вестминстерском катехизисе, «грех есть всякое несоблюдение, или нарушение, закона Божьего». Далеко не являясь оправданием наших грехов, грех первородный лежит в основе нашей *вины* перед Богом. Одного только первородного греха достаточно, чтобы заслужить осуждение Божье.

Более того, первородный грех с вытекающей из него развращенностью является *причиной* наших осознанных прегрешений. Д. Мартин Ллойд-Джонс писал:

> Почему человек постоянно грешит? Дело в том, что он разобщился с Богом, в результате чего сама его природа развратилась и стала греховной. Человек бежит от Бога. По природе своей он ненавидит Бога и ощущает Его своим врагом. Он бог себе самому, своим способностям и желаниям.. Далее, человеку нравится все то, что запрещает Бог, ему не нравятся ценности и сам образ жизни, к которым призывает Бог. Это не

голословные догматы. Это реальные факты… Только
ими можно объяснить нравственную грязь и мерзости, которые стали особенно присущи нашей жизни [79].

Спасение от первородного греха — Христово распятие:
«Ибо как непослушанием одного человека [Адама] сделались
многие грешными, так и послушанием одного [Иисуса Христа) слетаются праведными многие» (Рим. 5:19). Мы рождаемся во грехе (Пс. 50:7), и если мы хотим стать детьми
Божьими и войти в Его царство, нам надлежит родиться
заново (свыше) от Духа Божьего (Ин. 3:3-8).

Говоря другими словами, в противоположность мнению людей и учению о самоуважении мужчины и женщины изначально порочны. По природе своей мы — враги
Богу, грешники, себялюбцы, рабы
своих грехов. Мы слепы, глухи,
духовно мертвы, не способны
верить даже в одни только мило-
стивые намерения Бога. И при
всем при этом чрезвычайно гор-
ды собой! Действительно, нагляднее всего о человеческой
порочности свидетельствует стремление людей к самоува-
жению. И первым шагом к подобающей самооценке является осознание этого.

> По природе своей мы —
> враги Богу, грешники,
> себялюбцы, рабы
> своих грехов.

Именно поэтому Иисус *похвалил* мытаря — вместо того
чтобы упрекать его за низкую самооценку, — когда тот уда-
рил себя в грудь и воскликнул: «Боже! будь милостив ко
мне, грешнику!» (Лк. 18:13). Этот человек наконец-то смог
увидеть себя таким, какой он есть, и не удержался, чтобы
не осудить себя. Истина заключается в том, что никогда

---

[79] D. Martyn Lloyd-Jones, *The Plight of Man and the Power of God* (Grand Rapids
Lerdmans, 1945), 87.

еще его самооценка не была настолько здравой, как в этот момент. Избавившись от гордости и претенциозности, он понял, что ничем ему не заслужить Божьего расположения. Он стал просить Бога смилостивиться над ним. Вот почему он «пошел оправданным в дом свой», возвышенный Богом за свое смирение (стих 14). Впервые этот мытарь насладился покоем в Боге, испытал истинную радость и заново ощутил собственную значимость – чувство, которое Бог ниспосылает Своим усыновленным детям (Рим. 8:15).

Все согрешили и лишены...

Глубоко в сердце мы чувствуем, что с нами что-то не в порядке. Наша совесть непрестанно обличает нас в грехах. Ни обвиняя окружающих, ни ища психологических объяснений своим чувствам, мы не сможем убежать от реальности. Нам никогда не удастся окончательно заглушить голос своей совести. Все мы испытываем чувство вины и знаем ужасную истину о самих себе.

Мы *чувствуем* себя виновными, потому что на самом деле ими *являемся*. Только распятие Христа может избавить нас от чувства стыда. Психология может лишь смягчить это болезненное чувство. Самомнение способно на время заглушить в нас чувство вины. Прочие «болеутоляющие» – утешение общением с другими людьми, сваливание своей вины на другого – могут временно успокоить нас, но такое «облегчение» всегда будет искусственным. И опасным. В действительности оно лишь обостряет чувство вины, поскольку усугубляет его оттенком неискренности и гордости.

> Мы чувствуем себя виновными, потому что на самом деле ими являемся. Только распятие Христа может избавить нас от чувства стыда.

У чувства вины один единственный первоисточник – это грех. Покуда мы не избавимся от чувства вины, наша совесть будет непрестанно осуждать нас. А грех – речь не идет о низкой самооценке – как раз то, с чем нам помогает справиться Евангелие. Вот почему, как мы видели на примере третьей главы, апостол Павел начал свою Благую Весть с подробного рассказа о том, что такое грех. Абсолютная развращенность – первая упомянутая им евангельская истина, ей посвящены почти три главы Послания к римлянам. В Рим. 1:18-32 показаны грехи язычников. Рим. 2:1-16 доказывает вину перед Богом лицемера, неправедно судящего о других. А в Рим.2:17 – 3:8 говорится о грехе иудеев, которые имели неограниченный доступ к божественным благам, но в целом тем не менее отвергли правду Божью. Начиная с первой главы Послания к римлянам Павел красноречиво, на примерах из мира природы, истории и руководствуясь здравым смыслом и совестью, доказывает крайнюю порочность человечества. В 9-20 стихах третьей главы он подводит некий итог. Павел рассуждает как адвокат в своем заключительном слове. Он делает заявления как обвинитель, выносящий приговор всему человечеству. В веской и бескомпромиссной форме он обвиняет людей, предоставляя убедительные доказательства, и выносит неизбежный вердикт.

Обвинение. «Итак, что же? имеем ли мы преимущество? Нисколько. Ибо мы уже доказали, что как Иудеи, так и Еллины, все под грехом» (Рим. 3:9). Обвинительная речь Павла начинается с двух вопросов: «Итак, что же?» (то есть довольно ли свидетельств?) и «Имеем ли мы преимущество?» (то есть может ли кто-нибудь заявить о своей непричастности к грехам, порожденным человеческой природой, о которых я говорю?).

«Нисколько» (или «Никто»), – сам же отвечает он. Все, начиная с самых порочных грешников и заканчивая наиболее богобоязненными иудеями, попадают в категорию «абсолютно развращенные». Другими словами, все сыны человеческие, без исключения, препровождены в зал суда Божьего и объявлены «под грехом» – беспрекословно виновными в грехах. Все нераскаявшиеся грешники, говорит Павел, подвержены греху, порабощены им.

Читатели писем Павла из числа иудеев нашли эту истину настолько же шокирующей и невероятной, какой она могла бы показаться тем, кто вскормлен горьким молоком современного учения о самоуважении. Слушатели Павла верили, что от рождения причислены к народу Божьему и только язычники по своей природе грешны. В конце концов, иудеи были избранным народом Божьим. Представление о греховности иудеев в корне противоречило верованиям фарисеев. Они считали, что лишь изгои общества нищие и язычники рождаются во грехе (см. Ин. 9:34). Но Писание прямо свидетельствует об обратном. Даже Давид говорил: «Вот, я в беззаконии зачат, и во грехе родила меня мать моя» (Пс. 50:7). «Весь мир лежит во зле» (1 Ин. 5:19). Современное человечество, взращенное психологией самоуважения, обескуражено известием о том, что всякий человек по природе своей порочен и недостоин милости Божьей.

Доказательства. Павел, продолжая свою обвинительную речь, обращается к Ветхому Завету в поисках доказательств всеобъемлющей порочности рода человеческого:

Как написано: «нет праведного ни одного; нет разумевающего; никто не ищет Бога; все совратились с пути, до одного негодны; нет делающего добро, нет ни одного». «Гортань их – открытый гроб; языком своим обманывают; яд аспидов на губах их». «Уста их полны злословия и горечи». «Ноги их быстры на пролитие

крови; разрушение и пагуба на путях их; они не знают
пути мира» (Рим. 3:10-17).

Обратите внимание, как Павел подчеркивает всеобщность
греха. В этих стихах он несколько раз использует слово
«нет» в значении «ни одного», «никто».. Никому не уклониться от обвинения. «Писание всех заключило под грехом» (Гал. 3:22).

Свидетельство Павла состоит из трех частей: грех де-
морализует личность (Рим. 3:10-12) грех развращает уста
(Рим. 3:13-14) и грех пагубно влияет на поведение человека
(Рим. 3:15-17). Сначала он доказывает *развращающе воздействие греха на личность*: «нет праведного ни одного... нет делающего добро, нет ни одного» (Рим. 3:10-12). Тут Павел
выдвигает сразу шесть обвинений. Он утверждает, что
в силу своей врожденной порочности люди изначально
греховны («нет праведного»), духовно невежественны («нет
разумевающего»), непокорны («никто не ищет Бога»), не-
постоянны («все совратились с пути»), духовно негодны
(«до одного негодны») и нравственно развращены («нет делающего добро»).

Цитируемый Павлом стих взят из тринадцатой главы
Псалтири: «Сказал безумец в сердце своем: „нет Бога“.
Они развратились, совершили гнусные дела; нет делающего
добро» (Пс. 13:1). В конце Рим. 3:12 Павел добавляет слова:
«нет ни одного», с тем чтобы от сей истины не мог отвра-
титься никто, даже считающий себя исключением из правила,
что присуще практически всем ищущим самооправдания
грешникам.

Павел отнюдь не рассчитывает, что кто-либо из грешников будет думать о себе хуже, чем он есть на самом деле.
Как раз обратное: «всякому из вас говорю: не думайте о себе более, нежели должно думать» (Рим. 12:3). Неуместное

чувство гордости ожидаемо и присуще всем грешникам. Современное учение о самоуважении по сути является выражением этой гордости. Заставьте дикаря уважать себя — и он станет еще беспощаднее.

Впрочем, крайняя развращенность, о которой говорит Павел, совсем не означает, что люди порочны настолько, насколько это возможно. Разумеется, есть относительно «добродетельные» представители рода человеческого. Они могут обладать такими душевными качествами, как сострадание, щедрость, доброта, цельность личности, порядочность, рассудительность и т.д. Но даже эти характеристики осквернены греховностью и слабостью человека. Никто — ни один из нас — не способен достичь праведности. Тем не менее Бог требует от нас абсолютного совершенства: «Итак будьте совершенны, как совершен Отец ваш Небесный» (Мф. 5:48). Другими словами, не достигший верха совершенства неугоден Богу! Как насчет богословия самоуважения? Может ли кто-либо считать себя безгрешным, когда Сам Бог объявил нас заслуживающими Его гнева?

Конечно, это своего рода ответ на стоящую перед нами дилемму. Бог оправдывает нечестивого верой (Рим. 4:5). Исключительная праведность Христа вменяется нам, поэтому мы предстаем перед Богом «не со своею праведностью» (Флп. 3:9). Речь идет не о наших заслугах. Это высшая праведность, общность Христовой праведности, вмененная нам. Христос вместо нас стал совершен, как Отец наш Небесный. Его добродетель приписывается нам, посему Бог считает нас праведными.

Но мы забыли о тщательно собранных Павлом уликах. Он перефразирует строку из тринадцатой главы Псалтири: «Господь с небес призрел на сынов человеческих, чтобы видеть, есть ли разумеющий, ищущий Бога» (Пс. 13:2; см. также 52:3). Невежество и порочность идут рука об руку.

Но люди грешны и являются врагами Бога не по причине своего духовного невежества; скорее, они невежественны именно из-за своей греховности и противления Богу. Они «помрачены в разуме, отчуждены от жизни Божией, по причине их невежества и *ожесточения сердца их*» (Еф. 4:18). Говоря иначе, вследствие своей ненависти к Богу и любви к греху они отрицают явленные в творениях Божьих свидетельства и не внемлют голосу своей совести (Рим. 1:19-20). Это, как сказано в третьей главе, ожесточает сердце и омрачает разум.

Люди с ожесточенным сердцем и омраченным разумом не ищут Бога: «*никто* не ищет Бога». Здесь мы снова слышим отголосок Пс. 13:2. Бог побуждает людей искать Его и обещает, что ищущие «всем сердцем» непременно Его найдут (Иер. 29:13). Иисус обещал то же самое всем ищущим Его (Мф. 7:8). Но порочное сердце уклоняется от Бога и не ищет Его. Без милостивого, властного Божьего вме-

> Без милостивого, властного Божьего вмешательства никто бы не стал искать Бога и не спасся бы.

шательства никто бы не стал искать Бога и не спасся бы. Сам Иисус сказал: «Никто не может прийти ко Мне, если не привлечет его Отец» (Ин. 6:44).

Вместо того чтобы искать Бога, грешники продолжают ходить своими греховными путями. Из 13-го псалма Павел цитирует 3-й стих: «все уклонились» — или, как сказано в Рим. 3:12, «все совратились с пути». Сравните с Ис. 53:6: «Все мы блуждали, как овцы, совратились каждый на свою дорогу». Грешники по природе своей склонны заблуждаться. Развращенность неизбежно уведет людей в сторону от истины и правды. Грешники обречены сбиваться с пути истинного: «Есть пути, которые кажутся человеку прямыми; но конец их – путь к смерти» (Пр. 14:12).

Грехи делают грешника «негодным» (Рим. 3:12) — этим переведенным с греческого языка словом обозначают прокисшее молоко или вообще испорченную пищу. Нераскаявшиеся грешники не способны творить духовное благо, не годятся для праведности, они годны лишь на то, чтобы быть брошенными в огонь и сгореть там (Ин. 15:6). Не самоуважение и не позитивное мышление нужно им; они отчаянно нуждаются в избавлении от своей горделивой порочности.

В последующих нескольких стихах Павел предъявляет второе доказательство, оно касается того, *как грех развращает уста*: «Гортань их — открытый гроб; языком своим обманывают; яд аспидов на губах их». «Уста их полны злословия и горечи» (Рим. 3:13-14). Суть человека раскрывается в разговоре с ним. В Писании эта истина находит множество подтверждений.

- «Ибо от избытка сердца говорят уста. Добрый человек из доброго сокровища выносит доброе, а злой человек из злого сокровища выносит злое» (Мф. 12:34-35).

- «Исходящее из уст – из сердца исходит... » (Мф. 15:18).

- «Уста праведника источают мудрость, а язык зловредный отсечется. Уста праведного знают благоприятное, а уста нечестивых – развращенное» (Пр. 10:31-32).

- «Язык мудрых сообщает добрые знания, а уста глупых изрыгают глупость... Сердце праведного обдумывает ответ, а уста нечестивых изрыгают зло» (Пр. 15:2,28).

- «Но беззакония ваши произвели разделение между вами и Богом вашим, и грехи ваши отвращают лицо Его от вас, чтобы не слышать. Ибо руки ваши осквернены кровью и персты ваши – беззаконием; уста ваши говорят ложь, язык ваш произносит неправду» (Ис. 59:2-3).

- «Как лук, напрягают язык свой для лжи, усиливаются на земле неправдою... всякий друг разносит клеветы.

> Каждый обманывает своего друга, и правды не гово-
> рят: приучили язык свой говорить ложь» (Иер. 9:3-5).

В подтверждение своих слов Павел приводит ряд библейских цитат:

- «Яд аспида под устами их» (Пс. 139:4).

- «Ибо нет в устах их истины: сердце их – пагуба, гортань
  их – открытый гроб, языком своим льстят» (Пс. 5:10).

- «Уста его полны проклятия, коварства и лжи; под
  языком его – мучение и пагуба» (Пс. 9:28).

Эти стихи, обличающие «нечестивых», Павел обращает
к каждому. Он говорит о всеобщей развращенности. *Все*
нечисты. *Все* согрешили. *Никто* не может отвести от себя
выдвинутые Павлом обвинения.

Более того, он наглядно показывает, насколько глубоко грех проник в человеческую сущность и укоренился
в ней. Обратите внимание, как сильно поражена грехом
речь нечестивого: грех оскверняет гортань, развращает
язык и отравляет уста. Злословие, проявление порочности
сердца, «выходя из уст», оскверняет человека (Мф. 15:11).

В завершение своего свидетельства Павел приводит
несколько стихов о *пагубном влиянии греха на поведение человека*:
«Ноги их быстры на пролитие крови; разрушение и пагуба
на путях их; они не знают пути мира» (Рим. 3:15-17). Павел
цитирует строки из книги пророка Исаии. Это важно, так
как в данных стихах Исаия обличает грехи Израиля против
Иеговы, Он осуждает не развращенных язычников, а верующий в Бога народ: «Ноги их бегут ко злу, и они спешат
на пролитие невинной крови; мысли их — мысли нечестивые; опустошение и гибель на стезях их. Пути мира они не
знают, и нет суда на стезях их; пути их искривлены, и никто, идущий по ним, не знает мира» (Ис. 59:7-8).

Выражение: «ноги их бегут ко злу», говорит о склонности греховного человека к убийству. Вспомните, Иисус называл чувство ненависти духовным эквивалентом убийства (Мф. 5:21-22). Семя вражды вызревает, и плод его – кровопролитие. Грешникам по природе свойственна ненависть и ее чудовищное дитя. Люди «бегут ко злу» и его проявлениям. Это ярко прослеживается на примере нашего общества. В журнале «Newsweek», к примеру, недавно появилась статья о «двенадцатилетнем мальчике, который, не говоря ни слова, застрелил семилетнюю девочку, разозлившись на нее только из-за того, что она стояла на отбрасываемой им тени»[80].

В ряде крупных городов еженедельно совершается около двух сотен убийств. В результате вооруженных нападений, пьяных ссор, бандитских вылазок, внутрисемейных конфликтов и прочих преступлений список жертв постоянно пополняется. Раз проблема человека в отсутствии самоуважения, почему, смеем мы спросить, число убийств угрожающе растет, причем прямо пропорционально росту самооценки людей? Ответ прост: проблема отнюдь не в отсутствии у наших граждан чувства собственного достоинства. Как раз наоборот, гордость – вот что толкает людей ко всякому греху, включая ненависть, враждебность и убийство. Любовь к пролитию крови процветает в сердце грешника. Снимите моральные ограничения, и это неизбежно приведет к всплеску убийств и насилия в обществе, какой бы высокой ни была самооценка людей.

> В ряде крупных городов еженедельно совершается около двух сотен убийств.

«Разрушение и пагуба» – вот еще две характеристики развращенного человечества. Любой человек, знакомый

---

[80] George E Will, «A Trickle-Down Culture», *Newsweek* (13 Deccember 1993), 84.

с современными веяниями, превалирующими в обществе, не будет отрицать истинность Писания в этом вопросе. Обнажена сущность сердца человеческого. Как можно описать состояние общества, в котором убийства, изнасилования, грабежи и избиения совершаются исключительно ради удовольствия? Бессмысленное разрушение стало неотъемлемой и даже привычной частью нашей жизни.

Гангстерский рэп — музыка, воспевающая убийства, изнасилования и наркотики. Созданные в этом стиле альбомы занимают верхние строчки в музыкальных хит-парадах. Тексты большинства песен невыразимо порочны. Рэп-исполнители готовят отвратительную смесь из насилия, сексуальных фантазий и невиданного богохульства с целью шокировать общественность. Но хуже всего — обращенные к молодым людям призывы вступать в банды, убивать полицейских, насиловать женщин, затевать бунты и совершать другие бессмысленные правонарушения. Гангстерский рэп — весьма доходный бизнес. И эти записи продаются не «из-под полы» где-то в темном переулке; их можно найти в любом музыкальном магазине, а выход таких альбомов сопровождается скабрезными рекламными акциями. Основная аудитория рэпперов — подростки в возрасте до восемнадцати лет. На этой порочной музыке уже выросло целое поколение. Воистину «разрушение и пагуба на путях их». И горе тому несчастному, кто станет на этом пути! За несколько минувших месяцев ряду известных на всю страну исполнителей гангстерского рэпа были предъявлены обвинения в тягчайших преступлениях, таких как убийство и групповое изнасилование.

Почему же пагуба и отчаяние стали символами этого века, несмотря на выдающиеся достижения человечества в области высоких технологий, психологии и медицины? Причина в том, что порочность суть сердцевина души человеческой. Все эти проблемы настолько тесно переплелись в человеческом сердце, что никакие новые учения и даже самая высокая самооценка не разрешат их. С прогрессом науки люди изобретают все более изощренные инструменты зла. Разрушение и пагуба, порожденные грехом, процветают. История XX века с войнами, истреблением народов, серийными убийцами, ростом преступности и кровавыми революциями наглядно подтверждает это. Порок обручен с сердцем человеческим.

Можно по праву утверждать, что «путь мира» неизвестен грешникам (Рим. 3:17). Сегодня мы часто слышим слова «мир» и «покой», а мира меж тем нет (см. Иер. 6:14).

Вот какими словами Павел подводит итог своему свидетельствованию о человеческой развращенности: «Нет страха Божия перед глазами их» (Рим. 3:18). После чего приводит еще одну, последнюю цитату из Псалтири: «Нечестие беззаконного говорит в сердце моем: нет страха Божия пред глазами его» (Пс. 35:2). Греховность человека есть порок его сердца. Зло правит человеческим сердцем. Сердца людей изначально бьются в ритме порочности. В них нет врожденного страха Божьего.

Страх Господень, как мы хорошо знаем, является непременным условием обретения духовной мудрости (Пр. 9:10). Моисей заповедал Израилю: «Господа, Бога твоего, бойся, и Ему одному служи, и Его именем клянись» (Вт. 6:13). Вот что он сказал о требованиях, предъявляемых израильтянам Богом: «Итак, Израиль, чего требует от тебя Господь, Бог твой? Того только, чтобы ты боялся Господа, Бога твоего, ходил всеми путями Его, и любил Его, и служил Господу, Богу твоему, от всего сердца твоего и от всей души твоей, чтобы соблюдал заповеди Господа [Бога твоего] и постановления Его, которые сегодня заповедую тебе, дабы тебе было хорошо» (Вт. 10:12-13). К нам, живущим в эпоху

Нового Завета, обращены подобные же призывы: «очистим себя от всякой скверны плоти и духа, совершая святыню в страхе Божием» (2 Кор. 7:1). «Всех почитайте, братство любите, Бога *бойтесь*, царя чтите» (1 Пет. 2:17; см. Отк. 14:7).

«Страх Господень научает мудрости» (Пр. 15:33). «Страх Господень отводит от зла» (Пр. 16:6). «Страх Господень — источник жизни, удаляющий от сетей смерти» (Пр. 14:27).

В наше время нечасто услышишь о необходимости бояться Бога. Даже многие христиане, похоже, считают слово «страх» слишком резким и «негативным». Намного проще и приятнее говорить о Божьей любви и бесконечном милосердии. Но долготерпение, благость и подобные им добродетели — отнюдь не те качества, что выпадают из представления людей о Боге. Проблема в том, что большинство людей не рассматривают Бога как Сущность, Которую следует *бояться*. Они не понимают того, что Бог ненавидит гордых и карает злодеев.

> В наше время нечасто услышишь о необходимости бояться Бога. Даже многие христиане, похоже, считают слово «страх» слишком резким и «негативным».

Они полагаются на Его благодать и больше боятся людской молвы, нежели Божьего мнения. Ищут для себя удовольствий, не заботясь о Божьем недовольстве ими. Совесть таких людей осквернена и стоит на пороге смерти. «Нет страха Божия перед глазами их».

Кстати, концепция страха Божьего диаметрально противоположна учению о самоуважении. Как можно учить людей бояться Господа и в то же время печься об их самооценке? Какой из этих подходов согласуется с библейским вероучением? Писание говорит само за себя.

Вердикт. Убедительно доказав абсолютную развращенность рода человеческого, Павел делает недвусмысленный вывод: «Но мы знаем, что закон, если что говорит, говорит к состоящим под законом, *так что заграждаются всякие уста, и весь мир становится виновен пред Богом*» (Рим. 3:19).

Тут апостол в корне опровергает предположения о том, будто одно только *обладание* законом Божьим поставило иудеев выше язычников в нравственном плане. Закон осуждает тех, кто не соблюдает его в полной мере: «Проклят [всякий человек], кто не исполнит [всех] слов закона сего и не будет поступать по ним!» (Вт. 27:26; см. также Гал. 3:10). «Кто соблюдает весь закон и согрешит в одном чем-нибудь, тот становится виновным во всем» (Иак. 2:10). Наличие у иудеев закона Божьего вовсе не свидетельствовало об их превосходстве над всем остальным человечеством.

Язычники, с другой стороны, были ответственны перед законом, записанным в их сердцах (Рим. 2:11-15). И язычники, и иудеи нарушили свои законы. Обвинение умолкло. Доводы защиты бессмысленны. «Заграждены» всякие уста. Непокаянное человечество признано виновным по всем пунктам. Нет оснований для оправдания. Весь мир повинен перед Богом.

Самоуважение не может разрешить проблему человеческой порочности. Оно лишь усугубляет ее! Вопросы, стоящие перед нашим обществом, в особенности всеобщая подверженность душевным мукам, не могут быть решены посредством обманчивого поднятия самооценки людей. Люди *действительно* грешны до глубины души. Чувство вины и стыда, которое присуще всем нам как грешникам, совершенно оправданно, естественно и даже необходимо. Оно сигнализирует о степени нашей порочности. Мы не осмеливаемся отмахнуться от него ради ложных учений о чувстве собственного достоинства.

> Самоуважение не может разрешить проблему человеческой порочности.

> «Безумием является вера во врожденную доброту людей
> после Освенцима, ГУЛАГа и прочих ужасов XX века; она
> безрассудна, как и любое другое фанатичное верование...»

Не так давно мне на глаза попалась не в пример проницательная газетная статья, в которой с позиции неверующего освещался миф о человеческой добродетельности. Вот что пишет автор, общественный критик, еврей по национальности:

> Безумием является вера во врожденную доброту людей после Освенцима, ГУЛАГа и прочих ужасов XX века; она безрассудна, как и любое другое фанатичное верование. Где бы я ни встречал людей – особенно евреев, жертв наиболее сосредоточенного и изощренного зла за всю человеческую историю, – которые верят в естественную склонность человека к добрым делам, я тут же понимал, что вижу перед собой тех, для кого любые свидетельства и доводы неочевидны. Сколько еще злодеяний предстоит совершить роду людскому, чтобы пошатнуть веру евреев в человечество? Сколько еще невинных жертв нужно убить и замучить? Сколько еще женщин должно быть изнасиловано?[81]

В данной статье перечислены пять следствий мифа о «естественной склонности людей к добру». Обратите внимание, какой вред они наносят совести:

> Логично предположить, что первое такое следствие – приписывание зла причинам, неподвластным людям. Поскольку люди по природе своей добры, на злодеяния

---

[81] Dennis Prager, «The Belief That People Are Basically Good», *Ultimate Issues* (January-March 1990), 15.

их толкают внешние силы. В зависимости от позиции обвинителя, такими внешними силами могут быть: окружение, финансовые условия жизни, родители, школа, пропаганда насилия по телевидению, доступность оружия, расизм, сатана, экономический спад и даже коррумпированность политиков (часто доводится слышать следующее расхожее заблуждение, граничащее с глупостью: «Как мы можем требовать честности от своих детей, когда наше правительство поступает нечестно?»).

Следовательно, люди не должны нести ответственность за творимое ими зло. Я не виноват в том, что ограбил старушку, или в том, что все время лгу, – меня вынуждает поступить так (далее приводится одна из вышеуказанных причин).

Второе ужасающее следствие – отрицание зла. Раз добродетельность естественна, зло является чем-то неестественным, «ненормальным». Понятия нравственности подменяются психологическими понятиями. Больше нет добра и зла, есть «нормальное» и «ненормальное» поведение.

Третье: ни родители, ни школа не утруждают себя научением детей добродетельности – зачем учить тому, что уже заложено в нас от рождения? Только осознающие естественную порочность людей ощущают потребность в прививании детям доброты.

Четвертое: так как большая часть общества верит во внешние причины зла, попыток изменить шкалу ценностей больше не наблюдается, вместо этого предпринимаются усилия по сдерживанию пагубного «внешнего влияния». Люди совершают преступления? Значит, следует заботиться не о формировании новых ценностей и воспитании личности; нужно видоизменить социальную среду, которая «порождает» насильников и убийц. Безответственные мужчины оплодотворяют таких же безответственных женщин? В таком случае им требуется не другая система ценностей, но знания в области секса, а также доступность презервативов и услуг медицинских учреждений, где делают аборты.

Пятое, и наиболее пагубное из всех следствий: верящие в естественную доброту людей приходят к выводу, что человек не должен нести ответственность за свои поступки перед Богом и верой, а только перед самим собой [82].

Представляется весьма странным, что автор отрицает как факт развращенности людей, так и естественную человеческую доброту. Он считает, что люди не злы и не добры, — просто каждый выбирает свой путь в жизни. (Однако в начале статьи приводит цитату из Быт. 8:21: «помышление сердца человеческого — зло от юности его».)

Несмотря на шаткость позиции автора, в статье ясно продемонстрированы опасные последствия слепой веры в человеческую добродетельность.

Церкви надлежит обезопасить библейское вероучение через возрождение доктрины о человеческой порочности. Джон Райл около века назад писал:

Библейский взгляд на грех является одним из наиболее эффективных антидотов от расплывчатости, тусклости, туманности современного богословия. Бессмысленно закрывать глаза на то, что нынешнее христианство не всегда можно назвать напрямую нездравым, но ему недостает полноты, ясности и веса. Это христианство,

───────────────
[82] Там же.

в котором есть, несомненно, «что-то о Христе, и что-то о благодати, и что-то о вере, и что-то о покаянии, и что-то о святости»; но это оно не «что-то как в Библии», не сбалансированно и неуместно. Как сказал бы Латимер, эта «путаница» не приведет ни к чему хорошему. Оно не оказывает влияние ни на повседневную жизнь, ни на посмертную участь; современные христиане часто слишком поздно осознают, что не имеют твердого основания веры. Верю, что реальный способ исцелить нашу современную веру – проповедовать старую библейскую истину о грехе [83].

С другой стороны, у вас может возникнуть такой вопрос: «Неужели Бог хочет, чтобы мы постоянно пребывали в путах стыда и самоуничижения?». Вовсе нет. Бог предлагает нам свободу от греха и чувства вины в лице Иисуса Христа. Если мы признаем свою греховность, уверуем во Христа и взыщем Его благодать, Он чудесным образом избавит нас от грехов и их губительных последствий. «Итак, нет ныне никакого осуждения тем, которые во Христе Иисусе живут не по плоти, но по духу, потому что закон духа жизни во Христе Иисусе освободил меня от закона греха и смерти» (Рим. 8:1-2). Избавление от греха, о котором идет речь в этих стихах, является, единственным залогом наличия у нас здравой самооценки и самоуважения. Именно на этот процесс мы и обратим ваше внимание в следующей главе.

---

[83] Райл, с. 30.

5

ГРЕХ И ИСЦЕЛЕНИЕ ОТ ГРЕХА

Сама природа человеческая порочна. Человек развращен в самом сердце своем, и посему греховен абсолютно. Он не может стать лучше, ибо только радикальная перемена, рождение свыше, может исправить удручающее положение человека. Человек любит тьму и ненавидит свет. Чем ему можно помочь? Способен ли он измениться без посторонней помощи? Может ли он сам возродить свою душу? «Может ли Ефиоплянин переменить кожу свою и барс — пятна свои?». Способен ли человек изменить вектор своей жизни? Снабдите его новой одеждой, дайте новый дом в живописном местечке, одарите самыми изысканными подарками и удовольствиями, дайте ему образование, вооружите самыми современными знаниями, обогатите его душу шедеврами мировой культуры, старайтесь изо всех сил, — но по сути он останется тем же самым человеком, желания его сердца и его внутренняя сущность не изменятся.

Д. Мартин Ллойд-Джонс[84]

В 1987 году вышла в свет криминальная новелла Тома Вульфа «Костер тщеславия»[85], в которой повествуется о молодом магнате с Уолл-Стрит Шермане Мак-Кое,

---

[84] Lloyd-Jones, 147.
[85] Tom Wolfe, *The Bonfire of the Vanities* (New York: Farrar, Straus, Giroux, 1987).

оказавшемся в гуще событий, после того как он вместе с любовницей по ошибке не в том месте съехал с шоссе в районе Бронкса. Заблудившись в незнакомом районе, они столкнулись с местной бандой, которая преградила путь их машине. Один из нападавших, молодой человек, получил серьезные ранения, попав под машину, в которой ехали Мак-Кой и его пассия; последние после инцидента скрылись с места преступления. Несчастный пробыл в коме около года, а потом скончался. За это время дело приобрело политическую окраску. Мак-Кой стал жертвой беспощадной прессы и некомпетентного правосудия. Книга рассказывает о мучительном и неторопливом расследовании этого дела светскими органами правопорядка.

Несмотря на невиновность Мак-Коя по большинству пунктов, его нельзя назвать абсолютно безвинным. Мытарства молодого магната начинаются с попыток скрыть свою измену. Он признает ряд обвинений в надежде «замять» дело. Его двуличность в отношении правосудия в конечном итоге приводит к весьма серьезным проблемам. В итоге он лишается своего места, семьи, состояния, друзей — и пускается в судебную тяжбу, которая, весьма вероятно, закончится для него приговором.

Повесть Вульфа стала своеобразным предвестником ряда скандальных историй с известными личностями, разразившихся во второй половине 80-х. Джим и Тамми Баккер, Гэри Харт, Джимми Свагарт, Майкл Милкен и множество других знаменитостей стали свидетелями собственного краха, подобного тому, что был описан в новелле Вульфа. Все эти случаи наглядно демонстрируют разрушительное, губительное воздействие греха на человека. Зародившийся в душе грех будет пожирать ее, как гангрена. Грех обесчестит грешника, подвергнет его публичному поношению, создаст дурную славу и в конце концов, погубит его. «Испытаете наказание за грех ваш, которое постигнет вас» (Чис. 32:23).

Постыдный факт греха

Грех правит сердцем любого человека и, если ему позволить, навлечет проклятие на всякую душу. Если мы не осознаем собственной греховности и не в состоянии взглянуть на самих себя глазами Бога, мы не сможем ни понять «лекарство» от греха, ни воспользоваться им. Отрицающие свою вину или скрывающие собственную порочность не могут исцелиться от греха. Оправдывающие свой грех лишены оправдания Божьего. Пока мы не примем во внимание всю мерзость своих грехов, мы не сможем познать Бога. Грех противен Богу. Он ненавидит его (см. Вт. 12:31). Его глазам «не свойственно глядеть на злодеяния, и смотреть на притеснение [Он] не может» (Авв. 1:13). Грех претит Божьему естеству (Ис. 6:3; 1 Ин. 1:5). Наказание за грех — смерть — постигнет всякого, кто хоть в какой-либо мере нарушит божественный закон (Иез. 18:4,20; Рим. 6:23). Даже самое незначительное прегрешение заслуживает суровой кары: «Кто соблюдает весь закон и согрешит в одном чем-нибудь, тот становится виновным во всем» (Иак. 2:10).

> Если мы не осознаем собственной греховности и не в состоянии взглянуть на самих себя глазами Бога, мы не сможем ни понять «лекарство» от греха, ни воспользоваться им.

Грех оскверняет душу. Он лишает человека чувства собственного достоинства. Омрачает разум. Грех делает нас хуже животных, ибо животные не способны грешить. Грех оскверняет, губит и развращает. Всякий грех заслуживает Божьего отвращения, презрения и кары. В Писании он назван «нечистотой» (Пр. 30:12; Иез. 24:13; Иак. 1:21). Грех сравнивается с «блевотиной», а грешники – с псами, возвращающимися «на свою блевотину» (Пр. 26:11; 2 Пет. 2:22). Грех уподоблен грязи, а грешники – свиньям, валяющимся в ней (2 Пет. 2:22). Он также сравнивается с разлагающимся трупом, а грешники – с гробами, полными «костей мертвых и всякой нечистоты» (Мф. 23:27). Грех превратил людей в оскверненную, порочную расу.

Одним из ужасающих последствий греха является геенна; вот что говорил об этом Иисус: «И если правая твоя рука соблазняет тебя, отсеки ее и брось от себя, ибо лучше для тебя, чтобы погиб один из членов твоих, а не все тело твое было ввержено в геенну» (Мф. 5:30). В Писании ад описан как страшное, отвратительное место, где грешник «будет мучим в огне и сере... и дым мучения их будет восходить во веки веков, и не будут иметь покоя ни днем, ни ночью» (Отк. 14:10-11). Эти истины трогают нас еще больше, когда мы осознаем, что они есть часть вдохновенного Слова, данного нам бесконечно милостивым и великодушным Богом.

Бог хочет, чтобы мы осознали: «грех становится крайне грешен» (Рим. 7:13). Не следует относиться ко греху легкомысленно и необдуманно отрицать присущее нам чувство вины. Когда мы увидим грех во всей его «красе», то непременно проникнемся к нему лютой ненавистью. Но Писание этим не ограничивается. «И вспомните там о путях ваших и обо всех делах ваших, какими вы оскверняли себя, и возгнушаетесь самими собою за все злодея-

И все же именно мы несем ответственность за свои грехи, которые нельзя считать ни проявлением немощи, ни недостатком. Грех суть вопиющее и преднамеренное преступление против Бога.

ния ваши, какие вы делали» (Иез 20:43). Другими словами, осознав глубину собственной греховности, мы не то что не сможем себя уважать, но будем даже гнушаться самими собой.

Природа человеческой порочности

Грех оскверняет саму нашу душу. Как было показано в предыдущей главе, греховной является сама наша сущность. «Из сердца исходят злые помыслы, убийства, прелюбодеяния, любодеяния, кражи, лжесвидетельства, хуления – это оскверняет человека» (Мф. 15:19-20). «злой человек из злого сокровища сердца своего выносит злое, ибо от избытка сердца говорят уста его» (Лк. 6:45).

И все же именно мы несем ответственность за свои грехи, которые нельзя считать ни проявлением немощи, ни недостатком. Грех суть вопиющее и преднамеренное преступление против Бога. Грешники грешат по своей воле. В природе человека заложены любовь ко греху и ненависть к Богу. «Плотские помышления суть вражда против Бога» (Рим. 8:7).

Говоря иначе, грех по сути является бунтом против Бога. Говорят грешники в сердце своем: «Языком нашим пересилим, уста наши с нами; кто нам господин?» (Пс. 11:5). В Ис. 57:4 грешники названы «детьми преступления», которые раскрывают рот, высовывают язык и глумятся над Богом. Грех стремится развенчать Бога, лишить Его законной власти, захватить Его престол и посадить на него человеческое эго. Всякий грех в конечном итоге есть деяние гордости, которая говорит: «Эй, Бог, ну-ка подвинься; теперь я тут главная». Вот почему грех лежит в основе богохульства.

Мы изначально любим грех, задуемся о грехах наших, ищем поводы, чтобы грешить. И в то же время, инстинктивно осознавая вину перед Богом, мы неизбежно стремимся скрыть или опровергнуть факт своего греха. В предыдущей главе мы рассматривали различные способы того, как люди делают это. Эти способы можно поделить на три основные категории: сокрытие греха, самооправдание и пренебрежение грехом.

Во-первых, *мы стараемся скрыть свои грехи*. Так, впервые согрешив, поступили Адам с Евой в Эдеме: «И открылись глаза у них обоих, и узнали они, что наги, и сшили смоковные листья, и сделали себе опоясания» (Быт. 3:7), – они попытались скрыться от Бога (стих 8). Царь Давид тщетно пытался скрыть свой грех против Урии, чью жену, Вирсавию, он соблазнил. После того как она забеременела, Давид постарался сделать так, чтобы отцом ребенка все считали Урию (2 Цар. 11:5-13). Когда это у него не вышло, он замыслил убить мужа Вирсавии (стихи 14-17), тем самым усугубив свою вину. Все месяцы, пока Вирсавия носила под сердцем дитя, Давид продолжал скрывать свой грех (2 Цар. 11:27). Позже, будучи изобличен и раскаявшись в своем поступке, он сказал: «Когда я молчал [о грехе моем], обветшали кости мои от вседневного стенания моего, ибо день и ночь тяготела надо мною рука Твоя; свежесть моя исчезла, как в летнюю засуху» (Пс. 31:3-4).

Во-вторых, *мы пытаемся оправдать себя*. В наших грехах всегда виноват кто-то другой. Адам, к примеру, обвиняя Еву, называл ее женой, «которую *Ты* мне дал» (Быт. 3:12). А это значит, что к виновникам он причислял и Бога. Ведь Адам даже не ведал, что такое женщина, пока не женился на Еве! Посему он считал, что Бог также несет ответственность за поступки женщины, которая погубила его. Подобным образом и мы ищем виноватых, дабы оправдать свои прегрешения. Или же заявляем, что на грех нас толкнули некие внешние причины. Мы убеждаем себя, что вполне справедливо на зло отвечать злом (см. Пр. 24:29; 1 Фес. 5:15; 1 Пет. 3:9). Или полагаем, что раз мы руководствовались благими намерениями, то содеянное нами зло можно оправдать — так проявляется извращенное представление, будто цель оправдывает средства (см. Рим. 3:8). Мы называем грех «заболеванием», себя — жертвами или же вообще отрицаем неправедность своих поступков. Наш ум весьма изворотлив, когда речь заходит о самооправдании.

В-третьих, *мы пренебрегаем грехом*. Нередко мы грешим по невежеству или незнанию. Давид взывал к Богу: «Кто усмотрит погрешности свои? От тайных [грехов] моих очисти меня» (Пс. 18:13). Иисус говорил о граничащем с глупостью безрассудстве, когда мы видим сучок в глазу ближнего, но при этом не замечаем бревна в собственном глазу (Мф. 7:3). Поскольку грех укоренился в нас очень глубоко, мы зачастую просто не обращаем внимания на собственные прегрешения, подобно тому как скунс не ощущает своего отвратительного запаха. Даже самая чуткая совесть не может ведать обо всех грехах (см. 1 Кор. 4:4).

Грех не обязательно проявляется в наших поступках. Греховные мысли, намерения, желания и развращенное грехом сердце не менее постыдны, чем совершаемые под их влиянием поступки. Иисус приравнивал гнев к убийству, а вожделение – к прелюбодеянию (Мф. 5:21-28).

Грех ожесточает сердце грешника, и оно становится нечувствительным к пороку (Евр. 3:13). Для нас совершенно естественно приуменьшать значение греха, не считая его чем-то из ряда вон выходящим. Мы говорим себе: «В конце концов, Бог любит нас. Он милосерден, разве нет? Он понимает, почему мы грешим, и не станет наказывать нас слишком сурово».. Но думать так — значит обманывать самих себя, поддавшись коварству греха.

Грех, как сказано в Писании, «есть беззаконие» (1 Ин. 3:4). Другими словами, «всякий, делающий грех, делает и беззаконие: и грех есть беззаконие». Следовательно, грех — это любое несоблюдение установленных Богом совершенных норм морали. Основное требование закона Божьего — наша любовь к Богу: «возлюби Господа Бога твоего всем сердцем твоим, и всею душею твоею, и всею крепостию твоею, и всем разумением твоим» (Лк. 10:27). Посему отсутствие любви к Богу — корень всех грехов.

Однако «плотские помышления... закону Божию не покоряются, да и не могут» (Рим. 8:7). Врожденная нелюбовь к закону Божьему настолько крепка в нас, что даже сами требования закона пробуждают в нас желание грешить. Павел писал: «Страсти греховные, обнаруживаемые законом, действовали в членах наших... Но я не иначе узнал грех, как посредством закона. Ибо я не понимал бы и пожелания, если бы закон не говорил: не пожелай» (Рим. 7:5,7) Любовь грешника ко греху настолько сильна, что последний господствует над ним. Нечестивый пребывает в оковах греха. И все же продолжает грешить с ненасытной жаждой и от всего сердца.

Проблема возникновения греха с точки зрения богословия

Откуда взялся в мире грех? Нам известно, что созданная Богом вселенная и все творения были весьма хороши на Его взгляд (Быт. 1:31). «Все чрез Него начало быть, и без Него ничто не начало быть, что начало быть» (Ин. 1:3). Сам собой напрашивается вопрос: несет ли Бог ответственность за появление в мире греха? Если не Он, тогда кто же? Разве не мог Бог отвратить грех от Своих творений?

Необходимо понять, что грех не является субстанцией, существующей отдельно от нравственных факторов. Зло не есть *творение*. Это не предмет и не стихия. Грех — не физический объект, а этическая и моральная реальность. В этом отношении грех можно назвать пороком. Его *никто* не создавал; он суть утрата совершенства *совершенными творениями*, созданными Богом.

Однако это не решает вопроса о возникновении греха. Как могли совершенные творения взбунтоваться против Бога? Что побудило совершенных ангелов восстать против Господа? Почему грешат люди, созданные по образу и подобию Божьему? И если Бог мог остановить их, почему Он этого не сделал? Лежит ли и на Нем вина за существование в мире зла?

> Его никто не создавал; он суть утрата совершенства совершенными творениями, созданными Богом.

Попытки отыскать первопричину греха и при этом оправдать Бога называются теодицией [«Теодиция, или Оправдание Бога» — название одного из сочинений Лейбница («Essai de Theodicee sur la bonte de Dieu, la liberte de l'homme et l'origine du mal», 1710), приобретшее значение общего термина для выражения задачи примирить существование зла в мире с благостью, премудростью, всемогуществом и правосудием его Творца]. Теодиция ученых-христиан достаточна проста: они отрицают сам факт существования зла. Согласно их доводам, всякий грех, порочность, болезнь и прочие негативные проявления зла — плоды нашего воображения, или, как они говорят, заблуждения смертного разума. Вот что отвечает ученым-христианам Джей Адамс: «Таким противоречивым, непоследовательным объяснением они подрывают собственные убеждения. Если зла нет, если Бог во всем, а все в Боге (как они утверждают), получается, что этот вездесущий и всезнающий бог, частью которого является каждый человек, не может ошибаться,

следовательно, существование смертного разума невозможно»[86]. Теодиция ученых-христиан не дает ответа на вопрос о происхождении зла.

Другая теодиция утверждает, что Бог не смог воспре-
пятствовать появлению в мире греха. Сотворив живые создания и наделив их свободной волей, Он не смог
проконтролировать нравственную свободу людей и удержать их от ошибочных поступков. Бог, согласно этому воззрению, не владеет ситуацией, складывающейся в Его
мире. Он – заложник обстоятельств. Бог – так же как и люди – стал «жертвой» греха и зла. Эту точку зрения отстаивает
Рабби Гарольд Кушнер в своей популярной книге «Когда
с хорошими людьми случаются плохие вещи»[87].

Проблема данного взгляда в том, что он отрицает Божье всемогущество. Писание ясно учит нас, что Бог правит
всем в мире. Или, как сказано в Вестминстерском испове-
дании, «От вечности мудрый и совершенный Бог, по изволению Своей непреложной воли, поставил, чему суждено
быть» (третья глава, первый раздел). Он совершает «все по
изволению воли Своей» (Еф. 1:11). «Ибо все из Него, Им
и к Нему» (Рим. 11:36). Воля Его непреложна (Евр. 6:17).
Замыслы Его «предвечны» (Еф. 3:11). В Боге «нет изменения и ни тени перемены» (Иак. 1:17). Все Его дела совершаются согласно предвечному определению.

В самом деле, в Писании четко сказано, что Бог владеет всякой ситуацией, событием и обстоятельством.

**Все так называемые случайности происходят по Его
воле.** «В полу бросается жребий, но все решение его – от
Господа» (Пр. 16:33). «Не две ли малые птицы продаются

---

[86] Jay Adams, *The Grand Demonstration* (Santa Barbara: EastGate, 1991), 16.
[87] Кушнер Г. Когда с хорошими людьми случаются плохие вещи.
Мн.: ООО «Попурри», 2004.

за ассарий? И ни одна из них не упадет на землю без воли Отца вашего» (Мф. 10:29).

В Его воле свободные поступки всех наделенных моралью существ. «Сердце царя – в руке Господа, как потоки вод: куда захочет, Он направляет его» (Пр. 21:1). «Ибо мы – Его творение, созданы во Христе Иисусе на добрые дела, которые Бог предназначил нам исполнять» (Еф. 2:10). «Потому что Бог производит в вас и хотение и действие по Своему благоволению» (Флп. 2:13).

Им предопределены даже самые ужасные злодеяния грешников. «Сего, по определенному совету и предведению Божию преданного, вы взяли и, пригвоздив руками беззаконных, убили; но Бог воскресил Его, расторгнув узы смерти, потому что ей невозможно было удержать Его» (Деян. 2:23-24), – сказал Петр толпе, требовавшей распять Христа. Товарищи Петра и Иоанна говорили в молитве: «Ибо поистине собрались в городе сем на Святого Сына Твоего Иисуса, помазанного Тобою, Ирод и Понтий Пилат с язычниками и народом Израильским, чтобы сделать то, *чему быть предопределила рука Твоя и совет Твой*» (Деян. 4:27-28). Иосиф говорил своим братьям: «Но теперь не печальтесь и не жалейте о том, что вы продали меня сюда, потому что Бог послал меня перед вами для сохранения вашей жизни» (Быт. 45:5). Бог использовал в качестве жезла Своего гнева нечестивый народ ассирийский, как сказано в Ис. 10:5.

В Его ведении находятся силы, контролирующие мировое зло. Понтий Пилат говорил, обращаясь к Иисусу: «Мне ли не отвечаешь? не знаешь ли, что я имею власть распять Тебя и власть имею отпустить Тебя?». «Ты не имел бы надо Мною никакой власти, если бы не было дано тебе свыше», – отвечал ему Иисус (Ин. 19:10-11). «Нет власти не от Бога; существующие же власти от Бога установлены» (Рим. 13:1).

Действительно, все события и обстоятельства предопределены божественным провидением – начиная от общего замысла Божьего и заканчивая самыми незначительными деталями. Бог предопределил даже количество волос на наших головах (Мф 10:30).

> Мы обязаны признать тот факт, что появление греха тоже было учтено Богом.

Мы обязаны признать тот факт, что появление греха тоже было *учтено* Богом. Господь запланировал, или, говоря языком Вестминстерского исповедания, декретировал его. Возникновение в мире греха не застигло Бога врасплох и ни в коей мере не расстроило Его замысла. От вечности грех фигурировал в Его неизменных планах. Отсюда следует, что зло и все его следствия были включены в Божий замысел еще до сотворения мира.

Несмотря на вышесказанное, Бога не следует считать творцом или прародителем греха. «Бог не искушается злом и Сам не искушает никого» (Иак. 1:13). «Бог есть свет, и нет в Нем никакой тьмы» (1 Ин. 1:5).

Бог *не порождает*, *не одобряет*, *не разрешает* и ни в коей мере *не поощряет* грех. Бог не может быть носителем греха. Он только *допускает* грех, и затем, благодаря мудрости, использует его в Своих целях. Замыслы Божьи относительно допущения греха всегда благи. Именно это позволило Иосифу сказать своим братьям, продавшим его в рабство, следующее: «Вы умышляли против меня зло; но Бог обратил это в добро, чтобы сделать то, что теперь есть: сохранить жизнь великому числу людей» (Быт. 50:20).

В Писании сказано, что Бог допускает зло, тем самым «желая показать гнев и явить могущество Свое» (Рим. 9:22). Другими словами, Он позволяет греху поражать Свои творения, дабы продемонстрировать ненависть ко злу и навсегда уничтожить его. Почему Бог не уничтожает зло в самый

момент его зарождения? Писание дает ответ и на этот вопрос: Он «с великим долготерпением щадил сосуды гнева,
готовые к погибели, дабы вместе явить богатство славы
Своей над сосудами милосердия, которые Он приготовил
к славе» (Рим. 9:22-23). Это означает, что Бог допускает зло
и сейчас, чтобы в полной мере являть Свои милость
и благодать через покаянных грешников. Следовательно,
грех дает Богу возможность демонстрировать Свое ве-
личие посредством прощения грешников.

Как бы то ни было, Писание не поддерживает никаких
витиеватых философских аргументов в защиту Бога. В нем
прямо сказано следующее: Бог «свят, свят, свят» (Ис. 6:3;
Отк. 4:8). Из Писания мы узнаем о том, что Бог ненавидит
грех и грешников (Пс. 10:5; Зах. 8:17; Лк. 16:15), и нам становится совершенно ясно, что существование греха никоим
образом не затмевает Его славы и не порочит Его безупреч-
ной сущности: «Не может быть у Бога неправда или у Все-
держителя неправосудие» (Иов 34:10). «Воздайте славу Богу
нашему. Он твердыня; совершенны дела Его, и все пути Его
праведны; Бог верен, и нет неправды [в Нем]; Он праведен
и истинен» (Вт. 32:3-4). «Господь, твердыня моя, и нет неправды в Нем» (Пс. 91:16). «Ты Бог, не любящий беззакония;
у Тебя не водворится злой» (Пс. 5:5).

Наиболее правомерную теодицию мы находим в учении
о распятии Христа. Р.Л. Дабни писал: «Вероучение об искупительной жертве Христа, сопряженное с Его божественной
сутью, позволяет нам понять, почему Бог допускает зло...
Если бы был в Боге малейший порок [праведности или
благоволения к людям], Он бы ни за что не послал Своего
единородного Сына, Который дороже Ему всех миров, на ис-
купительную смерть»[88].

---

[88] R. L. Dabney, *Systematic Theology* (Edinburgh: Banner of Truth, 1985 reprint of 1871 original), 537.

Грех и Христово распятие

Распятие Христа доказывает как бесконечную любовь Божью, так и безусловную порочность греха. Хотите постичь Божью любовь в ее расцвете и осознать всю мерзость греха?

> Распятие Христа доказывает как бесконечную любовь Божью, так и безусловную порочность греха.

Вспомните о крестных муках нашего Господа Иисуса Христа. Вот Он распят на кресте — безгрешный, непорочный Агнец Божий, принявший на Себя грехи мира (см. Ин. 1:29). Он восклицает: «Или, Или! лама савахфани? то есть: „Боже Мой, Боже Мой! для чего Ты Меня оставил?“» (Мф. 27:46). Ничто иное, кроме крови вечного, возлюбленного Сына Божьего, не могло выкупить людей из рабства греха. Какой же тяжкой должна быть наша вина перед Богом и какими отвратительными должны быть наши грехи, если для их искупления потребовалась столь великая жертва! Поистине неисчерпаема любовь Бога, пославшего Своего Сына на смерть во имя людей!

Грех чрезвычайно пагубен, и ничем иным исцелиться от него было невозможно. «Увы, народ грешный, народ, обремененный беззакониями, племя злодеев, сыны погибельные! Оставили Господа, презрели Святого Израилева, — повернулись назад... Вся голова в язвах, и все сердце исчахло. От подошвы ноги до темени головы нет у него здорового места: язвы, пятна, гноящиеся раны, неочищенные и необвязанные и не смягченные елеем» (Ис. 1:4-6). Здесь грех представлен как неизлечимая болезнь души. Гноящиеся язвы греха покрывают нас с головы до пят.

Грешники не в состоянии исцелить себя. «Может ли Ефиоплянин переменить кожу свою и барс — пятна свои? так и вы можете ли делать доброе, привыкнув делать злое?» —

сказано в Иер. 13:23. Грех настолько глубоко укоренился в нашей природе, и мы так сильно возлюбили его, что самостоятельно нам ни за что не освободиться от него. Мы предпочли тьму свету (Ин. 3:19). Желания нечестивого ума «суть вражда против Бога; ибо закону Божию не покоряются, да и не могут. Посему живущие по плоти Богу угодить не могут» (Рим. 8:7-8). Непокаянные грешники являются рабами греха (Ин. 8:34; Рим. 6:20). «Кто родится чистым от нечистого?» – вопрошал Иов. «Ни один», – сам же отвечал он (Иов 14:4). «Худое дерево приносит и плоды худые. Не может... дерево худое приносить плоды добрые» (Мф. 7:17-18).

Никаким слезами не искупить грех. Никакими добрыми делами не поправить наше прегрешение против Бога. Никакие молитвы не смогут ни оправдать, ни хотя бы частично облегчить бремя греха. Даже вечное горение в аду не очистит душу от метастазов греха. В мире людей нет ничего, что могло бы освободить или исцелить нас от него. Те, кто ищет самооправдания, лишь еще крепче приковывают себя ко греху.

Более того, даже незначительный грех настолько противен Богу, – несмотря на всю Его благость, милосердие и любовь, – что Он просто не может закрыть на это глаза и не покарать грешника.

Но должен же быть выход! Должен быть угодный Богу способ удовлетворить Его совершенную праведность и в то же время продемонстрировать грешникам милость. Благодаря распятию Христа стало возможно одной совершенной Жертвой раз и навсегда искупить все грехи человеческие.

Жертва за грех должна быть совершенной, непорочной и сама по себе безгрешной. На земле Иисус прожил безгрешную, праведную жизнь в послушании Богу. «Ибо мы имеем не такого первосвященника, который не может сострадать нам в немощах наших, но Который, подобно нам, искушен во всем, кроме греха» (Евр. 4:15). «Таков и должен быть у нас Первосвященник: святой, непричастный злу, непорочный, отделенный от грешников и превознесенный выше небес» (Евр. 7:26).

Наш безгрешный Господь был Агнцем Божьим, принесенным в жертву за наши грехи (Ин. 1:29). Именно за этим Он и пришел в мир. «И вы знаете, что Он явился для того, чтобы взять грехи наши, и что в Нем нет греха» (1 Ин. 3:5). Там, на кресте, Он взял на Себя *наши* грехи. «Он взял на Себя *наши* немощи и понес *наши* болезни... Он изъязвлен был за грехи *наши* и мучим за беззакония *наши*; наказание мира *нашего* было на Нем» (Ис. 53:4-5). Он «принес Себя непорочного Богу», чтобы очистить «совесть *нашу* от мертвых дел» (Евр. 9:14). Он сполна заплатил за *наши* грехи. И как наши грехи были вменены Ему, точно так же Его праведность вменяется всем, кто верует в то, что «не знавшего греха Он сделал для нас жертвою за грех, чтобы мы в Нем сделались праведными пред Богом» (2 Кор. 5:21). Он воскрес из мертвых, дабы возвестить всему миру о Своей победе над грехом. «[Он] предан за грехи наши и воскрес для оправдания нашего» (Рим. 4:25).

> Наш безгрешный Господь был Агнцем Божьим, принесенным в жертву за наши грехи (Ин. 1:29).

«Он грехи наши Сам вознес телом Своим на древо, дабы мы, избавившись от грехов, жили для правды: *ранами Его вы исцелились*» (1 Пет. 2:24). Кровь Христа — единственное лекарство от греха. Только так Бог может быть «праведным и оправдывающим верующего в Иисуса» (Рим. 3:26).

Предлагаемое нам Богом «лечение» от греха включает в себя нечто большее, чем прощение и оправдание. Бог преображает саму сущность грешника. Он делает нас причастниками Своего естества (2 Пет. 1:4). Мартин Ллойд-Джонс писал по этому поводу:

> Человек нуждается в новом естестве. Где его взять? Ответ один: только в Иисусе Христе. Христос сошел с небес в человеческом облике и, обладая совершенным человеческим естеством, Он предлагает это естество нам. Иисус желает сделать нас *новыми* людьми. Он «был первородным между многими братиями». Верующие и принимающие Его своим Спасителем обретают Его новое естество, в результате чего вся их жизнь меняется. Прежде ненавидевшие Бога начинают Его любить и жаждут узнать о Нем как можно больше. Они всем сердцем желают угождать Богу, славить и почитать Его. То, что раньше доставляло им радость, ныне стало ненавистно, а ходить путями Божьими – теперь их самое сокровенное желание[89].

Вот милостивый ответ Бога на наши грехи. Он избавляет от греха верующего в Него, и тот становится «новой тварью» (2 Кор. 5:17). Бог полностью обновляет естество покаянных грешников, наряду с этим внушая им любовь к праведности и презрение к греху. Как станет ясно из последующих глав, остатки греха будут пребывать в верующих до момента окончательного прославления, но они будут более неподвластны греху и способны прославлять Бога.

Так возлюбил мир Бог

Сильна ненависть Бога ко греху, но не менее крепка Его любовь к грешникам. На фоне черного савана наших грехов

---

[89] Lloyd-Jones, 89.

благодать Божья сияет с необычайной силой. Вероятно, самым известным фрагментом Писания является 16-й стих третьей главы Евангелия от Иоанна. Не прочувствовав порочности греха, невозможно постичь потрясающий смысл, заключенный в этих строках: «Ибо так возлюбил Бог мир, что отдал Сына Своего Единородного, дабы всякий, верующий в Него, не погиб, но имел жизнь вечную».

«Так возлюбил...» Почему Бог любит меня, невзирая на мои грехи?

«Так возлюбил Бог мир...» С чего вдруг Бог возлюбил целый мир грешников?

«Так возлюбил Бог мир, что отдал Сына Своего Единородного...» Почему любовь Бога к грешникам была так глубока, что побудила Его принести в жертву Своего возлюбленного Сына и обречь Его на невыносимые унижения и страдания?

«Так возлюбил Бог мир, что отдал Сына Своего Единородного, дабы всякий, верующий в Него...» Зачем Богу понадобилось до такой степени упрощать путь грешников к спасению, потребовав от нас только веры и самостоятельно проделав все необходимую работу по искуплению?

«Так возлюбил Бог мир, что отдал Сына Своего Единородного, дабы всякий, верующий в Него, не погиб...» С какой стати Бог решил избавить грешников от заслуженного наказания, покарав Своего Сына вместо тех, кто не заслужил Его благоволения?

«Так возлюбил Бог мир, что отдал Сына Своего Единородного, дабы всякий, верующий в Него, не погиб, но имел жизнь вечную». Почему Бог решил даровать вечную жизнь рядом с Собой грешникам, которые только и делали, что противились Ему?

Все дело в *Божьей мило-
сти.* «Бог, богатый милостью,
по Своей великой любви,
которою возлюбил нас, и нас,
мертвых по преступлениям,
оживотворил со Христом, —
благодатью вы спасены» (Еф. 2:4-5). «Ибо возмездие за
грех — смерть, а дар Божий — жизнь вечная во Христе
Иисусе, Господе нашем» (Рим. 6:23). «Блаженны, чьи беззакония прощены и чьи грехи покрыты. Блажен человек, которому Господь не вменит греха» (Рим. 4:7-8).

«Так возлюбил Бог мир,
что отдал Сына Своего
Единородного, дабы всякий,
верующий в Него, не погиб,
но имел жизнь вечную».

Надобно родиться свыше

Как грешнику получить прошение и обрести совершенную праведность Христа? Как может порочный от природы человек стать причастником божественного
естества?

Как сказал Иисус фарисею по имени Никодим, «нужно
родиться свыше» (см. Ин. 3:3). Никодиму такое требование
показалось невыполнимым. «Как может человек родиться,
будучи стар?» — спросил он Иисуса (стих 4). В ответ Иисус
повторил Свои слова: «Истинно, истинно говорю тебе,
если кто не родится от воды и Духа, не может войти в Цар-
ствие Божие. Рожденное от плоти есть плоть, а рожденное
от Духа есть дух. Не удивляйся тому, что Я сказал тебе:
„должно вам родиться свыше“» (стихи 5-7).

Иисус имел в виду духовное рождение свыше, посредством которого Бог обновляет душу грешника. Никодим
был прав, говоря, что грешник сам не может родиться свыше. Это исключительно во власти Духа Божьего и никак
не зависит от человека: «Дух дышит, где хочет, и голос его
слышишь, а не знаешь, откуда приходит и куда уходит: так

> Иисус имел в виду духовное рождение свыше,
> посредством которого Бог обновляет душу грешника.
> Никодим был прав, говоря, что грешник сам не может
> родиться свыше. Это исключительно во власти Духа
> Божьего и никак не зависит от человека.

бывает со всяким, рожденным от Духа» (Ин. 3:8). Спасти грешника может только Бог.

Если вы читаете эти строки, будучи неверующим, или вы не совсем уверены в том, что уже родились свыше, отчаяние может охватить вас. Раз все во власти Духа, где, когда и кому Он ниспошлет рождение свыше? Может, мы стоим перед неразрешимой дилеммой? «Что нам делать?» — спросите вы, как спросили Петра в день Пятидесятницы собравшиеся на площади люди (Деян. 2:37), или как тюремный страж: «Что мне делать, чтобы спастись?» (Деян. 16:30). Если об этом вопрошает ваше сердце, значит, в вас *уже* делает Свое дело Дух Божий. Каждому Бог определил свое время, теперь настал *ваш* час. «Вот, теперь время благоприятное, вот, теперь день спасения» (2 Кор. 6:2). «когда услышите глас Его [Духа Божьего], не ожесточите сердец ваших» (Евр. 3:7-8).

Дух действовал и в сердце Никодима. Иисус сказал, зачем Бог послал Его в мир: «И как Моисей вознес змию в пустыне, так должно вознесену быть Сыну Человеческому, дабы всякий, верующий в Него, не погиб, но имел жизнь вечную» (Ин. 3:14-15). Наш Господь вспомнил эпизод из ветхозаветной истории, когда согрешившие против Бога израильтяне стали роптать на Моисея, жалуясь на трудности своего пути в пустыне и нехватку пищи и воды (Чис. 21:5). За это Бог наслал на них ядовитых змей. Многие израильтяне были при смерти от змеиных укусов, и тогда Моисей попросил за них Бога. «И сказал Господь Моисею:

сделай себе [медного] змея и выставь его на знамя, и всякий ужаленный, взглянув на него, останется жив» (Чис. 21:8). Моисей сделал медного змея, укрепил его на столбе, как и приказал Бог. Грешным израильтянам нужно было только взглянуть на этого медного змея, чтобы мгновенно исцелиться. Как сказал Иисус Никодиму, Он тоже будет вознесен, и всякий уверовавший в Него спасется.

Никодим понял не все из того, что говорил ему Иисус. Ему и в голову не могло прийти, что Иисус будет вознесен на кресте. Но Никодиму, воспитанному на Ветхом Завете, была хорошо известна история о Моисее и медном змее. Он знал следующее: на медного змея должны были взглянуть согрешившие против Бога израильтяне, чтобы тут же исцелиться благодаря исключительно чудотворной Божьей благодати — не лекарству и не какому бы то ни было богоугодному поступку, а только лишь своей вере в то, что Бог может избавить их от губительной напасти.

Читая ветхозаветную историю о медном змее и будучи духовным наставником израильтян, Никодим несомненно отождествлял себя с Моисеем. Иисус дал понять, что Никодим должен поставить себя на место непокорных сынов Израиля. Другими словами, Он обличал Никодима в его грехах. Иисус призывал фарисея к покаянию. Он советовал Никодиму, уверовать в Него как в Спасителя, Которому надлежит быть вознесенным, дабы всякий, уверовавший в Него, спасался.

Говоря иначе, «покайтесь и веруйте в Евангелие» (Мк. 1:15) — вот к чему призывает Бог всех грешников, «дабы всякий, верующий в Него [Иисуса), не погиб, но имел жизнь вечную» (Ин. 3:16). Если вы, читая эти строки, не уверены в своем спасении или же хотите исцелиться от греха, внемлите словам Господа: «Нет иного Бога кроме

Меня, Бога праведного и спасающего нет кроме Меня. *Ко Мне обратитесь, и будете спасены,* все концы земли, ибо я Бог, и нет иного» (Ис. 45:21-22).

Покайтесь. В приведенном ниже стихе звучит призыв к *покаянию,* которое позволяет человеку стать подобным Христу. Это не просто положительный ответ на призыв Иисуса. Невозможно присовокупить Христа к нашей обремененной грехом жизни, продолжая любить грех и лишь на словах поклоняясь Иисусу в надежде, что Он очистит нас от грехов. Покаяние означает отказ от греховного образа жизни и обращение к Иисусу за спасением: «покайтесь и обратитесь» (Деян. 3:19).

Буквально покаяние следует понимать как «[обращение] от всех преступлений ваших» (Иез. 18:30). Это означает сознаться в своих грехах и оставить их (Пр. 28:13), то есть перестать грешить и «вознегодовать» на свои прегрешения (2 Кор. 7:11).

Покаяние отнюдь не подразумевает покаянные дела или исправление поведения как *условия* обращения ко Христу. Обратитесь к Спасителю прямо *сейчас,* и тем самым вы отвратите сердце свое от преступлений против Бога (см. 1 Фес. 1:9). Тогда Он начнет в вас «доброе дело» и доведет его до конца (Флп. 1:6). «Итак, покайтесь и обратитесь» – и неизбежным плодом будет изменение вашего образа жизни (Деян. 3:19; 26:20; Лк. 3:8; Мф. 7:20).

Обратитесь к Нему сегодня, «ныне» (Евр. 3:13). «Ищите Господа, когда можно найти Его; призывайте Его, когда Он близко. Да оставит нечестивый путь свой и беззаконник – помыслы свои, и да обратится к Господу, и Он помилует его, и к Богу нашему, ибо Он многомилостив» (Ис. 55:6-7). Не отвергайте и не принимайте как должное богатства Его доброты и терпения, ибо «благость Божия ведет тебя к покаянию» (Рим. 2:4). Богу не угодна смерть грешника, Он хочет, «чтобы грешник обратился от пути своего и жив был» (Иез. 33:11).

Все вышесказанное вы можете по праву отнести на *свой* счет. Призыв к покаянию обращен ко всем и каждому: «Бог ныне повелевает людям *всем* повсюду покаяться» (Деян. 17:30). «Господь... долготерпит нас, не желая, чтобы кто погиб, но чтобы все пришли к покаянию» (2 Пет. 3:9). «Обратитесь, и живите!» (Иез. 18:32).

Покаяться – значит обратиться к Иисусу и следовать за Ним. Иисус открыто предлагает нам это сделать: «если кто хочет идти за Мною... следуй за Мною» (Мф. 16:24). «Кто Мне служит, Мне да последует» (Ин. 12:26).

Невозможно следовать за Ним равнодушно и с холодным сердцем. Полностью Его призыв звучит так: «если кто хочет идти за Мною, *отвергнись себя*, и *возьми крест свой*, и следуй за Мною» (Лк. 9:23). «Никто, возложивший руку свою на плуг и озирающийся назад, не благонадежен для Царствия Божия» (Лк. 9:62). «Кто любит отца или мать более, нежели Меня, не достоин Меня; и кто любит сына или дочь более, нежели Меня, не достоин Меня; и кто не берет креста своего и следует за Мною, тот не достоин Меня» (Мф. 10:37-38). «Если кто приходит ко Мне и не возненавидит отца своего и матери, и жены, и детей, и братьев, и сестер, а притом и самой жизни своей, тот не может быть Моим учеником; и кто не несет креста своего и идет за Мною, не может быть Моим учеником» (Лк. 14:26-27).

Иисус призывает вас сперва тщательно обдумать свой поступок (Лк. 14:28-33). «Ибо кто хочет душу свою сберечь, тот потеряет ее, а кто потеряет душу свою ради Меня и Евангелия, тот сбережет ее. Ибо какая польза человеку, если он приобретет весь мир, а душе своей повредит? Или какой выкуп даст человек за душу свою?» (Мк. 8:35-37).

Даже сам акт покаяния наш Господь сравнивает со смертью: «если пшеничное зерно, пав в землю, не умрет, то останется одно; а если умрет, то принесет много плода» (Ин. 12:24).

Уверуйте. Покаяние и вера неразрывно связаны друг с другом. Если покаяние подразумевает *отвращение* от грехов и *отречение* от себя, вера означает наше *обращение* к Богу. «Веруй в Господа Иисуса Христа, и спасешься ты» (Деян. 16:31). «Ибо если устами твоими будешь исповедовать Иисуса Господом и сердцем твоим веровать, что Бог воскресил Его из мертвых, то спасешься» (Рим. 10:9). Покаяние без веры ни к чему не приведет, ибо оплакивать грехи свои еще не значит быть праведным, поскольку праведность «от Бога по вере» (Флп. 3:9). Само раскаяние не спасает нас — только Христос. Богу не угодны одни лишь благие намерения и решения; нужно уверовать во Христа. «Нет ни в ком ином спасения, ибо нет другого имени под небом, данного человекам, которым надлежало бы нам спастись» (Деян. 4:11-12).

Вы должны уверовать во Христа, о Котором говорится в Писании. Он Господь и Спаситель (см. Лк. 2:11). «Я, Я Господь, и нет Спасителя кроме Меня» (Ис. 43:11). Вам надлежит принять Его не только своим Спасителем, но и Господом (Кол. 2:6). При этом обязательно нужно соблюсти все выдвинутые Им условия; невозможно получить от Него прощение без признания Его власти над вами.

Нельзя принять Христа и при этом продолжать грешить. Он пришел избавить людей от грехов их (Мф. 1:21), а не предложить рай грешникам, упивающимся своими

Покаяние и вера неразрывно связаны друг с другом. Если покаяние подразумевает отвращение от грехов и отречение от себя, вера означает наше обращение к Богу.

злодеяниями. Предлагаемое Им спасение выражается не только в спасении от адского пламени; в первую очередь это избавление от власти греха.

Поняв ужасающую реальность греха, примет ли грешник спасение, которое не сможет избавить его от плена греха? Осознав власть греха над собой и чудовищные последствия этого для своей души, вы захотите обратиться ко Христу за спасением.

> Самое замечательное, что Иисус обещает принять всякого приходящего к Нему (Ин. 6:37).

Самое замечательное, что Иисус обещает принять всякого приходящего к Нему (Ин. 6:37). Более того, Он призывает вас к Себе: «Придите ко Мне, все труждающиеся и обремененные, и Я успокою вас; возьмите иго Мое на себя и научитесь от Меня, ибо Я кроток и смирен сердцем, и найдете покой душам вашим; ибо иго Мое благо, и бремя Мое легко» (Мф. 11:28-30).

Признание собственной греховности является необходимым шагом на пути ко Христу и спасению.

6

ПОВЕРЖЕННЫЙ ВРАГ

Говорю прямо: нет смысла твердить с своей вере в то, что Христос умер за нас и грехи наши прощены, покуда мы не осознали, что прежнее миновало и новое пришло, а наш взгляд на мир и его пути коренным образом изменился. Мы не стали ни безгрешными, ни совершенными — мы просто покончили с прежним образом жизни. Мы увидели свою былую жизнь такой, какая она была, и теперь мы «новые твари», для которых все стало новым.

Д. Мартин Ллойд-Джонс[90]

Безгрешных нет. Эта истина должна повергать нас в трепет перед Богом, Который «свят, свят, свят», но вместо этого она побуждает нас оправдывать свои грехи, чтобы не потерять самоуважения. Нередко мы видим, как некто отмахивается от своих дурных поступков, небрежно заявляя: «Ну и что? Кто без греха?». Люди признают свое несовершенство, с тем чтобы повысить собственную самооценку. Это еще один признак, свидетельствующий об отмирании совести. Такое заявление оправдано, но оно должно звучать как смиренное признание, а не как дерзкая попытка оправдать грех.

---

[90] D. Martyn Lloyd-Jones, *Sanctified Through the Truth: The Assurance of Our Salvation* (Wheaton: Crossway, 1989), 120.

В Писании признается наше несовершенство. Даже апостол Павел писал: «Говорю так *не потому, чтобы я уже достиг или усовершился*; но стремлюсь, не достигну ли и я, как достиг меня Христос Иисус. Братия, *я не почитаю себя достигшим*, а только, забывая заднее и простираясь вперед, стремлюсь к цели, к почести вышнего звания Божия во Христе Иисусе» (Флп. 3:12-14).

Каждый из нас несовершенен, и весьма несовершенен. Павел говорит, что именно наше несовершенство должно питать стремление к совершенству во Христе. Мы подвергаем себя большой опасности, когда начинаем оправдывать собственные грехи своей же моральной неустойчивостью. Нам надлежит стремиться к поставленной перед нами *цели*: «Итак, будьте совершенны, как совершен Отец ваш Небесный» (Мф. 5:48). «Будьте святы, потому что Я свят» (1 Пет. 1:16). Глупо было бы думать, будто несовершенством можно оправдать наше несоответствие Божьим требованиям.

> Глупо было бы думать, будто несовершенством можно оправдать наше несоответствие Божьим требованиям.

Опасность стремления к совершенству во всем (перфекционизм)

Как бы нелепо это ни прозвучало, но не менее — и даже более — опасно думать, что христианин при жизни способен достичь духовного совершенства. Из истории церкви мы знаем множество примеров сект и религиозных групп, которые в основу своего учения закладывали христианский перфекционизм. Почти все они либо потерпели «кораблекрушение веры», либо были вынуждены видоизменить свое учение, принимая во внимание человеческое несовершенство.

Каждый перфекционист на основании ясных и веских свидетельств неизбежно приходит к выводу о том, что «осадок» греховной природы остается в человеке и на протяжении всей земной жизни досаждает даже самым стойким в духовном плане христианам. Чтобы исповедовать доктрину перфекционизма, необходимо либо пересмотреть точку зрения на грех, либо отменить стандарты праведности. Зачастую сторонники перфекционизма именно так и поступают, жертвуя при этом своей совестью.

Одна из таких групп, Oneida Community, основанная Джоном Хамфри Ноезом, успешно работала в Нью-Йорке в период с 1849 по 1879 год. Основываясь на определении перфекционизма, схожем с изложенным в учении Чарльза Финни (Ноез был учеником Финни), Oneida Community прославилась благодаря пяти десяткам утопических общин, существовавших в штате Нью-Йорк во второй половине XIX века. Члены этой организации (их насчитывалось около трех сотен) жили в общине, штаб которой располагался в огромном каменном особняке. Ими была основана компания по производству столовой утвари; компания эта процветает и по сей день. Они вместе трудились, вместе молились и придерживались общинного образа жизни, который в те дни широко превозносился как образец христианского братства и праведности.

После роспуска общины в 1879 году общественности стал известен один любопытный факт: в Oneida Community практиковалась свобода сексуальных отношений между членами общины. Каждая женщина считалась женой одного из мужчин, но при этом им обоим не возбранялось вступать в половые отношения с другими членами общины по своему выбору. Но хуже всего было то, что внутри общины дети могли начинать половую жизнь в подростковом возрасте. Ноез сам принимал участие в «обряде посвящения» девочек, достигших половой зрелости[91].

Он, подобно многим перфекционистам, попросту адаптировал нормы морали под свои потребности. Вместо того чтобы признать сексуальные отношения вне брака грехом и сделать подобающие выводы относительно собственной сексуальной распущенности, подтверждавшей его несовершенство, Ноез разработал учение, которое позволяло ему и остальным членам общины предаваться плотским страстям и несмотря на это заявлять о своей безгрешности.

Oneida Community является, бесспорно, одним из самых гнусных примеров корыстного злоупотребления перфекционизмом. Впрочем, подобная тенденция существует во всех ветвях перфекционизма. В итоге все перфекционисты вынуждены принижать значение греха, праведности и совершенства, чтобы они соответствовали несовершенству человеческой похоти.

Деятельность движения Праведности является еще более типичным видом перфекционизма, нежели фанатичные экзерсисы Oneida Community. Так называемая доктрина Праведности проистекает из Уэслианского богословия, и ее догматы можно встретить в традиционном методистском вероучении (хотя не обязательно в либеральной ветви данной конфессии), в учениях Армии спасения, церкви Назарета и многих других церквей харизматического толка. Большинство сторонников этой точки зрения верят в то, что «абсолютное освящение» достигается незамедлительно посредством вторичного деяния благодати. В результате чего верующий возводится в ранг «совершенного» праведника

---

[91] Spencer Klaw, *Without Sin: The Life and Death of the Oneida Community* (New York: Allen Lane, 1993), 3.

и навсегда перестает грешить — по крайней мере, осознанно или намеренно. Рядовые прегрешения называются «оплошностями» или «соблазнами», но никак не грехами. Только преднамеренные, обдуманные и вопиющие беззакония характеризуются как грехи. Таким образом, грех выносится за рамки данного вероучения. То, что в Писании названо грехом, здесь именуется

> Большинство сторонников этой точки зрения верят в то, что «абсолютное освящение» достигается незамедлительно посредством вторичного деяния благодати.

«плохими манерами». Голос совести должен быть заглушен, чтобы человек мог согласиться с таким вероучением.

Г. А. Айронсайд, бывший пастор церкви Моуди, Чикаго, будучи молодым офицером Армии спасения, написал книгу о противостоянии доктрине перфекционизма. Айронсайд в конце концов вышел из рядов этой организации и разуверился в перфекционизме. По его словам, перфекционизм есть вероучение, губительное для совести:

> Учение о праведности во плоти (перфекционизм) ожесточает совесть и вынуждает его приверженцев закрывать глаза на очевидные вещи. Всякий, кто продолжительное время находится среди этих людей, вскорости начинает понимать, насколько сильны описанные мною тенденции. Верующие в прижизненную святость нередко бывают резки, нравоучительны, неблагосклонны и грубы в своих суждениях об окружающих. Преувеличения, граничащие с откровенной ложью, часто и бессознательно поощряются во время их «свидетельских» собраний.
>
> Поборникам святости присущи те же самые пороки, что и многим из нас: они подвластны скупости,

сплетням, злословию, эгоизму и схожим немощам не менее своих соседей.

Что касается явной порочности и греховности, я с сожалением констатирую тот факт, что определенно безнравственные поступки намного чаще совершаются членами этих церквей святости... чем это кажется со стороны. Я знаю, о чем говорю; мною движет исключительно желание спасти от горького разочарования этих заблудших верующих [92].

В основе перфекционизма лежит губительное заблуждение относительно того, как происходит *освящение*. Освящение — это процесс, при помощи которого Бог, проводя в душах верующих работу посредством Святого Духа, помогает им преображаться в Христово подобие (2 Кор. 3:18). Процесс освящения обостряет восприимчивость совести и не дает ей погибнуть. Тот факт, что такое преображение происходит постепенно, а не мгновенно, подтверждают многие стихи Писания.

Как мы уже говорили в самом начале этой главы, апостол Павел, к примеру, даже в самом конце своего служения признавался в собственном несовершенстве (Флп. 3:12). «Преобразуйтесь обновлением ума вашего», — наставлял он римлян (Рим. 12:2). «Дети мои, *для которых я снова в муках рождения*, доколе не изобразится в вас Христос!» — писал он галатам (Гал. 4:19). Освящение будет продолжаться, «доколе все придем в единство веры и познания Сына Божия, в мужа совершенного, в меру полного возраста Христова» (Еф. 4:13). Он увещевал ефесян перестать быть колеблющимися, блуждающими младенцами. Каким образом?

---

[92] H. A. Ironside, *Holiness: The Fake and the True* (Neptune, NJ: Loizeaux, 1912), 36–37.

> В основе перфекционизма лежит губительное заблуждение относительно того, как происходит освящение. Освящение – это процесс, при помощи которого Бог, проводя в душах верующих работу посредством Святого Духа, помогает им преображаться в Христово подобие (2 Кор. 3:18).

Может быть, обретя освящение в один миг? Нет, но все возвращая в Того (то есть уподобляясь Тому), «Который есть глава Христос» (Еф. 4:14-15).

Подобные же наставления давал верующим Петр: «Возрастайте в благодати и познании Господа нашего и Спасителя Иисуса Христа» (2 Пет. 3:18). Он также писал: «Как новорожденные младенцы, возлюбите чистое словесное молоко, дабы от него возрасти вам во спасение» (1 Пет. 2:2).

В Библии ясно сказано о том, что христианам никогда не достичь совершенного освящения при жизни. «Кто может сказать: „я очистил мое сердце, я чист от греха моего?“» (Пр. 20:9). «Ибо все мы много согрешаем. Кто не согрешает в слове, тот человек совершенный, могущий обуздать и все тело» (Иак. 3:2). «Ибо плоть желает противного духу, а дух – противного плоти: они друг другу противятся, так что вы не то делаете, что хотели бы» (Гал. 5:17). «Если говорим, что не имеем греха, – обманываем самих себя, и истины нет в нас» (1 Ин. 1:3).

Посему полное освящение при земной жизни невозможно. Только на небе души праведников достигают совершенства (Евр. 12:23). А во время второго пришествия Христа, «когда [Он] откроется, будем подобны Ему, потому что увидим Его, как Он есть» (1 Ин. 3:2). «Мы в себе стенаем, ожидая усыновления, искупления тела нашего» (Рим. 8:23). В этих стихах говорится о *прославлении* верующих, которое есть непосредственное и окончательное завершение процесса освящения.

В своем замечательном труде, обличающем перфекционизм, Б.Б. Уорфилд называет перфекционистов «нетерпеливыми душами», которые «охотнее принимают идею о несовершенном совершенстве, чем допущение о невозможности прижизненного совершенства. Они во что бы то ни стало хотят получить все и сразу»[93]. Другими словами, перфекционисты отвергают представление об освящении как о процессе, длящемся всю земную жизнь. Они настойчиво утверждают, что Бог освящает верующих сразу и навсегда, но действительность заставляет их делать следующий вывод: Божья работа по освящению души прекращается еще до того, как грешник полностью уподобится Христу. Они отказываются от попыток обрести подлинно библейское освящение в обмен на скороспелую и порочную подмену. А для этого им просто необходимо заглушить голос своей совести.

Ключевое заблуждение перфекционистов

Уорфилд приводит богословские обоснования современного перфекционизма:

> Именно Джон Уэсли «заразил» современный протестантский мир представлением об «абсолютном, мгновенном освящении». Заявляя это, мы не выносим ему гневный приговор. Никакой другой постулат его учения не доставлял ему большего удовольствия, чем этот. Никакой другой постулат не был так почитаем и восхваляем его последователями... В прошлом веке волны «движения за святость» одна за другой обрушивались

---

[93] B.B. Warfield, *Perfectionism*, vol. 2 (Grand Rapids: Baker, 1981 reprint of 1932 original), 561.

на нас, и каждая из них, вне всяких сомнений, имела свои отличительные особенности. Но общие основополагающие черты были присущи им всем, и именно эти черты подхватили последователи учения Уэсли. Основные постулаты данного учения находят отражение во всех подобных движениях, формируя их характерные особенности. *Каждое из подобных направлений трактовало оправдание и освящение как два независимых друг от друга Божьих дара.* Согласно каждому из этих направлений, освящение, как и оправдание, достигается смиренной верой, но не той верой, которой достигается оправдание, а новой, отличной от нее верой, необходимой именно для этой цели. Каждое из подобных направлений утверждает, что освящение, приходящее посредством этого [вторичного] деяния веры, дается сразу же в момент обращения, и такое освящение является окончательным и совершенным. Однако добавляется, что это совершенное освящение не освобождает от греха полностью, но дает, так сказать, возможность не грешить; или, говоря иначе, освобождает от осознанных прегрешений, или от совершения «известных грехов». И в каждом из этих направлений утверждается, что такое освящение не является стабильным состоянием, обретаемым нами раз и навсегда благодаря вере, но временным приобретением, которое необходимо блюсти в себе, так как мы способны его утратить (и нередко утрачиваем), но потом можем также единовременно обрести вновь[94].

Описанное Уорфилдом заблуждение, заключающееся в тенденции проводить водораздел между освящением

---

[94] Там же, 562 (Курсив мой – *Д. М.*).

и оправданием, является ключевой ошибкой перфекционистов. Все перфекционисты склонны видеть в освящении второе обращение. Согласно этой схеме, святость может быть обретена отдельным деянием веры — получением «второго благословения», как его часто называют, — которое совершается уже после первичного спасения.

Но с позиций Библии — и мы затронем этот вопрос позже — процесс освящения начинается в момент оправдания и продолжается, несмотря на наши частые оплошности, до самого конца жизни. В своей книге «Дела веры» я рассматриваю данный вопрос с абсолютно другого угла зрения[95].

> Но с позиций Библии — и мы затронем этот вопрос позже — процесс освящения начинается в момент оправдания и продолжается, несмотря на наши частые оплошности, до самого конца жизни.

В этой книге я отвечаю на заблуждение тех, кто думает, что освящение необязательно. Однако я исследую *сущность* процесса освящения в жизни верующих, ведущих борьбу со своими грехами на протяжении всей жизни.

Рассматриваемые мною темы интересным образом перекликаются. Это происходит оттого, что ключевым моментом в вопросе вероучения об освящении является правильное понимание существующей тесной взаимосвязи между освящением и оправданием.

В отличие от мнения перфекционистов и так называемых учителей духовной жизни, а также доминирующих представлений об «исполненности Духом», освящение не начинается в некий кризисный момент спустя какое-то время после обращения. Освящение берет начало в момент

---

[95] John MacArthur, *Faith Works: The Gospel According to the Apostles* (Dallas' Word, 1993), 105–121.

обращения и продолжается на протяжении всей земной жизни верующего. Согласно вышеприведенной цитате доктора Уорфилда, освящение достигается посредством того же самого деяния веры, благодаря которому мы получаем оправдание. Для всякого верующего Иисус Христос становится «премудростью от Бога, праведностью и освящением и искуплением» (1 Кор. 1:30). Если бы освящение не происходило в момент спасения, тогда необоснованно звучало бы утверждение, что все верующие «омылись... освятились... оправдались» (1 Кор. 6:11).

И это вероучение – не только для «продвинутых» христиан. Вряд ли что-либо другое в жизни христианина имеет большее практическое значение, чем правильное понимание того, как Дух Святой преобразует нас по образу Христа. И наоборот, трудно представить более пагубное для духовной жизни христианина заблуждение, нежели неправильное понимание сути процесса освящения.

Как происходит освящение?

С древнееврейского и греческого языков библейский термин «освящение» переводится как «отделение». Быть освященным – значит отделиться от греха. В момент обращения верующие освобождаются (отделяются) от пут и рабства греха и примыкают к Богу, другими словами – освящаются. Но это только начало процесса освящения. По мере уподобления Христу мы все больше отделяемся от греха и освящаемся, дабы стать угодными Богу. Таким образом, освящение, имеющее место в момент обращения, лишь дает начало пожизненному процессу, во время которого мы все более и более *отделяемся* от греха и уподобляемся Христу, – тем самым *отдаляясь* от греховного образа жизни и приближаясь к Богу.

Взрослеющие в духовном плане христиане никогда не будут искать самооправданий, не угодят в капкан самолюбования и не будут довольствоваться текущим состоянием своей веры. Чем больше мы уподобляемся Христу, тем восприимчивее становимся к остаточным порокам своей плоти. По мере того как мы возрастаем в благочестии, грехи становятся для нас все более очевидными и невыносимыми. Чем больше грехов мы *отделяем* от себя, тем явственнее видим другие грехи, от которых нам еще только предстоит избавиться. Таков парадокс освящения: приближаясь к святости, мы с каждым шагом проникаемся все большим презрением к не изжитым остаткам греха внутри нас. Именно об этом ощущении писал апостол Павел в Послании к римлянам 7:21-24:

> Итак, я нахожу закон, что, когда хочу делать доброе, прилежит мне злое. Ибо по внутреннему человеку нахожу удовольствие в законе Божием; но в членах моих вижу иной закон, противоборствующий закону ума моего и делающий меня пленником закона греховного, находящегося в членах моих. Бедный я человек! кто избавит меня от сего тела смерти?

Седьмая глава Послания к римлянам ставит ряд непростых вопросов перед исследователями Писания, но, по всей очевидности, наиболее трудным из них является следующий: что побудило Павла написать эти строки уже *после того*, как в шестой главе он сказал: «Ветхий наш человек распят с Ним, чтобы упразднено было тело греховное, дабы нам не быть уже рабами греху; ибо умерший освободился от греха» (Рим. 6:6-7)?

Это существенные для каждого христианина истины. Они содержат ключ к здоровой духовной жизни и дают нам практическое понимание методов борьбы с грехом. Чтобы глубже осмыслить их, давайте вернемся к шестой главе Послания к римлянам. Согласно доктору Уорфилду, эта глава «была написана с единственной целью — доказать и показать, что оправдание и освящение неразрывно связаны друг с другом»[96]. По представлениям Павла, как смерть во Христе (оправдание), так и жизнь во Христе (освящение) являются неизбежными плодами истинной веры. Те, кто считает праведность необязательной, глубоко ошибаются. Те, кто думает, что уже достиг максимально возможной степени освящения, заблуждаются не меньше. Те, кто ставит самоуважение выше праведности, еще не познали истину. Если мы хотим понять Божьи принципы противостояния греху, то сперва должны осознать, что это борьба не на жизнь, а на смерть — до победного конца. Довольствоваться самоуважением — значит довольствоваться грехом.

Будем ли мы грешить и впредь?

Божественная благодать подразумевает *обязательность* праведности. Всегда были те, кто злоупотребляет Божьей милостью, думая, что она позволяет грешить. Перефразируя это утверждение, Павел пишет: «Что же скажем? оставаться ли нам в грехе, чтобы умножилась благодать?» (Рим. 6:1). Если благодать изобилует там, где умножается грех (Рим. 5:20-21), не следует ли из этого, что благость Божья возрастает благодаря нашим грехам? Может быть, нам нужно продолжать грешить, дабы прирастала благодать?

> Божественная благодать подразумевает обязательность праведности.

---

[96] Warfield, 568.

«Никак», – однозначно заявляет Павел. Мысль о том, что кто-либо захочет воспользоваться данным аргументом для оправдания греха, была противна Павлу. «Мы умерли для греха: как же нам жить в нем?» (Рим. 6:2). Он также пишет: «Я сораспялся Христу, и уже не я живу, но живет во мне Христос» (Гал. 2:19-20).

Но что значит «умереть для греха»? Всякий искренний христианин не станет отрицать того факта, что мы по-прежнему поддаемся искушению и повинны в грехе. Что имел в виду Павел, говоря: верующие «умерли для греха»?

Апостол подразумевает наше единение со Христом. Все верующие соединяются со Христом через веру:

> Неужели не знаете, что все мы, крестившиеся во Христа Иисуса, в смерть Его крестились? Итак, мы погреблись с Ним крещением в смерть, дабы, как Христос воскрес из мертвых славою Отца, так и нам ходить в обновленной жизни. Ибо если мы соединены с Ним подобием смерти Его, то должны быть соединены и подобием воскресения (Рим. 6:3-5).

Крещение «во Христа Иисуса» и крещение «в смерть» не имеет ничего общего с крещением в воде. Павел использует термин *baptizo* в том же значении, что и в 1 Кор. 10:2, где он говорит об израильтянах, которые «крестились в Моисея». В этом смысле оборот «креститься в» означает «уподобляться», «соединяться». В Послании к галатам Павел пишет: «Все вы, во Христа крестившиеся, во Христа облеклись» (Гал. 3:27). И опять он имеет в виду *единение со Христом*: «А соединяющийся с Господом есть один дух с Господом» (1 Кор. 6:17).

Наше единение со Христом является предпосылкой к оправданию, освящению и прочим деяниям спасающей

Наше единение со Христом является предпосылкой
к оправданию, освящению и прочим деяниям
спасающей благодати Божьей.

благодати Божьей. Если мы хотим понять суть своего спасения, сперва нужно осознать, что есть единение со Христом. Вот что об этом пишет Мартин Ллойд-Джонс:

Мы пребываем в единении со Христом и во Христе. Даже читая Новый Завет из любопытства, нельзя не обратить внимания на часто встречающиеся фразы – «во Христе», «во Христе Иисусе». Апостолы непрестанно повторяют эти наиболее значимые и славные из всех библейских истин. Быть во Христе – значит быть соединенным со Христом. Мы пребываем в Нем. Мы – Его. Мы суть члены тела Христова.

Бог считает нас такими; и это, разумеется, означает, что теперь, *в таких взаимоотношениях, мы стали наследниками и сопричастниками всего, что есть в Господе Иисусе Христе* [97].

«Как в Адаме все умирают, так во Христе все оживут» (1 Кор. 15:22). Пребывать «в Адаме» значит оставаться в рабстве греха, быть смертным человеком, не способным угодить Богу ни в чем. Но быть «во Христе» – совершенно противоположное состояние, в котором находятся все истинно верующие во Христа. Мы избавлены от тирании греха, можем любить Бога и исполнять Его волю, являемся сопричастниками Христова блаженства, на нас пребывают Божьи любовь и благоволение, нам уготована славная

---

[97] Lloyd-Jones, 116–117 (Курсив мой – *Д. М.*).

жизнь в вечности. «Итак, нет ныне никакого осуждения тем, которые во Христе Иисусе живут» (Рим. 8:1).

Наше единение со Христом обусловливает весьма серьезные перемены. Во-первых, мы оправданы перед Богом. Оправдание происходит на суде Божьем. Бог выносит нам Свой вердикт – «невиновен». Под «оправданием» подразумевается не изменение сути грешника, а только изменение Божьего отношения к нему.

Поскольку теперь мы соединились со Христом, изменения затронули и саму нашу природу. *Возрождение, обращение* и *освящение* – вот какие перемены происходят в нас. Мы родились свыше – *возродились,* – то есть получили новое сердце, новый дух и возлюбили Бога новой любовью (Иез. 36:26; 1 Ин. 4:19-20). Мы стали сопричастниками Божьего естества (2 Пет. 1:3-4). Мы призваны ходить в обновленной жизни (Рим. 6:4). «Ветхий человек» в нас умер: «Зная то, что ветхий наш человек распят с Ним, чтобы упразднено было тело греховное, дабы нам не быть уже рабами греху; ибо умерший освободился от греха» (Рим. 6:6-7).

Действительно ли мы свободны от греха?

Именно этот вопрос возникает при прочтении шестой и седьмой глав Послания к римлянам. Что есть «ветхий человек», о котором сказано, что он распят? И если «умерший [во Христе] освободился от греха» (Рим. 6:7), почему далее Павел пишет: «Бедный я человек! кто избавит меня от сего тела смерти?» (Рим. 7:24).

Сперва нужно разобраться в используемой Павлом терминологии. Выражение «ветхий человек» обозначает не возрожденную природу, которая была свойственна нам, когда мы были «в Адаме». Это не наша низменная природа, не духовная двойственность, присущая исключительно христианам, не «старая сущность», ведущая битву с нашей обновленной природой за власть над поступками. Это просто то, чем мы являлись до рождения свыше. «Ветхого человека» больше не существует. Он распят, умерщвлен, «отложен». Эти выражения используются в Писании.

Например, Павел пишет ефесянам о том, что они научились «отложить прежний образ жизни ветхого человека, истлевающего в обольстительных похотях, а обновиться духом ума вашего» (Еф. 4:22-23). Греческие глаголы здесь использованы в неопределенной форме, а не в повелительном наклонении. Они могли быть переведены как «вы отложили», «вы обновились», то есть в качестве констатации факта. Теперь слова Павла становятся более понятными. Именно в такой манере следует трактовать параллельное место из Кол. 3:9-10: «Не говорите лжи друг другу, *совлекшись* [отложив] *ветхого человека* с делами его и *облекшись в нового*, который *обновляется* в познании по образу Создавшего его». При рассмотрении этих стихов как единого целого, становится очевидно, что «ветхий человек» — не обновленное эго: «я сораспялся Христу, и уже не я живу, но живет во мне Христос» (Гал. 2:20).

Плоть (Рим. 6:19; 7:18) символизирует труп «ветхого человека». Будучи умерщвленной, она продолжает осквернять все, к чему прикасается.

Когда я еще был маленьким мальчиком и жил в Филадельфии, один из друзей нашей семьи скончался. Согласно обычаю, тело оставалось в доме родственников в течение нескольких дней. Это считалось своеобразной данью ему, к тому же так друзьям и домашним было легче пережить разлуку. Для меня же наличие трупа в жилой комнате представлялось чем-то из ряда вон выходящим! Этот человек был мертв, но продолжал оказывать влияние на всех присутствующих.

Говоря о плоти, Павел имеет в виду нашу остаточную греховность: присущие каждому смертному немощность, эгоизм и склонность к греху. Эти пороки не искоренить, пока мы не будем вознесены на небеса.

И все же теперь грех не имеет над нами той власти, которой он обладал до нашего рождения свыше. «Поступайте по духу, и вы не будете исполнять вожделений плоти, ибо плоть желает противного духу, а дух — противного плоти: они друг другу противятся, так что вы не то делаете, что хотели бы» (Гал. 5:16-17).

В данном контексте термин «плоть» не относится к физическому телу. Под ним также не подразумевается какая-либо часть нашего существа. Павел не устанавливает дуализма между материальной и духовной сторонами человеческой сущности, или, говоря иначе, между телом и душой. В данном случае под словом «дух» следует понимать Дух Святой. А плоть — это остатки былой греховности, с которыми нам предстоит жить до конца земного пути. Они осаждают и оскверняют все составляющие нашего естества — тело, разум, чувства и волю. Именно поэтому мы склонны грешить даже после того, как стали сопричастниками естества Божьего (см. 2 Пет. 1:4). Хотя грех больше не *властвует* над нами, он продолжает в нас *пребывать*. Враг *повержен*, но окончательно не *побежден*.

Таким образом, плоть — не тело, душа или какая-либо другая часть нашего естества. Это действующий в нас *принцип*. Это источник и первопричина греха. Лишенный власти над нами, грех не утратил своей силы. Плоть противится нашим благочестивым побуждениям с яростью монарха, свергнутого со своего трона.

Как сказано, неверующие живут «во плоти» (см. Рим. 8:8-9). Христиане по-прежнему являются «плотскими» (1 Кор. 3:1), то есть мы остаемся падшими творениями. «Я плотян, продан греху», – вот что говорит Павел (Рим. 7:14).

Этот стих подчеркивает существование дилеммы между шестой и седьмой главами Послания к римлянам. Как мы уже заметили, Павел недвусмысленно дал понять, что верующие освободились от греха (Рим. 6:7). Теперь, как может показаться, он заявляет противоположное. Это, в свою очередь, побудило многих толкователей Библии сделать вывод, будто данные Павла относятся к его жизни до обращения. Но, как обычно, смысл раскрывается в контексте. В Рим. 7:23 показано, какой именно вид рабства имеет в виду Павел: «в членах моих вижу иной закон, противоборствующий закону ума моего и делающий меня пленником закона греховного, находящегося в членах моих». Это не подразумевает обреченности грешить, о которой говорит Павел в седьмом стихе шестой главы. Апостол говорит о неизбывной немощи своих «членов» — тела, уст, разума, чувств, воображения и т.д. Искушения этого «рабства» постоянно преследует Павла, стараясь вернуть его на стезю греховной жизни, которая стала ему так ненавистна. Подобное ощущают на себе все христиане.

Тогда в каком же смысле верующие освобождены от греха (Рим. 6:7)? Что имел в виду Павел, заявляя: наш ветхий человек распят, «чтобы упразднено было тело греховное» (стих 6)? Может сложиться впечатление, что под «упразднением» он подразумевает искоренение, умерщвление греха. Однако в оригинале греческое слово (*katargeo*) буквально означает «лишать силы», «делать бездейственным» (см. Рим. 4:14). Термин «освобождение» (в Рим.. 6:7 – *dikaioo*) обычно переводится как «оправдание». Другими словами, верующие освобождены от наказания за грех. Поскольку они оправданы — признаны невиновными и облачены в совершенную праведность Христа, — грех и смерть более над ними не властны.

Более того, раз кара за грех им больше не угрожает, верующие также освящаются, то есть избавляются от довлеющей тирании греха. «Ветхий человек» распят, и греховное тело лишилось своей силы. Это и есть изменение сущности, которое происходит в результате рождения свыше. Верующие освобождаются от губительного воздействия своего а, принуждающего их грешить всегда и во всем. Теперь они могут любить и слушаться Бога.

> Верующие освобождаются от губительного воздействия своего естества, принуждающего их грешить всегда и во всем. Теперь они могут любить и слушаться Бога.

И все же они до сих пор не избавлены от греха окончательно. Верующие подвержены искушениям. Им не по силам вырваться из объятий греховности. Люди по-прежнему уязвимы для греха. Развращенная плоть подстрекает их на грех.

Уже грешу не я

Нижеприведенное высказывание Павла зачастую трактуется неверно:

> Ибо не понимаю, что делаю: потому что не то делаю, что хочу, а что ненавижу, то делаю. Если же делаю то, чего не хочу, то соглашаюсь с законом, что он добр, а потому *уже не я делаю то, но живущий во мне грех*. Ибо знаю, что не живет во мне, то есть в плоти моей, доброе; потому что желание добра есть во мне, но чтобы сделать оное, того не нахожу. Доброго, которого хочу, не делаю, а злое, которого не хочу, делаю. Если же делаю то, чего не хочу, *уже не я делаю то, но живущий во мне грех* (Рим. 7:15-20; курсив мой – Д. М.).

Важно понять, что Павел не пытается снять с себя ответственность за грех. Он не приписывает свои грехи «ветхому человеку» или низменным стремлениям так называемого «другого я». Более того, он не оправдывается, чтобы избежать наказания.

Павел открыто заявляет, что грех противоречит его новому состоянию верующего. До спасения нам всем присуща греховность. Мы враги Бога, рабы греха, неспособные ни на что, кроме как грешить, порочные до глубины души. Но когда мы обращаемся ко Христу, «ветхий человек» в нас умирает. Мы рождаемся заново с новым ом, с желанием любить Бога и поступать справедливо. Мы «соглашаемся с законом». Желание «исполнять волю Божью» присутствует в нас. Греховность более не является основной чертой нашей сущности; мы ненавидим грех. Наше возрожденное «я» (см. Гал. 2:20) жаждет праведности и презирает грех.

Наши грехи противоречат всем нашим убеждениям как верующих. Уже не мы грешим, то есть грех уже не является сущностью нашего а.

Тогда почему же мы продолжаем грешить? Потому что в нас по-прежнему пребывает первопричина греха. Именно она принуждает нас противиться Богу. Мы, несомненно, несем ответственность за свои прегрешения. Но грешим мы не потому, что грех является нашей *сутью*, а потому, что заложенное в нашей природе стремление грешить будет довлеть над нами до тех пор, пока Господь не вознесет нас на небо. Как сказал Павел, «нахожу закон, что, когда хочу делать доброе, прилежит мне злое» (Рим. 7:21).

И Писания, и личный опыт свидетельствуют о том, что каждый христианин на протяжении всей жизни борется со своей греховной немощью и плотскими страстями. Безраздельной тирании греха более не существует; мы освобождены от его цепких когтей, но все также склонны поддаваться искушениям. Мы повсюду таскаем с собой свою плоть, в которой пребывают остатки греха («тело смерти», Рим. 7:24), – подобно каторжнику в кандалах. Мы абсолютно «новые твари», избавленные и укрепленные Духом Святым, исполненные Божьей благодати, – и все же заключенные в темницу греховной плоти. Мы «в себе стенаем, ожидая усыновления, искупления тела нашего» (Рим. 8:23).

Всю жизнь мы должны нещадно сражаться с грехом внутри нас, хотя он и назван «врагом поверженным». Мы избавлены от него, но должны сохранять бдительность. Кстати, перфекционизм только замедляет процесс освящения. Мы несовершенны. Мы люди. Мы по-прежнему стенаем.

Стеная и ожидая дня окончательной победы над грехом, мы должны сражаться с поверженным врагом внутри нас. В Писании даны ясные разъяснения по поводу того, как надлежит противостоять плотским грехам. В третьей части книги мы рассмотрим практические методы и средства борьбы с грехом в повседневной жизни.

ЧАСТЬ ТРЕТЬЯ

ПРОТИВОСТОЯНИЕ ГРЕХУ

В третьей части представлен целый ряд практических рекомендаций по одержанию верха над грехом в повседневной жизни.

Седьмая глава «Разруби Агага на части» повествует о необходимости и методах непрерывного умерщвления греха, дабы он не возрождался и не осквернял нас.

В восьмой главе – «Противостояние искушению» – исследуется прославление обществом семи смертных грехов. Рассматриваются характеристики, природа и степени искушения, а также предлагаются пути его преодоления. Будет показано, каким образом Бог ниспосылает нам испытания (а не искушения), на которых мы должны учиться и с которыми вполне можем справляться.

В девятой главе – «Берегите чистоту своих помыслов» – исследуются опасности греховных помыслов и даются советы относительно того, как избегать греховных мыслей посредством очищения сердца и понимания греховных склонностей нашего ума.

В десятой главе – «Приобщение к таинству веры с чистой совестью» – обращается внимание на то, почему и как современное протестантство забывает, что грех возмутителен, и побуждает верующих учиться уважать себя. Исследуются позиции Библии относительно ценности каждого человека и неприязнь современной психологии к вероучению о грехе. В заключение будут предложены актуальные и практические принципы содействия совести с целью выявления греха и противостояния ему.

7

РАЗРУБИ АГАГА НА ЧАСТИ

Умерщвление плоти ослабляет [грех], но не преображает его природу. Благость Божья изменяет естество человека, но ничто не может изменить сути греха... Его можно и должно повергать, но невозможно от него исцелиться... Если грех не преодолеть и не сокрушить, он одолеет и сокрушит душу человека.

И в этом кроется его сила... Он никогда не дремлет – ни побеждая, ни будучи побеждаем.

Умерщвляйте плоть; делайте это ежедневно; да будет так во все дни ваши; ни на день не прекращайте своей борьбы с грехом; сокрушайте грех, иначе он сокрушит вас.

Джон Оуэн [98]

Если грех уже повержен, почему он продолжает докучать нам? Если грех более не властен над нами, почему мы так часто грешим? Почему светский гуманизм, новый гедонизм, «Новый век», учение о самоуважении и превратно толкуемое богословие обладают столь сильным влиянием среди *верующих*? По какой причине совесть отмирает даже у евангельских христиан?

---

[98] John Owen. The Works of John Owen. 16 vols. (Edinburgh: Banner of Truth, 1967 reprint of 1853 edition), 6:177, 6:9

Всякий искренний христиан должен признать, что, став верующим, он не избавился от греховных наклонностей. Мы по-прежнему черпаем удовольствие в грехе. Мы все также боремся с греховными привычками. Некоторые из них настолько глубоко укоренились в нашей природе, что даже после многих лет духовной борьбы они тем не менее продолжают противостоять нам. Наши помыслы не настолько чисты, насколько должны быть.

> Наши помыслы не настолько чисты, насколько должны быть.

Нередко мы тратим свое время на легкомысленные и мирские желания. Время от времени сердца наши перестают воспринимать истины Божьи. Почему все это происходит, раз грех более не властен над нами?

В данном разделе нашей книги будет исследовано библейское противоядие против греховного влияния на жизнь верующих. Мы увидим, как Писание предостерегает нас от вялого противостояния греху. Нам надлежит умерщвлять грех и избавляться от его последствий на протяжении всей жизни. Именно сейчас наш труд приобретает более практическое значение.

Бог прогневался на Амалика

Пример из Ветхого Завета поможет пролить свет на наши взаимоотношения с грехом. Из 15-й главы Первой Книги Царств мы узнаем о том, как Самуил помазал Саула на царствование и дал ему следующие Божьи наставления: «Теперь иди и порази Амалика [и Иерима] и истреби все, что у него [не бери себе ничего у них, но уничтожь и предай заклятию все, что у него]; и не давай пощады ему, но предай смерти от мужа до жены, от отрока до грудного младенца, от вола до овцы, от верблюда до осла» (стих 3).

Воля Божья ясна. Саул должен был беспощадно расправляться со всеми амаликитянами, не щадя ни младенцев, ни животных. Этому народу предстояло целиком исчезнуть с лица земли.

Что заставило Бога с Его бесконечной любовью вынести такой суровый приговор? Амаликитяне были древним племенем кочевников, потомками Исава (Быт. 36:12). Они населяли южную часть земли Ханаанской и являлись исконными врагами израильтян. Именно их племя напало на израильский стан в Рефидиме вскоре после исхода: это было то знаменитое сражение, во время которого Аарон и Ор поддерживали руки Моисея (Исх. 17:8-13). Амаликитяне напали с тыла и жестоко расправились с ранеными и ослабевшими израильтянами (Вт. 25:18). Это был трусливый шаг, недостойный самого могущественного и свирепого племени во всем регионе. В тот день Бог спас израильтян, и амаликитяне обратились в бегство. Под занавес этой битвы Бог пообещал Моисею: «Я совершенно изглажу память Амаликитян из поднебесной» (Исх. 17:14). В законе Моисеевом непосредственно указывается на то, что израильтяне уничтожат амаликитян:

> Помни, как поступил с тобою Амалик на пути, когда вы шли из Египта: как он встретил тебя на пути, и побил сзади тебя всех ослабевших, когда ты устал и утомился, и не побоялся он Бога; итак, когда Господь, Бог твой, успокоит тебя от всех врагов твоих со всех сторон, на земле, которую Господь, Бог твой, даст тебе в удел, чтоб овладеть ею, изгладь память Амалика из поднебесной; не забудь (Вт. 25:17-19).

Амаликитяне внушали ужас своим врагам. Именно это явилось причиной, по которой израильтяне ослушались Бога, побоявшись войти в землю обетованную у Кадес-Варни (Вт. 13:29).

Воспылал гнев Божий против греховных амаликитян. Через нечестивого пророка Валаама Он возвестил их участь: «первый из народов Амалик, но конец его — гибель» (Чис. 24:20). Амаликитяне вторгались в земли израильтян со своими шатрами и стадами и опустошали их, внушая страх видевшим это сынам Израиля (Суд. 6:3-5). Они ненавидели Бога, презирали израильтян и, похоже, черпали удовольствие в своих разорительных набегах.

Таким образом, Божьи повеления Саулу стали исполнением обещания, данного Им Моисею. Саулу надлежало навсегда истребить племя амаликитян. Он и его войско стали орудиями праведного суда Божьего над творившим беззакония народом.

К чему приводит частичное послушание

Однако Саул исполнил волю Божью только отчасти. Он нанес сокрушительное поражение амаликитянам «от Хавилы до окрестностей Сура, что пред Египтом» (1 Цар. 15:7). Как и было велено, Саул истребил весь народ, но «Агага, царя Амаликова, захватил живого» (стих 8). «Саул и народ пощадили Агага и лучших из овец и волов и откормленных ягнят, и все хорошее, и не хотели истребить, а все вещи маловажные и худые истребили» (стих 9). Другими словами, движимые жаждой наживы, они присвоили все лучшее, что было у амаликитян, захватили трофеи, тем самым преднамеренно ослушавшись Господа.

Почему Саул сохранил жизнь Агагу? Может быть, он хотел использовать поверженного царя амаликитян как свидетельство своего могущества. Саулом руководила собственная гордость; он даже воздвиг в свою честь памятник на горе Кармил (1 Цар. 15:12). Какими бы ни были его мотивы, Саул не исполнил четкого Божьего повеления и оставил Агага в живых.

Грех был настолько велик, что Бог тут же и навсегда лишил Саула и его потомков права царствовать над израильтянами. «За то, что ты отверг слово Господа, и Он отверг тебя, чтобы ты не был царем [над Израилем]», – сказал ему Самуил (1 Цар. 15:23).

«Потом сказал Самуил: приведите ко мне Агага, царя Амаликитского» (стих 32).

«Дрожащий» Агаг, думая, что его пощадят, подошел к нему и спросил: «Конечно горечь смерти миновалась?»

Но Самуил был непреклонен. «Как меч твой жен лишал детей, так мать твоя между женами пусть лишена будет сына», – ответил он царю амаликитян. О том, что произошло дальше, в Писании сказано просто: «И разрубил Самуил Агага пред Господом в Галгале» (1 Цар. 15:33).

Мы инстинктивно уклоняемся от жестоких на первый взгляд поступков. Но в данном случае такова была воля Самого Бога. Это был акт Божьего суда, имевший целью продемонстрировать святой гнев Всевышнего против вопиющего греха. В отличие от своих соплеменников и царя, Самуил намеревался исполнить повеление Господа до конца. Хотя в этом сражении амаликитянам надлежало быть стертыми с лица земли, оно завершилось еще до того, как эта цель была достигнута. В Писании сказано, что спустя всего несколько лет окрепшее племя амаликитян вторглось в южные земли Израиля и пленило всех женщин и детей, включая семью царя Давида (1 Цар. 30:1-5).

Увидев бесчинствующих амаликитян, которые, «рассыпавшись по всей той стране, едят и пьют и празднуют по причине великой добычи, которую они взяли из земли Филистимской и из земли Иудейской» (1 Цар. 30:16), Давид

> С этим грехом – уже поверженным – надлежит
> безжалостно расправляться, «разрубать на куски»,
> иначе он воспрянет и будет по-прежнему осаждать
> сердца наши, лишая духовных сил.

бился с ними от сумерек до вечера другого дня; в результате спаслись только четыреста юношей, которым удалось скрыться верхом на верблюдах (стих 17).

Амаликитяне наглядно демонстрируют собой остатки греха в жизни верующего. С этим грехом – уже поверженным – надлежит безжалостно расправляться, «разрубать на куски», иначе он воспрянет и будет по-прежнему осаждать сердца наши, лишая духовных сил. Нельзя щадить Агага, потому что он вернется и снова попытается истребить нас. Дело обстоит так, что пребывающий в нас грех исполняется еще большей ненависти к нам, после того как мы повергаем его силой Евангелия.

Писание велит нам умерщвлять грех: «Итак, умертвите земные члены ваши: блуд, нечистоту, страсть, злую похоть и любостяжание, которое есть идолослужение, за которые гнев Божий грядет на сынов противления» (Кол. 3:5-6). Мы не должны действовать в полсилы и нерадиво, борясь с грехом. Нельзя останавливаться, покуда Божье задание не будет выполнено до конца. Грехи, подобно амаликитянам, умеют прятаться, набираться сил, чтобы потом атаковать нас в самые неожиданные моменты и в самых уязвимых местах.

Жизнь в Духе

В Рим. 8:13 Павел также писал об умерщвлении дел плотских. Провозгласив победу над грехом в шестой главе Послания к римлянам и описав непрекращающееся противостояние греху в седьмой, Павел в восьмой главе говорит о славной жизни в Духе. В середине этой главы апостол отмечает характерные особенности жизни ведомых Духом верующих: они постоянно умерщвляют свои злодеяния.

Примечательно, что в самом начале письма Дух Святой упомянут лишь однажды (1:4 – «дух святыни»), потом о Нем вспоминается только в Рим. 8:1. В этой главе апостол ссылается на Духа Святого по меньшей мере двадцать раз.

В восьмой главе Духу Святому приписывается роль своеобразного божественного посланника, который освобождает нас от греха и смерти (стихи 2-3), помогает жить праведно (4-13), утешает во времена страданий (14-19), хранит и укрепляет нас во Христе (20-28) и гарантирует нам окончательную победу над грехом и вечную славу (29-39). Непосредственно в контексте этого содержательного учения о роли Духа Святого в жизни христиан Павел излагает важные вещи касательно умерщвления греха. Начинает он с противопоставления жизни в Духе жизни «по плоти». Будет полезно рассмотреть эти истины в соответствующем контексте:

Как закон, ослабленный плотию, был бессилен, то Бог послал Сына Своего в подобии плоти греховной в жертву за грех и осудил грех во плоти, чтобы оправдание закона исполнилось в нас, живущих не по плоти, но по духу. Ибо живущие по плоти о плотском помышляют, а живущие по духу – о духовном. Помышления плотские суть смерть, а помышления духовные – жизнь и мир, потому что плотские помышления суть вражда против Бога; ибо закону Божию не покоряются, да и не могут. Посему живущие по плоти Богу угодить не могут. *Но вы не по плоти живете, а по духу, если только Дух Божий живет в вас.* Если же кто Духа Христова не имеет, тот и не Его. А если Христос в вас, то тело мертво для греха, но дух жив для праведности. Если же Дух Того, Кто воскресил из мертвых Иисуса, живет в вас, то Воскресивший Христа из мертвых оживит и ваши смертные тела Духом Своим, живущим в вас (Рим. 8:3-11).

Говоря иначе, жизнь верующего в Духе в корне отличается от жизни неверующего по плоти. *Все* истинные христиане пребывают в Духе. Они живут «не по плоти, но по духу». Живущие «по плоти» суть неверующие, и об этом Павел заявляет прямо: «Если же кто Духа Христова не имеет, тот и не Его» (Рим. 8:9). Чуть ниже он добавляет: «Ибо все, водимые Духом Божиим, суть сыны Божии» (стих 14).

Это означает, что во всем мире есть только два рода людей — живущие по плоти и живущие по духу. Разумеется, среди живущих по духу есть люди с разными степенями духовной зрелости. Точно так же живущие по плоти различаются по степени своей порочности. Но совершенно ясно: либо мы живем «по плоти» (Рим. 8:8), либо «по духу» (стих 9). «Промежуточной» категории людей не существует.

По мнению Павла, в результате рождения свыше Дух Святой свыше изменяет наши отношения. Он приводит нас в соответствие Себе. Дух живет (пребывает) в нас (стихи 9, 11). В нем мы стали сопричастниками Божьего естества (2 Пет. 1:4). Меняется наше отношение к Богу. На место вражды приходит любовь (см. Рим. 8:28). Живя по плоти, мы не можем угодить Богу (стих 8), но теперь «оправдание закона исполнилось в нас» (стих 4). Основной частью этих перемен является изменение образа мышления. Плотские помыслы ведут к смерти, а помыслы духовные — к жизни и миру (стих 6).

> В результате рождения свыше Дух Святой свыше изменяет наши отношения. Он приводит нас в соответствие Себе.

Если ваш образ мышления – основополагающие факторы мышления, его наклонности и предпочтения – не изменился, после того как вы уверовали во Христа, значит, существует некая серьезная проблема. Однако не следует думать, что христиане не склонны грешить и «браться за старое». В то же время теперь, когда мы стали верующими и живем «по духу», наши представления о Боге, грехе и праведности *должны* радикально отличаться от тех, что были у нас, когда мы жили «по плоти». У нас появилась священная жажда благочестия. Наша любовь к Богу во много раз превосходит по силе наши мирские привязанности (Иак. 4:4). Мы не пойдем беспечно «вслед скверных похотей плоти» (2 Пет. 2:10). У нас нет ничего общего с людьми, которые «мыслят о земном. Наше... жительство – на небесах» (Флп. 3:19-20). Наши помыслы устремлены к небу. Мы помышляем о духовном (Рим. 8:5). Даже поддаваясь искушениям плоти и греша, мы «по внутреннему человеку находим удовольствие в законе Божием» (Рим. 7:22). Таков наш новый образ мышления и предрасположенность характера.

Плотские помышления суть смерть (Рим. 8:6), но Павел не говорит, что сам плотский образ мышления является *причиной* смерти. Он называет его непосредственно *смертью*. Отягощенный плотскими желаниями разум находится в состоянии *духовной* смерти. Другими словами, те, в ком преобладают плотские помыслы и желания, уже мертвы «по [своим] преступлениям и грехам» (Еф. 2:1). Но это не касается верующих во Христа.

Как уже стало ясно из шестой главы Послания к римлянам, христиане более не живут «по плоти»: «Но вы не по плоти живете, а по духу, если только Дух Божий живет в вас. Если же кто Духа Христова не имеет, тот и не Его» (Рим. 8:9). Использованное в оригинале греческое слово *oikeo* переводится как «жить», «пребывать». Другими словами, Павел утверждает, что Сам Дух Божий живет в тех, кто верует в Иисуса Христа. Дух пребывает в нас, а мы – в Духе, то есть уже не пребываем во плоти.

Смерть в плотском теле

Однако мы по-прежнему «плотские», а посему наши физические тела подвержены тлению и умиранию. Зачатки смерти пребывают в каждом из нас. Будучи прокляты за грех, мы начинаем умирать в момент своего рождения.

Однако жизнь христиан не завершается смертью: «а если Христос в вас, то тело мертво для греха, но дух жив для праведности» (Рим. 8:10). Говоря иначе, человеческое тело подвержено постепенному умиранию вследствие первородного греха, но дух верующего *уже* живет (пребывает) во Христе.

> Однако жизнь христиан не завершается смертью.

При земной жизни мы *уже* наделены жизнью вечной. И хотя телу суждено умереть, дух наш нетленен.

В данном контексте термин «тело» описывает физическое тело (не «плоть»), а выражение «мертво» относится к смерти физической. (См. Приложение 1, где обсуждается частота использования Павлом слов «плоть» и «тело» в отношении присущей верующим склонности грешить.) Обратите внимание, что в 10-м и 11-м стихах 8-й главы Послания к римлянам употребляется слово «тело» (*soma*) вместо «плоть» (*sarx*), тогда как термин «плоть» Павел использует в первых девяти стихах этой главы. Таким образом, противопоставляя два этих слова, он совершенно ясно излагает свою мысль. В десятом стихе выражение «дух жив» относится к человеческому духу – нематериальной составляющей нашего естества. Тело, будучи подвержено греху, умирает, но дух верующего живет и процветает «для праведности», поскольку мы оправданы и уже перешли «от смерти в жизнь» (Ин. 5:24). Здесь Павел утверждает то же самое, о чем он говорил в Послании к коринфянам: «Если внешний наш человек и тлеет, то внутренний со дня на день обновляется» (2 Кор. 4:16).

Более того, пребывающий в нас Дух «оживит и [наши] смертные тела» в день воскресения (Рим. 8:11).

Павел подчеркивает тот факт, что человеческое тело, в котором не пребывает Дух Святой, обречено на гибель, посему мы ничем не обязаны смертной стороне нашего естества: «Итак, братия, мы не должники плоти, чтобы жить по плоти; ибо если живете по плоти, то умрете, а если духом умерщвляете дела плотские, то живы будете» (Рим. 8:12-13). Здесь Павел использует слово *sarx* («плоть») в значении «грех» и приравнивает его к «делам плотским». Если вы живете по плоти, то есть поддаетесь греховным побуждениям своей плоти, «то умрете».

Павел в очередной раз проводит строгое различие между верующими и неверующими. Несомненно, он предупреждает верующих об опасности лишиться вечной жизни, если они будут жить по плоти. Он уже говорил, что истинные верующие не живут и *не могут* жить по плоти (Рим. 8:4-9). Кроме того, восьмую главу Павел начинает со следующего утверждения: «Итак, нет ныне никакого осуждения тем, которые во Христе Иисусе живут» (стих 1), а заканчивает ее таким обещанием: ничто «не может отлучить нас от любви Божией во Христе Иисусе, Господе нашем» (стихи 38-39). Если бы он сказал о возможности «отлучения», то это противоречило бы изначальному замыслу его послания.

В посланиях к верующим Павел раз за разом повторяет свои слова о том, что живущие по плоти не могут быть истинными христианами. Они духовно мертвы (Рим. 8:6), и без покаяния их ожидает вечная смерть. В то же время земная жизнь живущих по плоти проходит под игом греха. Они пленники собственной плоти, вынужденные зачастую поступать в угоду своим чувственным желаниям.

Что есть умерщвление?

С одной стороны, на христианах лежит обязательство поступать не по плоти, но по духу, посему они силой Духа Святого умерщвляют плоть. «Если духом умерщвляете дела плотские, то живы будете», – обещает всем верующим Павел (Рим. 8:13).

Конечно, Павел не имеет в виду, что всякий умерщвляющий плоть способен обрести вечную жизнь и Божье благоволение. Он говорит, что действия по умерщвлению плоти должны быть присущи всем истинным верующим. «Водимые Духом Божиим» естественным образом должны стремиться умерщвлять свой грех. Это одно из свидетельств нашего спасения. Верующие обязаны так поступать. Сие есть проявление нашей новой природы.

> «Водимые Духом Божиим» естественным образом должны стремиться умерщвлять свой грех.

Другими словами, всякий истинный верующий должен быть подобен не Саулу, пощадившему Агага, а Самуилу, беспощадно и безотлагательно разрубившему Агага на куски. Вероятно, Саул хотел сделать из Агага в некотором роде придворного шута, но Самуил знал, что это невозможно. Точно так же нам никогда не обуздать свою плоть. Нельзя играть с грехами. Нужно решительно и жестоко расправляться с ними.

Иисусу принадлежат следующие слова:

> Если же правый глаз твой соблазняет тебя, вырви его
> и брось от себя, ибо лучше для тебя, чтобы погиб один
> из членов твоих, а не все тело твое было ввержено
> в геенну. И если правая твоя рука соблазняет тебя, от-
> секи ее и брось от себя, ибо лучше для тебя, чтобы по-
> гиб один из членов твоих, а не все тело твое было
> ввержено в геенну (Мф. 5:29-30).

Его слова не следует толковать буквально, хотя многие неправильно понимают эти стихи, — подобно выдающемуся
богослову Оригену, который кастрировал себя, дабы убе-
речься от «геенны». Иисус призывает не к буквальному от-
сечению членов, но к умерщвлению «дел плотских».
Со слов пуританина Джона Оуэна, понятие «умерщвление
плоти» означает, что плоть «с ее мирской мудростью, ко-
варством, немощью и силой, как говорит апостол, должна
быть предана смерти, умерщвлена, то есть лишена своего
могущества, жизненных сил и пагубного влияния посредством Духа
Святого»[99].

В 12-м и 13-м стихах восьмой главы Послания к римлянам Павел знакомит нас с принципом умерщвления плоти,
который является поворотной точкой в логической цепи,
проходящей через всю главу. Мартин Ллойд-Джонс писал:

> Именно здесь, в этой главе, мы впервые сталкиваем-
> ся с практическими рекомендациями. До этого нам
> сообщались лишь общие характеристики христиани-
> на – сама его суть, его отношение к миру и Богу. Но те-
> перь апостол обращает свой пристальный взор на
> учение об освящении. *Мы узнаем в точности, как на практике*
> *христианин освящается.* Или, говоря другими словами, мы

---

[99] Там же, 6:8 (Курсив мой – *Д. М.*).

получаем детальное и практическое представление
о том, каким образом христиане противостоят греху[100].

Павел не сулит нам немедленного избавления от гнета греха. Он не говорит о некоем моменте в процессе освящения, когда верующий в один миг становится совершенным. Он не велит римлянам все предоставить Богу, а самим бездействовать. Апостол даже не намекает на то, что некое «поворотное решение» разрешит проблему раз и навсегда. Наоборот, Павел говорит о продолжительной борьбе с грехом, во время которой нам надлежит настойчиво, последовательно «умерщвлять дела плотские».

Его слова нередко понимаются неверно. Павел не призывает нас к самобичеванию. Из его слов не следует, что верующие должны морить себя голодом, истязать свои тела или отказывать себе в хлебе насущном. Он не велит им калечить самих себя или жить монашеской жизнью. Умерщвление плоти, о котором говорит Павел, никак не связано с внешними актами насилия над плотью. Это духовный процесс, которому самым непосредственным образом содействует Дух Божий.

Павел описывает образ жизни, при котором мы должны *стремиться уничтожать грех и вытеснять его из своей жизни, лишать его сил, искоренять и избавляться от его влияния.* Именно это и имеется в виду под умерщвлением плоти.

Как мы умерщвляем плоть?

Умерщвление плоти включает в себя приобретение новых, благочестивых привычек вкупе с избавлением от привычек

---

[100] D Martyn Lloyd-Jones, *Romans: An Exposition of Chapter 8:5-17: The Sons of God* (Grand Rapids. Zondervan, 1974), 92 (emphasis added).

дурных. Это постоянная борьба, происходящая в душе верующего. И хотя мы смеем надеяться на успехи в этом
сражении, окончательное
умерщвление плоти про-
изойдет лишь после на-
шего вознесения на небо.
Нам надлежит постоянно
вести бой с грехом. Грех
должен представляться

> И хотя мы смеем надеяться
> на успехи в этом сражении,
> окончательное умерщвление
> плоти произойдет лишь после
> нашего вознесения на небо.

нам лютым врагом, и следует поражать его всегда и везде,
где бы он ни поднял свою отвратительную голову.

Несомненно, что умерщвлением плоти занимаются исключительно верующие. Неверующим еще только предстоит покаяться и обратиться ко Христу. Находящиеся под
пятой греха не способны умерщвлять плоть. Дух Святой —
священный пособник умерщвления плоти — не пребывает
в них. Их единственная надежда — спасение, даруемое каждому, кто уверует во Христа и доверится Ему. Не может
умерщвлять плоть тот, кто не пребывает «во Христе».

Писание предлагает ряд практических советов касательно того, как умерщвлять свою плоть. Возрастание в благодати напрямую зависит от того, насколько ревностно мы
будем это делать. Они, эти советы, не носят плотского или
«механического» характера. Это не ритуалы. Джон Оуэн за-
метил, что римский католицизм в основном состоит из «неверных подходов к умерщвлению плоти... Их обеты,
порядки, посты, епитимьи зиждутся на этом основании; все
они призваны служить умерщвлению плоти. Их проповеди,
молитвенники и требники посвящены этому»[101].

Плоть невозможно умертвить посредством следования букве закона, монашеского образа жизни, аскетизма,

---

[101] Owen, 6*16-17.

фарисейства, притворного благочестия, обета безбрачия, самобичевания, исповедей, воззваний к Деве Марии и прочих внешних действий. Орудие умерщвления – Дух Святой, и именно Его могуществом в нас совершается работа по умерщвлению плоти. В помощь этому Писание дает ряд заповедей, которые мы должны исполнять. Основные из них представлены ниже.

Удаляйтесь от плотских похотей. Петр писал: «Возлюбленные! прошу вас, как пришельцев и странников, удаляться от плотских похотей, восстающих на душу» (1 Пет. 2:11). Другими словами, не идите на поводу у плотских желаний. Воздерживайтесь от похоти. Избегайте ее. «Бегайте блуда» (1 Кор. 6:18). Можно ли сказать более точно?

Вы хотите умерщвлять похоти сердца своего? Тогда перестаньте их лелеять в себе. Петр не предлагает «курс терапии». Похоть не нужно воспринимать как пагубную привязанность. Он говорит напрямую: удаляйтесь (воздерживайтесь). Вам незачем предаваться подобным мыслям. Выбросьте их из головы. Вы должны сделать это *сами*, за вас никто не сможет подобного сделать. Нет смысла ждать сошествия некой небесной силы, которая в одночасье удалит грех из вашей жизни. Вы должны самостоятельно одолеть его, причем незамедлительно. Мартин Ллойд-Джонс писал:

Мне неизвестна ни одна цитата из Писания – я это подчеркиваю, – где бы мне советовалось молить Бога об избавлении от развращающего меня греха, а затем уповать на то, что так оно и будет.

Нередко приходится слышать следующее: тому, кто постоянно подвержен одному и тому же греху, нужно сказать: «Единственный выход – попросить Христа избавить тебя от этого греха, и Христос непременно это сделает». Но что сказано в Еф. 4:28 вору, который берет все, что плохо лежит? Должен ли я посоветовать ему: «Обратись ко Христу и попроси Его избавить тебя от этого греха»? Нет. Вот что говорит ему апостол Павел: «Кто крал, вперед не кради». И только. Просто перестань воровать. И если речь идет о блуде, супружеской измене или похотливых помыслах, совет тот же. Прекрати, – говорит Павел. Он не дает грешнику наставлений, вроде: «молись Христу и проси Его об избавлении». Вовсе даже нет. Не греши, – говорит Павел, – как подобает детям Божьим [102].

Возможно, это одно из самых прямолинейных и очевидных средств борьбы с грехом: *перестать грешить*. Слишком много людей надеются получить знак свыше, стать свидетелями некоего чуда и т.д. Они полагают, что только божественное вмешательство может избавить их от греха или греховных помыслов. Именно это заблуждение опровергается в шестой главе Послания к римлянам. Грех более не властен над вами; теперь вам нужно перестать грешить самим. Как? Удаляйтесь от плотских похотей. Вы умерли для греха, посему перестаньте грешить. «Противостаньте диаволу, и убежит от вас» (Иак. 4:7). Вот и все.

Не потворствуйте своей плоти. Павел писал римлянам: «Облекитесь в Господа нашего Иисуса Христа, и попечения о плоти не превращайте в похоти» (Рим. 13:14). Говоря иначе, просто изгоняйте плотские похоти. Если, к примеру, вы боретесь с грехом чревоугодия, не увлекайтесь, когда делаете покупки. Если вас одолевают сексуальные похоти, изгоняйте всякие мысли и образы, питающие их. Не хотите упасть — не ходите по льду.

---

[102] D. Martyn Lloyd-Jones, *Sanctified Through the Truth: The Assurance of Our Salvation* (Wheaton: Crossway, 1989), 54.

Не впускайте в себя греховные мысли. Не давайте греху ни единого шанса, и тогда вы сможете одолеть его, прежде чем он возмужает и одолеет вас.

Уповайте на Христа. Апостол Иоанн писал: «Знаем только, что, когда [Он] откроется, будем подобны Ему, потому что увидим Его, как Он есть. И всякий, имеющий сию надежду на Него, очищает себя так, как Он чист» (1 Ин. 3:2-3). Таков непреложный духовный закон: человек уподобляется тому, кому поклоняется.

> Идолы язычников – серебро и золото, дело рук человеческих: есть у них уста, но не говорят; есть у них глаза, но не видят; есть у них уши, но не слышат, и нет дыхания в устах их. *Подобны им будут делающие их* и всякий, кто надеется на них. (Пс. 134:15-18)

Если язычники становятся подобны своим бездыханным богам, насколько же мы уподобимся Христу, Который ниспослал нам Свой Дух Святой именно с этой целью? Уповая на Христа, мы обнаруживаем, что вера в Него преображает нас по Его образу и подобию: «Мы же все открытым лицом, как в зеркале, взирая на славу Господню, преображаемся в тот же образ от славы в славу, как от Господня Духа» (2 Кор. 3:18).

Размышляйте о Слове Божьем. Автор псалмов писал: «В сердце моем сокрыл я слово Твое, чтобы не грешить пред Тобою» (Пс. 118:11). Господь говорил Иисусу Навину: «Да не отходит сия книга закона от уст твоих; но поучайся в ней день и ночь, дабы в точности исполнять все, что в ней написано: тогда ты будешь успешен в путях твоих и будешь поступать благоразумно» (Нав. 1:8). Вы хотите быть успешны в борьбе с грехом? Подружитесь со Словом Божьим. Размышляйте о нем «день и ночь» (Пс. 1:2). Да будет оно светильником ноге вашей и светом стезе вашей (Пс. 118:105). По мере того как эта истина будет проникать в сердце ваше, она будет изгонять из него грех.

«Освяти их истиною Твоею; слово Твое есть истина», — просил Бога Иисус (Ин. 17:17). Истина Слова Божьего выступает в роли посредника, при помощи которого Дух Святой освящает нас. Ревностно размышляйте о нем, и да руководит оно вами каждый день. «Что только истинно, что честно, что справедливо, что чисто, что любезно, что достославно, что только добродетель и похвала, о том помышляйте» (Флп. 4:8). «Слово Христово да вселяется в вас обильно» (Кол. 3:16). Вы убедитесь, что «меч духовный, который есть Слово Божие» (Еф. 6:17), является самым действенным орудием умерщвления плоти.

Непрестанно молитесь. В ту ночь, когда Иисус был предан, Он отвел Своих учеников в Гефсиманский сад и велел им: «Молитесь, чтобы не впасть в искушение» (Лк. 22:40). Позже Он обнаружил их спящими попрекнул за отсутствие рвения в молитве. Иисус сказал апостолам: «Бодрствуйте и молитесь, чтобы не впасть в искушение: дух бодр, плоть же немощна» (Мф. 26:41).

«Не введи нас в искушение» — одна из составляющих образцовой молитвы, которой Иисус учил Своих апостолов (Лк. 11:4). Молитва является действенным и необходимым средством противостояния греховным искушениям *до того*, как они овладевают нами. Привлекая к Господу и сосредоточивая наши мысли на Нем, молитва, с одной стороны, защищает нас от плотских соблазнов, а с другой — нивелирует их пагубное влияние.

Бодрствуйте и молитесь. Определите обстоятельства, влекущие вас к греху, и просите Господа даровать вам силы противостоять им. Молитесь о ниспослании вам праведной ненависти к греху. Просите Бога показать вам истинное состояние вашего греховного сердца. Вот как Давид молил Бога об освящении:

> Кто усмотрит погрешности свои? От тайных моих очисти меня и от умышленных удержи раба Твоего, чтобы не возобладали мною. Тогда я буду непорочен и чист от великого развращения. Да будут слова уст моих и помышление сердца моего благоугодны пред Тобою, Господи, твердыня моя и Избавитель мой! (Пс. 18:13-15)

Дабы быть эффективным оружием против греха, молитва должна включать в себя исповедь и покаяние. Иоанн писал: «Если исповедуем грехи наши, то Он, будучи верен и праведен, простит нам грехи наши и очистит нас от всякой неправды» (1 Ин. 1:9). Автор Послания к евреям говорил: «Посему да приступаем с дерзновением к престолу благодати, чтобы получить милость и обрести благодать для благовременной помощи» (Евр. 4:16).

> Дабы быть эффективным оружием против греха, молитва должна включать в себя исповедь и покаяние.

Упражняйтесь в кротости и воздержании. Воздержание суть плод Духа (Гал. 5:23), а также одно из средств, с помощью которых Дух помогает нам умерщвлять дела плотские. Апостол Павел писал:

> Все подвижники воздерживаются от всего: те для получения венца тленного, а мы – нетленного. И потому я бегу не так, как на неверное, бьюсь не так, чтобы только бить воздух; но усмиряю и порабощаю тело мое, дабы, проповедуя другим, самому не остаться недостойным (1 Кор. 9:25-27).

Использованная в этом отрывке производная глагола «усмирять» происходит от греческого слова *hupopiazo*, означающего «бить». Спортсмены тренируют (усмиряют) свое тело ради получения тленных наград. А раз так, неужели мы не будем усмирять свою плоть во имя награды нетленной?

Павел не имеет в виду истязание своего тела или пренебрежение к нему. Он не ратует за физическое ослабление или нанесение вреда телу. Ни один спортсмен сознательно не пойдет на это.

Однажды я встретил человека, который носил на поясе ремень, утыканный гвоздями, и они постоянно впивались в его тело. Этот человек воображал, что таким образом наказывает свою плоть и тем самым искупает грехи. Множество заблуждавшихся людей на протяжении веков пробовали подобным образом усмирять свою плоть. Мартин Лютер, будучи молодым монахом, чуть было не уморил себя голодом, прежде чем ему на глаза попались следующие слова Божьи: «праведный верою жив будет» (Рим. 1:17). На Филиппинах ежегодно в праздник Пасхи некоторые фанатики распинают себя во время кровавого обряда, наивно полагая, что тем самым очищаются от грехов.

Совсем не к этому призывает нас Писание. Воздерживаться — значит не потворствовать желаниям плоти, ведущим к погибели души. Иисус говорил: «Смотрите же за собою, чтобы сердца ваши не отягчались объядением и пьянством и заботами житейскими, и чтобы день тот не постиг вас внезапно» (Лк. 21:34).

Исполняйтесь Духом Святым. «И не упивайтесь вином, от которого бывает распутство; но исполняйтесь Духом» (Еф. 5:18). Быть исполненным Духом значит быть ведомым Им подобно тому, как быть пьяным значит находиться под влиянием алкоголя. Верующие должны всецело вверять себя Духу.

Теперь мы снова вернулись к тому, с чего начали разговор в Рим. 8:13. Мы умерщвляем плоть Духом. Сила пребывающего в нас Духа Святого умерщвляет плоть в тех, кто исполнился Им. Я опять хочу подчеркнуть, что этот факт не подразумевает бездействия с нашей стороны. Джон Оуэн писал:

> Дабы Он [Дух] мог умерщвлять нашу плоть, от нас требуется *послушание*. Дух Святой действует в нас и на нас, когда мы к этому готовы, чтобы сохранить за нами свободу выбора и послушания. Он воздействует на наши мысли, желания, совесть, привязанности согласно их индивидуальным особенностям; Он действует *в нас и с нами, не против нас и не без нас*, таким образом, Его содействие побуждает нас ревностнее очищаться от грехов и ни в коей мере не дает нам повода пренебрегать делом умерщвления плоти[103].

Другими словами, как уже неоднократно отмечалось, мы не должны снимать с себя ответственность и, сложив руки, ждать, пока Бог умертвит нашу плоть *за нас*. Исполненная Духом жизнь — деятельное, активное и требующее от нас больших духовных затрат предприятие, по ходу которого мы «со страхом и трепетом [совершаем] свое спасение» (Флп. 2:12). Живя в послушании, мы постепенно понимаем, что именно Бог «производит в [нас] и хотение и действие по Своему благоволению» (стих 13). Говоря иначе, Бог ниспосылает нам желание исполнять Его волю, а затем дает силы совершать угодное Ему. Это и есть жизнь в Духе.

На нас лежит много других обязательств, имеющих отношение к умерщвлению плоти: облечение смиренномудрием

---

[103] Owen, 6:20.

(1 Пет. 5:5); обретение «чувствований», как у Христа (Флп. 2:5); избавление от неприязни по отношению друг к другу (Еф. 4:31-32); облечение

Говоря иначе, Бог ниспосылает нам желание исполнять Его волю, а затем дает силы совершать угодное Ему. Это и есть жизнь в Духе.

во «всеоружие Божье» (Еф. 6:11-17); воздержание от греховных чувств (Кол. 3:8-9); возрастание в духовной добродетельности (2 Пет. 1:5-7); стремление познавать, уповать на Господа, исполнять волю Божью и служить Ему, как тому учит Рим. 6 (см. Приложение 1), и прочие подобные обязательства, приписываемые верующим Писанием. Все это можно охарактеризовать как «исполненность Духом».

Проще говоря, «поступайте по духу, и вы не будете исполнять вожделений плоти» (Гал. 5:16). Плод Духа будет расти и своим ростом искоренять дела плотские.

«Итак, возлюбленные, имея такие обетования, очистим себя от всякой скверны плоти и духа, совершая святыню в страхе Божием» (2 Кор. 7:1).

Поражайте грех в голову

«Если призванный поразить врага опускает оружие свое до того, как враг умерщвлен, – не исполнена работа его»[104], – писал Джон Оуэн. Нам надлежит постоянно умерщвлять свою плоть. Можно уничтожить все племя амаликитян, но, если пощадить одного лишь Агага, Бог не будет доволен нами.

Плоть, как мы знаем, весьма коварна и изобретательна. Один из грехов может отступить от нас, дабы мы думали, что навсегда избавились от него. Но он набросится

---

[104] Там же, 6:11.

на нас с невиданной прежде яростью, если мы утратим бдительность. Грех непрестанно преследует нас; мы должны так же непрестанно умерщвлять его. Эта обязанность пребудет с нами до тех пор, пока Господь не вознесет нас на небо.

Дайте греху палец — и он откусит всю руку. Завладев крошечным участком нашей души, он разрастется в ней подобно бурьяну. Всеми силами грех будет досаждать, осаждать и поражать нас. Оуэн писал:

> Всякая нечистая мысль или взгляд стремятся при любой возможности превратиться в грех прелюбодеяния; всякое завистливое желание может вылиться в притеснение ближнего: любое неверие обернется атеизмом, если позволить ему расправить плечи... Оно растет ввысь, укореняясь в почве нашей души... Только умерщвлением плоти можно избавиться от греха, отсекая его корни и ежечасно поражая грех в голову, что пресечет любые его поползновения. *В мире нет совершенного святого, но если бы он отказался от этого обязательства, то рухнул бы в бездну греховности, как это случалось со всеми предшественниками* [105].

Позже он добавляет: «Грех противоборствует каждому праведному поступку и препятствует каждому нашему шагу на пути к освящению. Пусть никто не думает, что хоть на миллиметр приблизился к праведности, покуда не переступит через труп своих плотских похотей» [106].

Нам известны умыслы сатаны, заявляет апостол (2 Кор. 2:11). И мы не должны легкомысленно относиться

---

[105] Там же, 6:12 (Курсив мой – *Д. М.*).
[106] Там же, 6:14.

к ухищрениям собственной плоти. Когда к нам приходит Агаг и говорит: «Конечно, горечь смерти миновалась?» (1 Цар. 15:32); когда он желает примирения и вещает о прекращении вражды, – именно в такой момент мы должны повернуться к нему и беспощадно разрубить на части перед Господом. Сокрытый, либо внешне усмиренный, либо подавленный, либо подмененный другим грех не может считаться умерщвленным. Покуда совесть не умиротворена, грех не умерщвлен.

Сокрытый грех не может считаться умерщвленным. Можно скрыть свой грех от других, но это не умерщвление. Прикрывать грех лицемерием – какой от этого прок? Заглушив голос совести, мы оказываемся даже в более опасном положении, чем прежде. «Скрывающий свои преступления не будет иметь успеха; а кто сознается и оставляет их, тот будет помилован» (Пр. 28:13). Вы не исполнили своего долга по части греха, пока не исповедали и не умертвили его пред Богом.

Внешне усмиренный грех не может считаться умерщвленным. Если вы перестали грешить, но по-прежнему не без удовольствия вспоминаете о грехе – берегитесь. Вероятно, вам удалось выместить этот грех в область фантазий, где о нем известно только вам и Богу. Грех не умерщвлен. Скорее, он стал еще опаснее, «обвенчавшись» с притворной праведностью. Именно за это Иисус упрекал фарисеев. Они избегали убивать сами, но терпимо относились к вражде. Они воздерживались от блуда, но предавались похотливым помыслам. Иисус назвал их «заслуживающими смерти» (Мф. 5:21-28).

Подмененный другим грехом грех не может считаться умерщвленным. Что толку подменять похоть плоти похотью взора? Так похоть не умерщвляется; она просто принимает другое обличье. Пуританин Томас Фуллер говорил: «Некоторые склонны думать, что сделали очередной шаг к благочестию, поскольку смогли оставить расточительство, при этом погрязнув в скупости»[107]. Если вы поступаете так же, берегитесь, как бы не ожесточилось сердце ваше, обольстившись грехом (Евр. 3:13).

Покуда совесть не умиротворена, грех не умерщвлен. Цель же «есть любовь от чистого сердца и доброй совести и нелицемерной веры» (1 Тим. 1:5). Пока совесть оскверняется, наше свидетельство не будет искренним. «Господа Бога святите в сердцах ваших; будьте всегда готовы всякому, требующему у вас отчета в вашем уповании, дать ответ с кротостью и благоговением. Имейте добрую совесть, дабы тем, за что злословят вас, как злодеев, были постыжены порицающие ваше доброе житие во Христе» (1 Пет. 3:15-16).

Частью процесса умерщвления греха является проработка чувства вины. Избегающие этого чувства не до конца исповедали свои грехи, а посему они не могут в полной мере очиститься и оправдаться. Если хотите умертвить грех, пишет Джон Оуэн, *«обремените свою совесть чувством вины»*[108]. В противовес царящим в наши дни представлениям, он считал угрызения совести естественным и здравым последствием греха. «Стыдитесь»[109], — советует нам Оуэн, ибо чувство стыда расценивается им как преимущество в деле умерщвления греха. Он правильно трактует смысл 2 Кор. 7:10: «Ибо печаль ради Бога производит неизменное покаяние ко спасению».

Пренебрегающие чувством вины и жаждущие прощения быстро успокаиваются, после чего начинают думать, будто их сердце более ожесточается, обольщаемое грехом, —

---

[107] Cited in I.D.E. Thomas, *A Puritan Golden Treasury* (Edinburgh: Banner of Truth, 1977), 264.

[108] Там же, 6:56.

особенно в тех случаях, когда грех входит в привычку. Впустите в сердце «печаль ради Бога», дабы она произвела в нем глубокое, истинное покаяние, тем самым нанеся непоправимый урон греху.

Подавляемый грех не может считаться умерщвленным. Некоторые люди прибегают к различным уловкам, дабы забыть о своих грехах. Они заливают пожар своей совести алкоголем или топят чувство вины во всевозможных развлечениях. На искушения они отвечают вовсе не так, как это делал Иисус (Мф. 4:4, 7, 10), а ищут плотские пути отступления. Вот что говорит об этой тенденции Мартин Ллойд-Джонс:

> Подавив искушение, этот первый росток греха в себе, вы, весьма вероятно, чуть позже станете свидетелем его буйного расцвета. В этом я согласен с современной психологией. Нельзя подавлять свои чувства. «А что же тогда делать?» – спросите вы. Я отвечу: «Ощутив, как в вашей душе начал пробиваться зародыш греха, встрепенитесь и скажите себе: «Я не собираюсь иметь с ним ничего общего. Это дурной порок, из-за которого первый человек был выдворен из рая». Извлеките его, рассмотрите, осудите и возненавидьте; тогда вы сможете действительно покончить с этим грехом. Нельзя в приступе страха или малодушия закрывать глаза на грех. Выведите его на чистую воду, исследуйте; затем осудите и проникнитесь к нему лютой ненавистью [110].

Это толковый совет. С грехом нужно расправляться храбро, поражать его в самую голову. Недостаточно лишь

---

[109] Там же, 55.
[110] Lloyd-Jones, *Romans 8:5-17*, 143.

слегка «придушить» грех. Нужно уничтожить его, разрубить на части – благодатью и силой Духа Святого лишить его жизни.

Этим нам предстоит заниматься всю жизнь. Сперва такое сражение с грехом может показаться невыполнимой задачей. Но, взявшись за дело, мы скоро поймем, что грех *не должен* над нами господствовать, ибо мы под благодатью (Рим. 6:14). Это означает, что именно Бог побуждает нас действовать по Своему благоволению (Флп. 2:13). Начав в нас Свое дело, Он «будет совершать его даже до дня Иисуса Христа» (Флп. 1:6).

8

ПРОТИВОСТОЯНИЕ ИСКУШЕНИЮ

Христианин... знает, что ему не объять этого креста, или, что еще важнее, не обнять Христа, некогда умершего на нем, а теперь живущего вечно во служении Богу, не отвергнув от себя всякий грех. Мы не можем служить двум господам — распятому Христу, умершему за наши грехи, и самому греху, за который Он принял смерть. Чем больше мы радуемся своему спасению, тем с большей ревностью должны умерщвлять грех. Это не сделает нас совершенными, поскольку при земной жизни окончательное избавление от греха незозможно, но мы можем радоваться жизни во Христе и избавлению от владычества греха. Это в некоторой степени является ответом на волнующий всех верующих вопрос: как сделать свой путь непорочным?

Синклер Фергюсон [111]

В начале этой книги я говорил, что наше общество, похоже, утратило представление о грехе. Однако не так давно на канале MTV в эфир вышла передача под названием «Семь смертных грехов». Я просмотрел видеозапись этой программы, и она более чем подтвердила мои опасения насчет состояния современного общества, особенно

---

[111] Sinclair Ferguson, *Taking the Christian Life Seriously: A Study on Christian Maturity* (Grand Rapids: Zondervan, 1981), 84–85.

касательно его отношения к традиционным источникам искушения.

Вот эти семь смертных грехов: гордость, алчность, похоть, ненависть, зависть, чревоугодие и лень. Это не библейский перечень, а классификация, приведенная в средневековом богословии. Вероятно, ряд богословов из среды монахов впервые постарались создать такой список, дабы систематизировать и определить *корни* греха, при этом перечень не обязательно включает самые тяжкие. Эти семь смертных грехов, наряду с семью основными добродетелями (вера, надежда, любовь, справедливость, благоразумие, умеренность и сила духа), нашли отражение в римском католическом богословии.

На MTV же эти грехи отнюдь не рассматривались как смертные. Беседы со знаменитостями, персонажами мультфильмов, рокерами, рэпперами, выдержки из популярных фильмов, а также интервью с людьми «из толпы» были собраны воедино, чтобы продемонстрировать текущее отношение представителей современной поп-культуры к греху. Многие из них говорили о грехе как о безусловной реальности.

— Как, гордость – это грех? — восклицает рэп-певец Куин Латифа. — Я даже не знал об этом.

Актриса Керсти Алли соглашается с ним: «Я не думаю, что гордость – грех, по-моему, это придумал какой-то идиот».

Музыкант из группы «Аэросмит» заявляет: «Похоть – это смысл моей жизни. Именно за этим я и выхожу на сцену – чтобы видеть перед собой девчонок в первых рядах».

А вот что говорит о гневе популярный исполнитель рэпа Айс-Ти: «Гнев необходим. Время от времени нужно „выпускать пар“, потому что жизнь напрягает. Мы делаем это во время записи своих пластинок. Записывая альбом „Полицейский-убийца“, мы выплескивали гнев – и полицейские тоже разозлились на нас в ответ».

— Быть жадным – хорошо, — говорит герой Майкла Дугласа в фильме «Уолл-Стрит».

И, конечно же, за всем этим неизбежно последовал призыв к психологам защищать право людей на эти грехи, играющие важную роль в самооценке человека. Айс-Ти также сказал: «Гордость необходима. Это одна из проблем городских подростков – у них отсутствует чувство гордости. Именно гордость побудила меня стать членом одной из банд».

Аналитическая статья в журнале «U.S. News & World Report» вкратце излагает основные мысли, высказанные в этой передаче:

Похоже, все говорят на языке психиатров о чувствах и самоуважении, при этом забывая о кротости и воздержании. «Гордость не грех – вы просто обязаны уважать себя». «Чувство зависти понижает вашу самооценку». Занимаясь любовью с женщиной, говорит один рок-певец, «вы начинаете уважать себя, впрочем, не уверен, обернется ли это для вас в итоге благом». Разоткровенничался даже раскаявшийся в своем поступке убийца-гомосексуалист: «Мне действительно было очень трудно простить себя».

Складывается смутное ощущение, что грех, если, конечно, он существует, является проблемой психологии. Курт Лодер, ведущий передачи, в самом начале делает такое заявление: «Семь смертных грехов – не злодеяния, а скорее, присущие каждому человеку подсознательные влечения, которые могут как тревожить нас, так и приносить удовольствие». Беседа о чревоугодии быстро переходит в разговор о пагубных пристрастиях. Именно по такому сценарию проходят обсуждения всевозможных «привязанностей» и наклонностей в психотерапевтических программах, на которых выросло целое поколение молодых людей. «Я испытываю непреодолимое влечение к моей подружке», – утверждает парень, говоря о чревоугодии. Другой заявляет, что так называемая «двенадцатиступенчатая программа самопомощи» является Божьим даром людям XXI века[112].

Кающийся гомосексуалист, о котором пишет «U.S. News», – молодой человек, убивший другого гомосексуалиста, – описывает свое раскаяние. Он хочет быть прощенным. Священник рассказал ему о возможности обрести прощение, но единственный способ убедиться в том, что Бог его простил, – самому почувствовать это. И сейчас этот парень каждый день живет с надеждой почувствовать себя прощенным!

Грех, таким образом, выводится из сферы моральных законов в область субъективных предпочтений индивидуума. Получается, что каждый из нас для себя решает, что такое хорошо и что такое плохо. Телепередача заканчивается призывом ко всем «проявлять терпение». Опасность греха, согласно MTV, заключается в наносимом им вреде человеческому эго. У аудитории складывается четкое представление, будто самый страшный грех – думать, что грех неугоден святому Богу.

> Люди обожают грешить. Они пойдут на все, чтобы оправдать и защитить свои прегрешения.

После просмотра передачи я вспомнил о том, что мы живем в мире, преданном Богом его же собственным страстям. Люди обожают грешить. Они пойдут на все, чтобы оправдать и защитить свои прегрешения.

---

[112] John Leo, «The Seven Video Sins», *US. News & World Report* (23 August 1У93), 13.

Однако в жизни христиан мирские ценности не находят своего отражения. Мы не должны оправдывать и терпеть грех. Именно грех пригвоздил нашего благословенного Господа ко кресту, где Он истек кровью и умер. Грех сделал нас врагами Божьими. Теперь, примиренные с Богом искупительной жертвой Христа, мы не желаем иметь ничего общего с прежней жизнью. Мы освободились от греха и не хотим снова оказаться его рабами. Вернуться на порочный путь для нас значило бы отвергнуть Господа. Вот что написал Его возлюбленный апостол:

> Всякий, пребывающий в Нем, не согрешает; всякий согрешающий не видел Его и не познал Его. Дети! да не обольщает вас никто. Кто делает правду, тот праведен, подобно как Он праведен. Кто делает грех, тот от диавола, потому что сначала диавол согрешил. Для сего-то и явился Сын Божий, чтобы разрушить дела диавола. Всякий, рожденный от Бога, не делает греха, потому что семя Его пребывает в нем; и он не может грешить, потому что рожден от Бога. Дети Божии и дети диавола узнаются так: всякий, не делающий правды, не есть от Бога, равно и не любящий брата своего (1 Ин. 3:6-10).

Разумеется, Иоанн говорит о тех, кто грешит намеренно и последовательно. Он описывает греховный по сути образ жизни, который не может быть присущ ни одному истинно верующему во Христа.

Можно ли преодолеть искушение?

Даже мы, христиане, постоянно подвержены искушениям. Иногда они буквально душат нас. Нужно задать следующий вопрос: действительно ли возможно совладать с искушением?

> В популярной христианской литературе говорится,
> что церковь сражается с видимыми и невидимыми
> исчадиями ада, которыми руководит грозная сила,
> стремящаяся уничтожить нас.

Как одолеть его? Имея в числе своих врагов сатану, собственную плоть и весь нечестивый мир, можно ли надеяться на успешное сопротивление греховным соблазнам? Враги наши весьма коварны и изобретательны; как нам бороться с ними? Разве время от времени нас не одолевают настолько сильные искушения, что мы даже не смеем надеяться совладать с ними? Неужели нам не выпутаться из сетей умелого искусителя, сатаны? Действительно ли наше сердце настолько лживо и порочно, что не оставляет нам ни малейшего шанса на победу? Может быть, безрассудно надеяться одолеть грех?

Давайте пойдем дальше. Имея множество примеров того, как пасторы и руководители церквей сами становятся жертвами вопиющих грехов, многие христиане задаются вопросом: возможно ли, что церковь в целом и ее лидеры в частности просто неспособны противостоять атакам греха? В самом деле, ряд согрешивших проповедников обвиняют в своем грехопадении силы зла, которым они не смогли оказать сопротивление. В популярной христианской литературе говорится, что церковь сражается с видимыми и невидимыми исчадиями ада, которыми руководит грозная сила, стремящаяся уничтожить нас. Из Писания известно, что мы действительно ведем духовный бой с невидимыми демонами (Еф. 6:12). Раз против нас выступают все силы зла, можем ли мы противостоять им? Или же мы в самом деле лишь жертвы непреодолимых искушений, справиться с которыми мы не в состоянии?

Писание дает ясный ответ на этот, да и на все остальные подобные вопросы всего одним стихом: «Вас постигло искушение не иное, как человеческое; и верен Бог, Который не попустит вам быть искушаемыми сверх сил, но при искушении даст и облегчение, так чтобы вы могли перенести» (1 Кор. 10:13).

Это определенно самое радостное и утешительное обещание из всего Писания. Никакое искушение не может быть сверх наших сил. Сатана не настолько могуществен; демоны не настолько сильны; заговор сил зла спланирован не настолько безупречно; плоть не настолько слаба; сердце человеческое не настолько порочно, чтобы нам быть беззащитными жертвами искушения.

В этом стихе указан ряд принципов, которые помогут нам понять, каким образом возможно побеждать искушения посредством понимания их природы, силы и механизмов действия.

Действие искушения

Во-первых, мы извещены о том, как искушение действует. Оно хочет одолеть нас, застигнуть врасплох и тем самым захватить над нами власть.

По-гречески библейский термин «искушение» — *peirasmos* — переводится как «испытание» или «искушение». Испытания и искушения — две стороны одной медали. Жизнь полна испытаний, и каждое из них является потенциальным искушением.

Следующий наглядный пример может помочь нам понять двойственную природу искушения. Как-то раз один приятель рассказал мне случай, который произошел с ним в крупной компании, куда он незадолго до того поступил на работу. Проработав там совсем немного, однажды вечером, после того как остальные сотрудники покинули офис, он обнаружил на своем столе забытую кем-то большую сумму

денег. Мой приятель тут же убрал деньги к себе в порт-
фель и решил: «Я непременно их верну». Он завернул ку-
пюры в бумагу и следующим утром направился прямо
к столу начальника. «Кто-то оставил эти деньги на моем
столе, — сообщил он своему боссу, — я не знаю, кто это
был, но хочу как можно скорее вернуть их законному владельцу, чтобы он не расстраивался».

Начальник заглянул ему в глаза и сказал: «Эти деньги
положил я. Это было своеобразное испытание. Ты его
выдержал».

Жизнь тоже нередко испытывает нас подобным образом. И, в зависимости от нашей реакции, такие испытания могут оборачиваться для нас искушениями.

Если бы мой знакомый забрал эти деньги домой,
пересчитал, вожделел их и оценил возможные последствия, он мог бы подумать: «Хм, а ведь никто не узнает», —
и начал бы бороться с искушением присвоить их себе.
В этом случае испытание превратилось бы в искушение.
Если сердце обольщается злом — это искушение.

Жизнь изобилует испытаниями, которые могут стать
искушениями. К примеру, если вы испытываете финансовые затруднения и говорите себе: «Я буду уповать на Бога.
Урежу свои расходы, буду жить по средствам, тщательно
планировать бюджет и сохраню верность своим христианским убеждениям. Буду обходиться меньшими средствами и уповать на Господа», — значит, вы выдержали
испытание. Но если вы скажете: «Я возьму деньги из нашей кассы, и никто об этом не узнает. Я мог бы уклониться
от уплаты налогов. Кроме того, ведь можно не отдавать
долги», — это означает, что испытание обернулось для вас
искушением, и сердце ваше было искушено злом.

Испытанием также может быть личное разочарование.
Представим себе, что человек, на которого вы возлагали

надежды, не оправдал их. Вы вольны либо смириться и продолжать любить его, несмотря ни на что, либо огорчиться и разозлиться на этого человека. Как только греховные помыслы коснулись вашего сердца, испытание превратилось для вас в искушение.

Кроме того, вас может искушать какой-нибудь недуг или неожиданное бедствие. Предположим, умер дорогой вам человек. Или расстроились ваши планы. Или вам не удалось сделать то, о чем вы долго мечтали. Возможно, перед вами возникла неразрешимая проблема. Или ваш друг подталкивает вас на противоправное действие. Из таких и подобных им испытаний состоит наша жизнь, и когда они побуждают нас поступить несправедливо, то становятся искушениями. На долю пророка Иова одновременно выпали сразу *все* эти испытания.

Иаков дает обстоятельное разъяснение по поводу того, как испытания оборачиваются искушениями. Он пишет: «С великою радостью принимайте, братия мои, когда впадаете в различные искушения, зная, что испытание вашей веры производит терпение; терпение же должно иметь совершенное действие, чтобы вы были совершенны во всей полноте, без всякого недостатка» (Иак. 1:2-4). И позже добавляет: «Блажен человек, который переносит искушение, потому что, быв испытан, он получит венец жизни, который обещал Господь любящим Его» (стих 12).

Другими словами, Бог с благими намерениями ниспосылает нам испытания. Они освящают нас, уподобляют Христу, учат терпению и ведут к духовному совершенству. Петр высказал похожую мысль: «Противостойте [диаволу] твердою верою, зная, что такие же страдания случаются и с братьями вашими в мире. Бог же всякой благодати, призвавший нас в вечную славу Свою во Христе Иисусе, Сам, по кратковременном страдании вашем, да совершит вас, да утвердит, да укрепит, да соделает непоколебимыми» (1 Пет. 5:9-10).

Бог ниспосылает нам испытания, а не искушения. Иаков также говорил: «В искушении никто не говори: Бог меня искушает; потому что Бог не искушается злом и Сам не искушает никого» (Иак. 1:13). Бог не несет ответственности за наши грехи, когда мы искушаемся злом.

Тогда как происходит искушение? «Каждый искушается, увлекаясь и обольщаясь собственною похотью; похоть же, зачав, рождает грех, а сделанный грех рождает смерть», — читаем мы в Иак. 1:14-15. Наша *собственная похоть* побуждает нас творить зло. Дары же Божьи всегда благи: «Не обманывайтесь, братия мои возлюбленные. Всякое даяние доброе и всякий дар совершенный нисходит свыше, от Отца светов,

> Бог не несет ответственности за наши грехи, когда мы искушаемся злом.

у Которого нет изменения и ни тени перемены» (стихи 16-17). Бог совершенен и неизменен. Он не может отвечать за наши *искушения*, хотя Сам ниспосылает нам *испытания*.

Ключ к успешному противостоянию искушениям — понимание их первопричины. Искушение возникает, когда мы неподобающим образом реагируем на испытание, идем на поводу у собственной похоти. Так разбрасываются семена греха, и, созревая, он приносит плод смерти. Следовательно, мы должны уметь правильно действовать во времена испытаний.

Природа искушения

Мы снова возвращаемся к замечательному обещанию, данному нам в 1 Кор. 10:13, чтобы понять истинную природу искушения: «Вас постигло искушение не иное, как человеческое», то есть искушение вполне обычное, не сверхъестественное. Оно не настолько сильно и не настолько экстраординарно, чтобы мы терялись в догадках, как с ним справиться. Испытывать искушение присуще всякому человеку. Ваши искушения ничем не отличаются от тех, которые выпадают на долю окружающих. Они одинаковы для всех. Вы сталкиваетесь с теми же самыми искушениями, что и я. У каждого из нас есть свои слабые места, в результате чего мы нередко впадаем в один и тот же грех. Кто-то более подвержен одним искушениям, кто-то — другим. Но в целом нас одолевают одни и те же соблазны.

Не без радости мы узнаем о том, что точно таким же искушениям противостоял Иисус. В Евр. 4:15 сказано, что Христос «подобно нам, искушен во всем». А из Евр. 2:17 мы узнаем, что Он «был во всем уподоблен братиям». На Его пути встречались те же самые искушения, что выпадают и на нашу долю. Вот почему Он такой милостивый и верный первосвященник. Вот почему Он сочувствует нашим немощам.

Сила искушения

Более того, Бог ограничивает силу искушений, с которыми мы сталкиваемся: «верен Бог, Который не попустит вам быть искушаемыми сверх сил» (1 Кор. 10:13). Богу известно, что вы способны вынести. Если вы христианин, знайте: Он так спланировал вашу жизнь, чтобы заключить вас в Христа навечно. Он проследит за тем, чтобы ниспосылаемое вам испытание соответствовало уровню вашего духовного развития.

Этот принцип проиллюстрирован в беседе Иисуса с одиннадцатью апостолами. Он говорил Петру: «Симон!

> Он проследит за тем, чтобы ниспосылаемое вам испытание соответствовало уровню вашего духовного развития.

Симон! се, сатана просил, чтобы сеять вас как пшеницу, но Я молился о тебе, чтобы не оскудела вера твоя» (Лк. 22:31-32). Когда Петр уверил Господа, что готов умереть за Него, Иисус ответил ему: «Говорю тебе, Петр, не пропоет петух сегодня, как ты трижды отречешься, что не знаешь Меня» (стих 34). Все произошло в точности так, как предсказал Иисус. Но оскудела ли вера Петра? Нет. Молитва Христа о Петре была услышана — Петр был полностью восстановлен в правах ученика Иисуса и даже стал главой ранней церкви.

В тот же вечер, когда наш Господь был предан Иудой, Он молился в Гефсиманском саду о Своих учениках: «Когда Я был с ними в мире, Я соблюдал их во имя Твое; тех, которых Ты дал Мне, Я сохранил, и никто из них не погиб, кроме сына погибели, да сбудется Писание» (Ин. 17:12). Говоря иначе, эти одиннадцать были постоянно хранимы и укрепляемы верховной и благодатной силой Иисуса. Только Иуде, который никогда не имел истинной веры, была дана свобода осуществить свой злой замысел.

Пока Иисус молился, Его ученики уснули (Мк. 14:37-43). Тут появились солдаты с Иудой; «Иисус же, зная все, что с Ним будет, вышел и сказал им: кого ищете? Ему отвечали: Иисуса Назорея. Иисус говорит им: это Я» (Ин. 18:4-5). Его слова произвели на солдат сильное впечатление: «они отступили назад и пали на землю» (стих 6).

Иисус снова спросил их: «Кого ищете?». Они сказали: «Иисуса Назорея» (стих 7).

Писание свидетельствует: «Иисус отвечал: Я сказал вам, что это Я; итак, если Меня ищете, оставьте их, пусть идут» (стих 8). Он заступался за Своих учеников. Христос дважды спросил воинов, за кем те пришли. После чего прямо заявил, что они ищут Его, и попросил отпустить остальных. Христос не хотел, чтобы кто-либо из одиннадцати апостолов был пленен, дабы сбылось «слово, реченное Им: из тех, которых Ты Мне дал, Я не погубил никого» (стих 9).

Из этого следует, что никто из апостолов, попав в темницу, не нашел бы достаточной духовной силы, чтобы с честью выдержать такое испытание, и мог бы поколебаться в вере. Посему Иисус сделал все, чтобы уберечь их от этого. Петр, не разобравшись, схватил меч и отсек ухо одному из слуг первосвященника (стихи 10-11). Иисус, чудесным образом исцелив несчастного, упрекнул Петра, после чего Его ученики смогли беспрепятственно удалиться (Мк. 14:50).

Иисус устроил все так, дабы на долю Его учеников не выпали непосильные испытания. Тяжелее всего пришлось Петру. Хотя он и согрешил, трижды отрекшись от Господа и даже поклявшись в этом, его вера не оскудела. Он был вынужден заглянуть в собственную душу и в ту ночь усвоил для себя весьма ценный урок. И Господь все это время поддерживал Петра.

На каком бы этапе духовного развития мы ни находились, наш Господь никогда не допустит, чтобы ниспосылаемые испытания оказались сверх наших сил. Истинный христианин не отступится от Бога. Сам Господь проследит за этим.

Более того, обо всех истинных верующих Христос молится точно так же, как Он молился об одиннадцати апостолах. «Он может всегда спасать приходящих чрез Него к Богу, *будучи всегда жив, чтобы ходатайствовать за них*» — сказано в Евр. 7:25. Господь верен. Вы не будете искушаемы сверх своих сил.

«Облегчение» от искушения

Ниспосылая нам испытания, Бог всегда предоставляет путь разрешения проблемы. У нас всегда есть выход.

Использованное в 1 Кор. 10:13 греческое слово *ekbasis*, переведенное как «облегчение», буквально означает «выход».

Вот истина, которую вы, вероятно, прежде не замечали: Павел в точности сообщает нам, в чем выражается это «облегчение». Бог «при искушении даст и облегчение, так чтобы вы могли перенести» (1 Кор. 10:13). *Выход есть*. Чтобы избежать искушения, вам надлежит перенести испытание и не поддаться искушению. С вами поступили нечестно. Вас несправедливо обвинили. И что

> Ниспосылая нам испытания, Бог всегда предоставляет путь разрешения проблемы. У нас всегда есть выход.

же? «С великою радостью» (Иак. 1:2) примите это – вот выход, или, говоря иначе, «облегчение». Зачастую мы ищем легкого пути и скорого разрешения проблемы. Но не для этого Бог посылает нам испытания. Он хочет, чтобы «терпение [имело] совершенное действие, чтобы вы были совершенны во всей полноте, без всякого недостатка» (стих 4). Согласно Божьему замыслу, испытания призваны вести нас по пути духовного взросления.

Как мы должны «терпеть»? На этот счет существует целый ряд практических советов. Я упомяну только некоторые из них.

Во-первых, *размышляйте о Слове*: «В сердце моем сокрыл я слово Твое, чтобы не грешить пред Тобою» (Пс. 118:11). Во-вторых, *молитесь*: «Не введи нас в искушение, но избавь нас от лукавого» (Мф. 6:13). Другими словами, просите Бога, чтобы испытание не стало для вас искушением. В-третьих, *противьтесь сатане и уповайте на Бога*: «Итак, покоритесь Богу; противостаньте диаволу, и убежит от вас» (Иак. 4:7).

Я мог бы привести еще много советов, но не кажется ли вам, что вы их уже слышали? Это те же самые способы умерщвления плотских дел, которые перечислены в восьмой главе. Противостоять искушениям *надлежит* путем умерщвления плотских дел.

Я упомяну еще один ключ к успешному противостоянию искушениям. Это вера. В одиннадцатой главе Послания к евреям говорится о великих воителях веры — им всем были присущи терпение до победного конца и твердость. Вот что говорит автор этого послания о Моисее: «Верою оставил он Египет, не убоявшись гнева царского, ибо он, как бы видя Невидимого, был *тверд*» (Евр. 11:27). Авель, Енох, Ной, Авраам, Сара, Исаак, Иаков, Иосиф и Раав — все они «*с терпением* [проходили] предлежащее [им] поприще» (Евр. 12:1). Автор Послания к евреям подводит такой итог:

> И что еще скажу? Недостанет мне времени, чтобы повествовать о Гедеоне, о Вараке, о Самсоне и Иеффае, о Давиде, Самуиле и [других] пророках, которые верою побеждали царства, творили правду, получали обетования, заграждали уста львов, угашали силу огня, избегали острия меча, укреплялись от немощи, были крепки на войне, прогоняли полки чужих; жены получали умерших своих воскресшими; иные же замучены были, не приняв освобождения, дабы получить лучшее воскресение; *другие испытали поругания и побои, а также узы и темницу, были побиваемы камнями, перепиливаемы, подвергаемы пытке, умирали от меча, скитались в милотях и козьих кожах, терпя недостатки, скорби, озлобления; те, которых весь мир не был достоин, скитались по пустыням и горам, по пещерам и ущельям земли* (Евр. 11:32-38).

На долю многих из этих воителей веры выпали невероятные испытания. Если *наша* вера истинна, с ее помощью мы сумеем преодолеть ниспосылаемые *нам* Господом испытания.

Если мы начинаем думать, что наши испытания чересчур тяжелы, автор Послания к евреям спешит разуверить нас в этом: «Вы еще не до крови сражались, подвизаясь против греха» (Евр. 12:4).

Теперь мы знаем эти истины. Во времена испытаний мы воспользуемся ими. Какое подспорье нашей вере – уверенность в том, что нам не будет ниспослано испытаний сверх наших сил!

А пока нам надлежит непрестанно, преданно умерщвлять плоть. Молитесь и просите Бога избавить вас от искушений. Не поддавайтесь похотливым соблазнам своей плоти. Нам надлежит повиноваться Богу в Его замысле испытывать нас, тем самым укрепляя в вере, терпении и позволяя расти духовно.

Во всякое время мы должны уповать на Христа, нашего милостивого и верного Первосвященника, Который ведает о наших немощах и сострадает им, поскольку Сам был искушен подобно нам, но без греха (Евр. 4:15).

Как должно «с терпением... проходить предлежащее нам поприще» (Евр. 12:1)? «Взирая на начальника и совершителя веры Иисуса, Который, вместо предлежавшей Ему радости, претерпел крест, пренебрег посрамление, и воссел одесную престола Божия. Помыслите о Претерпевшем такое над Собою поругание от грешников, чтобы вам не изнемочь и не ослабеть душами вашими» (Евр. 12:2-3).

Мы живем в обществе, где искушения подстерегают нас на каждом шагу. Люди прославляют грех и презирают Бога. Определенно, это не самый благополучный век. Но и в I веке христианам приходилось туго. Не забывайте: мы еще не до крови сражались.

Возможно, когда-нибудь, в одном из ниспосланных Им испытаний, мы получим увечья или даже погибнем, борясь с грехом. Если такой день настанет, мы уверены,

Он поможет нам выстоять. Тем временем мы укрепляемся в испытаниях, учимся уповать на Бога, выносить лишения и постепенно уподобляемся Христу. Какое благо знать, что благодаря Ему искушения не будут для нас непреодолимыми! Имейте нрав несребролюбивый, довольствуясь тем, что есть. Он помогает нам, дабы во время искушения мы не «отпали» (Лк. 8:13). Христос «Сам сказал: не оставлю тебя и не покину тебя, так что мы смело говорим: Господь мне помощник, и не убоюсь: что сделает мне человек?» (Евр. 13:5-6).

9

БЕРЕГИТЕ ЧИСТОТУ СВОИХ ПОМЫСЛОВ

Теперь, убедившись в чрезвычайной греховности греха, великим злом для нас будет согрешать даже в мыслях. Существует
расхожее мнение, будто мы свободны в своих мыслях. Это действительно так, с точки зрения людей, которые не могут осудить нас за них, но это может и будет делать Бог. Многие из тех,
кто блюдет чистоту своей речи и поступков, весьма вольно обращаются со своими мыслями. Таких людей называют созерца-
ющими и «помышляющими» грешниками.

Ральф Веннинг [113]

Нет более губительного для совести греха, чем тот, который
человек вынашивает в своих мыслях. Греховные помыслы
осаждают сознание как никакие другие грехи, потому что
единственная преграда на их пути – совесть. В конце концов, кто, кроме Бога и самого грешника, ведает о них? «Ибо
кто из человеков знает, что в человеке, кроме духа человеческого, живущего в нем?» (1 Кор. 2:11). Многие из тех, кто
сторонится недобрых дел, тем не менее лелеют зло в своих
помыслах. Воздерживающийся от прелюбодеяния из страха

---

[113] Ralph Venning, *The Sinfulness of Sin* (Edinburgh: Banner of Truth, 1965 reprint
of 1669 original), 224.

быть пойманным предается греховным фантазиям, думая, что никто и никогда не узнает об этом тайном грехе. Его греховные мысли могут быть в тысячу раз порочнее поступков, которые он мог бы совершить на людях. Но Писание учит нас, что даже нереализованные помыслы равносильны грехам со всеми вытекающим отсюда последствиями в виде Божьих наказаний.

> Нет более губительного для совести греха, чем тот, который человек вынашивает в своих мыслях.

Таким образом, предаваться греховным помыслам значит притеснять собственную совесть. Те, у кого мысли нечисты, имеют нечистую совесть; за греховными мыслями приходит чувство вины. Порочные мысли неминуемо оскверняют совесть. Вот почему ничто так не характеризует неверие, как порочный ум и оскверненная совесть: «Для чистых все чисто; а для оскверненных и неверных нет ничего чистого, но осквернены и ум их и совесть» (Тит. 1:15). Действительно, нет ничего более вредного для совести, чем греховные помыслы. К сожалению, однажды начав предаваться порочным мыслям, потом уже трудно остановиться. Этому греху не требуется каких-либо особых обстоятельств и условий; ум может согрешать где угодно и когда угодно. Привычка грешить в мыслях вырабатывается очень быстро.

Опасайтесь греховных помыслов

Вторгаясь в сферу ума, чувств, желаний, памяти и воображения, греховные помыслы напрямую воздействуют на душу, склоняя ее ко злу. Посеешь мысль — пожнешь поступок. Посеешь поступок — пожнешь привычку. Посеешь привычку — пожнешь характер. Посеешь характер — пожнешь судьбу. Таким образом, греховные помыслы — основа всех грехов.

Невозможно «впасть» в прелюбодеяние. Сердце прелюбодея сперва формируется под влиянием похотливых мыслей, лишь затем следует само действие. Подобным же образом сердце вора оскверняется жаждой наживы. А убийство суть плод гнева и ненависти. Всякий грех зарождается в сердце.

Иисус так говорил об этом Своим ученикам: «Исходящее из уст — *из сердца исходит* — сие оскверняет человека, ибо из сердца исходят злые помыслы, убийства, прелюбодеяния, любодеяния, кражи, лжесвидетельства, хуления — *это оскверняет человека*; а есть неумытыми руками — не оскверняет человека» (Мф. 15:18-20).

Иисус учил: истинное значение Моисеева закона заключается в том, что духовная истина воплощена во внешних обрядовых требованиях. Он принижал значение символического мытья рук и воздержания от того, что было объявлено «нечистым». Вместо этого Он подчеркивал роль моральных требований закона. Осквернение, говорил Иисус, — это не вопрос обряда или поступков; в действительности человека оскверняет зло, исходящее из его сердца. В Новом Завете термином «сердце» описывается

Вторгаясь в сферу ума, чувств, желаний, памяти и воображения, греховные помыслы напрямую воздействуют на душу, склоняя ее ко злу.

сама суть человеческой натуры — ум, воображение, привязанности, совесть и воля. «Сердце» нередко выступает синонимом «ума». Посему в этих стихах наш Господь осуждает порочность нечистых помыслов.

Снова и снова Христос упрекает фарисеев за их привередливое соблюдение обрядовых аспектов закона и пренебрежение его нравственными требованиями. Их в высшей степени заботит напускная, видимая праведность. Но вместе с тем фарисеи терпимо относятся к самым вопиющим грехам сердца человеческого. Они полагают, что никто не способен узнать их истинные помыслы. Но нашему Господу были известны их помышления (Мф. 9:4; 12:25). Он сравнивал фарисеев с окрашенными гробами, снаружи выглядящими красивыми, но полными костей и всяких нечистот внутри:

> Горе вам, книжники и фарисеи, лицемеры, что очищаете внешность чаши и блюда, между тем как внутри они полны хищения и неправды. Фарисей слепой! очисти прежде внутренность чаши и блюда, чтобы чиста была и внешность их. Горе вам, книжники и фарисеи, лицемеры, что уподобляетесь окрашенным гробам, которые снаружи кажутся красивыми, а внутри полны костей мертвых и всякой нечистоты; так и вы по наружности кажетесь людям праведными, а внутри исполнены лицемерия и беззакония (Мф. 23:25-28).

Фарисеям удалось настолько глубоко внедрить эти представления в сознание людей, что народ повсеместно придерживался мнения, будто греховные мысли не могут считаться греховными, пока не воплотились в поступки. Именно поэтому Господь в первую очередь обличал грехи сердца в Своей Нагорной проповеди:

> Вы слышали, что сказано древним: не убивай, кто же убьет, подлежит суду. А Я говорю вам, что всякий, гневающийся на брата своего напрасно, подлежит суду... Вы слышали, что сказано древним: не прелюбодействуй. А Я говорю вам, что всякий, кто смотрит на женщину с вожделением, уже прелюбодействовал с нею в сердце своем (Мф. 5:21-22, 27-28).

Каким же мыслям *надлежит* владеть нашими сердцами и умами? Какова *должна быть* глубочайшая тайна наших душ? Служение Богу:

> У тебя же, когда творишь милостыню, пусть левая рука твоя не знает, что делает правая, чтобы милостыня твоя была втайне; и Отец твой, видящий тайное, воздаст тебе явно. И, когда молишься, не будь, как лицемеры, которые любят в синагогах и на углах улиц, останавливаясь, молиться, чтобы показаться перед людьми. Истинно говорю вам, что они уже получают награду свою. Ты же, когда молишься, войди в комнату твою и, затворив дверь твою, помолись Отцу твоему, Который втайне; и Отец твой, видящий тайное, воздаст тебе явно (Мф. 6:3-6).

Таким образом, грешить в мыслях — значит осквернять святилище души.

Храните сердце свое

Сравнительно нетрудно каяться в греховных поступках, а также грехах, совершенных по неосторожности и непреднамеренно. Но грехи сердца окрашивают в черные цвета нашу душу и наносят серьезный урон нашей личности. Поскольку они оказывают непосредственное губительное воздействие на совесть и волю, успешно противостоять им — пожалуй, самая непростая задача в деле умерщвления плоти. Однако, если мы хотим добиваться положительных

> Поскольку они оказывают непосредственное губительное воздействие на совесть и волю, успешно противостоять им — пожалуй, самая непростая задача в деле умерщвления плоти.

результатов в очищении от грехов, именно в этой сфере нам надлежит со всей ненавистью обрушиваться на них. Если наши мысли будут подвергаться тлетворному влиянию мирских ценностей, то совесть непременно будет страдать от этого. Прислушиваясь и поддаваясь призывам порочного богословия и принципов самоуважения, которые предлагает нам современная психология, мы тем самым будем умерщвлять свою совесть, а не плоть. Не только похотливые, завистливые мысли и прочие «традиционные» грехи, но и помышления о целом сонме тщетных стремлений и идолах нечестивого мира являются препятствиями на пути к очищению сердца.

Ветхозаветный мудрец писал: «Больше всего хранимого храни сердце твое, потому что из него источники жизни» (Пр. 4:23).

Бог ведает о помыслах нашего сердца (Деян. 15:8). «Бог больше сердца нашего и знает все» (1 Ин. 3:20). Давид писал: «Ты разумеешь помышления мои издали... все пути мои известны Тебе. Еще нет слова на языке моем, — Ты, Господи, уже знаешь его совершенно» (Пс. 138:2-4). Почему же в таком случае мы беззаботно предаемся греховным помышлениям, которые ни за что не станем осуществлять, если знаем, что Богу известны все наши мысли? «Не взыскал ли бы сего Бог? Ибо Он знает тайны сердца» (Пс. 43:22).

Иисус говорил фарисеям: «Вы выказываете себя праведниками пред людьми, но Бог знает сердца ваши, ибо что высоко у людей, то мерзость пред Богом» (Лк. 16:15). Неужели наши помышления пред Богом менее значимы, нежели поступки перед людьми?

Более того, помышления сердца являются своего рода лакмусовой бумажкой, выявляющей суть нашей личности: «каковы мысли в душе его, таков и он» (Пр. 23:7).

«Человек лукавый, человек нечестивый... умышляет зло во всякое время» (Пр. 6:12-14). Хотите познать себя? Пристально вглядитесь в свое сердце. «Как в воде лицо – к лицу, так сердце человека – к человеку» (Пр. 27:19). Наше поведение на людях не в полной мере отражает личность; только помышления сердца истинно свидетельствуют о нас. И только совесть и Бог могут «разглядеть» наше истинное лицо.

> Более того, помышления сердца являются своего рода лакмусовой бумажкой, выявляющей суть нашей личности.

«Утешители» Иова несправедливо упрекали его в греховных помыслах. Софар был уверен, что знает истинную проблему Иова: «если сладко во рту его зло, и он таит его под языком своим, бережет и не бросает его, а держит его в устах своих» (Иов 20:12-13). Нарисованный им словесный портрет помышляющего о зле грешника соответствует истине. Для грешника соответствующие мысли подобны конфете. Он упивается воображаемыми грехами, которые придают вкус его порочным помыслам. Он смакует их, как лакомые кусочки, и раз за разом прокручивает в своем воображении. Он снова и снова возвращается к порочным фантазиям и черпает в них греховное наслаждение. Он пережевывает их, подобно корове, жующей траву, упиваясь соком греховных помышлений и непрестанно оживляя их в своей памяти.

Но Софар был неправ. Иов ревностно хранил себя от порочных и похотливых мыслей: «Завет положил я с глазами моими, чтобы не помышлять мне о девице» (Иов 31:3). Ему было известно о том, что Бог ведает о каждой его мысли: «Не видел ли Он путей моих, и не считал ли всех моих шагов? Если я ходил в суете, и если нога моя спешила на лукавство, – пусть взвесят меня на весах правды, и Бог узнает мою непорочность» (стихи 4-6). Иов утверждал, что его сердце не следовало за глазами (стих 7) и не прельщалось женщиной (стих 9). «Потому что это — преступление, это — беззаконие, подлежащее суду» (стих 11). Утаивать в груди пороки значит уподобляться в грехах первому человеку, Адаму (стих 33). Сама эта мысль была противна праведному сердцу Иова.

Совершенно ясно, что Иову была известна опасность, которую таят в себе греховные помыслы. Он сознательно и преднамеренно старался избегать подобных грехов. Иов даже предлагал Богу особую жертву на тот случай, если его дети согрешат в сердце своем: «Когда круг пиршественных дней совершался, Иов посылал за ними и освящал их и, вставая рано утром, возносил всесожжения по числу всех их [и одного тельца за грех о душах их]. Ибо говорил Иов: может быть, сыновья мои согрешили и похулили Бога в сердце своем. *Так делал Иов во все такие дни*» (Иов 1:5). Пожалуй, именно вследствие такого ревностного воздержания от греховных помыслов Бог отметил и благословил Иова особым образом: «И сказал Господь сатане... нет такого, как он, на земле: человек непорочный, справедливый, богобоязненный и удаляющийся от зла» (Иов 1:8).

Как согрешает сердце

Иов понимал то, чего никак не хотели понять фарисеи: воздержание от греховных поступков не оправдывает греховных помыслов. Похоть сама по себе уже грех, жадность же — порок. Алчность, гнев, гордость, сладострастие, зависть, недовольство, ненависть и прочие помышления порочны в не меньшей степени, чем поступки, на которые они толкают человека. Лелеять подобные мысли в сердце своем и упиваться ими — значит вдвойне грешить против

Бога, поскольку так к этим грехам прибавляется еще и грех лицемерия. Существует по меньшей мере три способа того, как согрешает наше сердце: воспоминание, обдумывание и воображение.

Грехи воспоминания. Первый способ — лелеять воспоминания о былых прегрешениях. Оживлять в памяти воспоминание о прошлом грехе — значит заново совершать тот же самый грех. Может ли истинно раскаявшийся в своем грехе черпать удовольствие в воспоминаниях о нем? Да, потому что это обусловлено порочностью сердца нашего и греховными наклонностями плоти.

Не так давно я крестил обратившегося ко Христу бывшего гомосексуалиста. Его жизнь коренным образом изменилась. Круг знакомств тоже стал другим. И он изо всех сил старался воздерживаться от образа жизни, который мог бы вернуть его на прежнюю стезю греховных поступков. Но этот человек сам признался мне, что труднее всего ему было разобраться с собственными воспоминаниями, которые всякий раз становились для него искушениями. Он мысленно предавался всевозможным сексуальным извращениям, и эти воспоминания так глубоко укоренились в его памяти, что он никак не мог избавиться от них. Даже после того как он стал христианином, сатана продолжал навязчиво напоминать ему о былой жизни. Если бы он стал лелеять эти мысли, то его греховная плоть в скором времени втянула бы его обратно в пучину разврата. Он легко возбуждался при малейшем воспоминании, неожиданно возникшем в его сознании. Всякий соответствующий звук, запах или образ тут же оживляли эти воспоминания, и ему приходилось вступать в отчаянную борьбу с искушением.

Всем нам знакомо это чувство. Грех запечатлевает себя в нашей памяти живыми образами, от которых не так-то легко избавиться. Став взрослыми, мы по-прежнему помним о грехах юности, как будто только вчера предавались им. Вероятно, именно такие воспоминания побудили Давида просить Бога: «Грехов юности моей и преступлений моих не вспоминай» (Пс. 24:7). Уж очень живы были у него эти воспоминания.

Не стоит думать, что это касается только грехов сексуального характера. Некоторые из нас лелеют воспоминания о том времени, когда они злились и изливали свой гнев. Другие предаются воспоминаниям об обмане, который не был разоблачен. Всякого рода греховные воспоминания покоятся в нашей памяти и заново становятся грехами каждый раз, когда мы думаем о них с наслаждением.

Смакование воспоминаний о былых прегрешениях суть вопиющий грех сам по себе. В Иез. 23 Господь осуждает Израиль, сравнивая его с блудницей по имени Оголива. Вот что Он говорит в ее адрес: «И она умножала блудодеяния свои, вспоминая дни молодости своей, когда блудила в земле Египетской» (стих 19).

Духовный ущерб от этого трудно переоценить. Подобные мысли ожесточают совесть. Оскверняют личность. И могут даже испортить отношения между людьми. Я разговаривал с молодыми парами, которые, прежде чем уверовать во Христа, вели распутную жизнь. Став христианами, они поженились. На первых порах им было очень трудно хранить супружескую верность, поскольку воспоминания о былых прелюбодеяниях постоянно теребили им душу.

Всю грязь и мерзости из вашего прошлого сатана стремится вложить в ваши мысли, дабы вы снова встали на неправедный путь. Вот почему порнография так губительна

Всю грязь и мерзости из вашего прошлого сатана стремится вложить в ваши мысли, дабы вы снова встали на неправедный путь.

для души. Однажды впустив в свои мысли развратный образ, очень трудно избавиться от него. Но не только явная порнография опасна с духовной точки зрения. Многие производимые в расчете на массового зрителя телепрограммы и фильмы нередко содержат образы, темы и истории, которые рождают в воображении людей греховные мысли, тем самым служа источником искушения. Поселившись в нашем сознании, пространные намеки и образы пребывают там как потенциальные искушения — стоит нам лишь вдохнуть в них жизнь силой своего воображения. Давайте следовать примеру Иова и избегать «следовать глазами» за тем, что может спровоцировать греховные помышления.

Грехи обдумывания. Второй способ совершения грехов нашим сердцем заключается в планировании прегрешений на будущее. Писание строго осуждает тех, чьи сердца нацелены на грех.

• «Нечестие беззаконного говорит в сердце моем: нет страха Божия пред глазами его, ибо он льстит себе в глазах своих, будто отыскивает беззаконие свое, чтобы возненавидеть его; слова уст его – неправда и лукавство; не хочет он вразумиться, чтобы делать добро; на ложе своем замышляет беззаконие, становится на путь недобрый, не гнушается злом» (Пс. 35:2-5).

• «Сохрани жизнь мою от страха врага; укрой меня от замысла коварных, от мятежа злодеев, которые изострили язык свой, как меч; напрягли лук свой – язвительное слово, чтобы втайне стрелять в непорочного; они внезапно стреляют в него и не боятся. Они утвердились в злом намерении, совещались скрыть сеть, говорили: кто их увидит? Изыскивают неправду, делают расследование за расследованием даже до внутренней жизни человека и до глубины сердца.

Но поразит их Бог стрелою: внезапно будут они уязв-
лены» (Пс. 63:2-8).

• «Добрый приобретает благоволение от Господа;
а человека коварного Он осудит» (Пр. 12:2).

• «Коварство – в сердце злоумышленников» (Пр. 12:20).

• «Не заблуждаются ли умышляющие зло? [не знают
милости и верности делающие зло;] но милость и верность у благомыслящих» (Пр. 14:22).

• «Мерзость пред Господом – помышления злых, слова же непорочных угодны Ему» (Пр. 15:26).

• «... ненавидит Господь... сердце, кующее злые замыслы» (Пр. 6:16-18).

• «Не ревнуй злым людям и не желай быть с ними, потому что о насилии помышляет сердце их, и о злом говорят уста их» (Пр. 24:1-2).

• «Кто замышляет сделать зло, того называют зло-
умышленником. Помысл глупости – грех, и кощунник –
мерзость для людей» (Пр. 24:8-9).

• «Ибо невежда говорит глупое, и сердце его помышляет о беззаконном, чтобы действовать лицемерно
и произносить хулу на Господа, душу голодного лишать хлеба и отнимать питье у жаждущего. У коварного и действования гибельные: он замышляет ковы,
чтобы погубить бедного словами лжи, хотя бы бедный
был и прав. А честный и мыслит о честном и твердо
стоит во всем, что честно» (Ис. 32:6-8).

Некоторые из нас любят предаваться мечтам о будущих
грехах, зле и коварных замыслах. Такие мысли распаляют
гнев, ненависть, похоть, жадность, зависть, гордость и прочие

греховные желания. Сердца таких людей полны порока, и Бог осуждает их за это.

Даже христиане по неосторожности впадают в подобные грехи. Именно об этом предупреждал Павел, наставляя верующих: «Облекитесь в Господа нашего Иисуса Христа, и попечения о плоти не превращайте в похоти» (Рим. 13:14).

Грехи воображения. Третьим видом грехов, которым предается наше сердце, являются грехи воображения. О таком грехе Иисус говорил: «Всякий, кто смотрит на женщину с вожделением, уже прелюбодействовал с нею в сердце своем» (Мф. 5:28). Вы, возможно, даже не намереваетесь осуществить подобный замысел, но Иисус говорит, что, *помыслив*, вы уже согрешили.

Планка требований поднята очень высоко, но именно на этом уровне непорочности нам надлежит оставаться, если мы хотим иметь чистую совесть. Всякий воображаемый грех наносит вред совести. Те, кто приемлет подобные грехи и для кого они вошли в привычку, являются живыми свидетельствами оскверненной и ожесточенной совести. Именно в этом вопросе совесть осуждает нас яснее всего, и именно здесь нам надлежит превыше всего блюсти ее чистоту.

Люди склонны фантазировать о своих будущих прегрешениях. Они представляют себе, как будут предаваться похоти или мстить ненавистному врагу. Они «прокручивают» в голове план ограбления, или мысленно вступают в половую связь с вожделенным объектом страсти, или воображают себя в роли мстителя, убивающего своего врага.

Но не все грехи воображения настолько порочны. Люди предаются алчным помыслам, желая выиграть в лотерею. Они силой воображения рисуют себя могущественными, богатыми и знаменитыми людьми. Они мечтают о другом спутнике жизни или сказочном отпуске; в мыслях предаются чревоугодию на роскошной пирушке.

Современное общество кишит разного рода грехами воображения. Индустрия рекламы процветает во многом благодаря призывам к подобным похотям. Индустрия развлечений в основном сосредоточена на создании образов, которые могли бы пробудить в человеке эти страсти. В результате миллионы людей живут в воображаемом мире греха.

В самом ли деле такие грехи опасны? Да, ибо они оскверняют нас (Мф. 15:18-20). Они – мерзость пред Богом: «Помысл глупости – грех» (Пр. 24:9). Всякая мысль, которой мы не чтим Бога, не превозносим Христа и не свидетельствуем о своем послушании Слову, суть грех. Алчность, основа большинства наших порочных фантазий, строго осуждается в десятой заповеди.

Нельзя относиться к такого рода грехам легкомысленно. Они служат дверью для греховных поступков. «Похоть же, зачав, рождает грех» – сказано в Иак. 1:15. А вот что в 1669 году писал пуританин Ральф Веннинг:

> Злодеяния суть потомки и дети зломыслия, ветви и плод этого корня. Мысли – первенцы души: слова же и поступки – их младшие братья. Они масло, питающее пламя, которое иначе погаснет; осуществленные грехи были вскормлены грехами задуманными. Святой Иаков говорит о мыслях как о чреве, в котором зачинается грех (Иак. 1:15)... Как Иов проклял день и место своего рождения, и чрево, выносившее его, так же и вам надлежит проклинать грех в его чреве и пресекать на корню этот нечистый росток.
>
> Порочность человека зиждется на его помыслах, укореняется и произрастает из них в виде убийства, прелюбодеяния и т.п. — все это исходит из сердца, как из чрева Троянского коня (Быт. 6:5; Мф. 12:35; 15:19). Кто-либо из вас подивится (как мы удивляемся, где зимуют стаи

птиц) этим бесчисленным стадам и стаям грехов. Другой поинтересуется, из какого уголка мира они прибывают к нам. Не стоит удивляться: все они исходят из нашего сердца — обители порока, пристанища для странствующих похотей, которые предаются в нем отнюдь не безобидным забавам. Всякий нечистый поток берет начало в этом порочном источнике, этом море греха[114].

Вот почему Давид молил Бога о помощи именно на этой, первой «линии обороны»: «Сердце чистое сотвори во мне, Боже» (Пс. 50:12). Он просил у Бога непорочной совести, которая произрастает из чистого сердца.

Помыслы и намерения сердца

Знаете ли вы, что отличает искреннего, водимого Духом, преданного, благочестивого, послушного христианина от христианина поверженного, слабого? Состояние их сердец. Они могут посещать одну и ту же церковь, участвовать в одних и тех же богослужениях и вести себя похоже, но один живет духовно плодоносной жизнью, а другой не может принести плода. Их отличают помыслы.

Однажды это отличие станет явным. Павел говорил коринфянам, что, когда придет Господь, Он «осветит скрытое во мраке и обнаружит сердечные намерения» (1 Кор. 4:5). Сам Иисус говорил нечто похожее: «Ибо нет ничего тайного, что не сделалось бы явным, ни сокровенного, что не сделалось бы известным и не обнаружилось бы» (Лк. 8:17), а также: «берегитесь закваски фарисейской, которая есть лицемерие. Нет ничего сокровенного, что не открылось бы, и тайного, чего не узнали бы» (Лк. 12:1-2).

---

[114] Там же, 227.

> Знаете ли вы, что отличает искреннего, водимого Духом,
> преданного, благочестивого, послушного христианина от
> христианина поверженного, слабого?

Молю вас пристальнее вглядываться в зеркало Слова Божьего (Иак. 1:23-24), которое «судит помышления и намерения сердечные» (Евр. 4:12). «Смой злое с сердца твоего, Иерусалим, чтобы спастись тебе: доколе будут гнездиться в тебе злочестивые мысли?» — наставлял Израиль Иеремия (Иер. 4:14). И да «очистим себя от всякой скверны плоти и духа, совершая святыню в страхе Божием» (2 Кор. 7:1).

Пленяйте послушанием всякую мысль

Как избавляться от порочных мыслей? Почти так же, как умерщвлять любой другой грех. Этот процесс включает в себя следующие шаги.

Прежде всего исповедуйте свой грех. «Да оставит нечестивый путь свой и беззаконник — помыслы свои, и да обратится к Господу, и Он помилует его, и к Богу нашему, ибо Он многомилостив» (Ис. 55:7). Если вы в мыслях предаетесь разврату, гневаетесь на кого-либо, злословите, жаждете мести, денег — чего бы то ни было, — исповедуйтесь перед Господом. Покайтесь и попросите прощения. Если исповедуем грехи наши, Он, будучи верен и праведен, простит их нам и очистит от всякой неправды (1 Ин. 1:9).

Избегайте подобных мыслей. Примите решение раз и навсегда избавиться от присущих вам греховных помыслов и начните формировать у себя новые, благочестивые привычки. Если снова будете «браться за старое», исповедуйте свой грех и с новой решимостью откажитесь от порочных помыслов. Сосредоточьтесь на чистых, праведных мыслях: «что только истинно, что честно, что справедливо, что чисто, что любезно, что достославно, что только добродетель и похвала, о том помышляйте» (Флп. 4:8). Другим словами, «настройте» свой ум на истину и праведность.

Питайтесь Словом Божьим. «В сердце моем сокрыл я слово Твое, чтобы не грешить пред Тобою» (Пс. 118:11). Слово изолирует сердце от пагубных мыслей и укрепляет его. Только научившись орудовать мечом духовным, мы будем успешно поражать плотские помышления (Еф. 6:17).

Воздерживайтесь от искушений. Не занимайтесь тем, что может вызвать у вас греховные мысли. Подобно Иову, заключите завет с глазами вашими (Иов 31:1), или с ушами, или с каким-либо иным чувством, которое сподвигает вас на порочные помышления. Противьтесь всему, что склоняет ваши мысли в сторону греха. Об этом фигурально говорил Иисус: «Если же правый глаз твой соблазняет тебя, вырви его и брось от себя, ибо лучше для тебя, чтобы погиб один из членов твоих, а не все тело твое было ввержено в геенну. И если правая твоя рука соблазняет тебя, отсеки ее и брось от себя, ибо лучше для тебя, чтобы погиб один из членов твоих, а не все тело твое было ввержено в геенну» (Мф. 5:29-30).

Возрастайте в любви к Богу. «Как люблю я закон Твой! весь день размышляю о нем», – восклицал Давид в одном из своих псалмов (Пс. 118:97). А еще через четыре стиха он говорит: «От всякого злого пути удерживаю ноги мои». Если мы будем думать о горнем, в нашем сердце не останется места для помыслов о земном (Кол. 3:2). «Ибо где сокровище ваше, там будет и сердце ваше» (Мф. 6:21) – точно так же и ваши мысли будут там, куда устремлено сердце.

Восемнадцатый псалом, эту хвалебную песнь Писанию, Давид заключил следующими словами:

Кто усмотрит погрешности свои? От тайных моих очисти меня и от умышленных удержи раба Твоего, чтобы не возобладали мною. Тогда я буду непорочен и чист от великого развращения. Да будут слова уст моих и помышление сердца моего благоугодны пред Тобою, Господи, твердыня моя и Избавитель мой! (Пс. 18:13-15).

Вот чего должен просить у Бога всякий благочестивый человек! Это также цель библейского увещевания: «любовь от чистого сердца и доброй совести и нелицемерной веры» (1 Тим. 1:5).

А каковы *ваши* помыслы и стремления?

10

ПРИОБЩЕНИЕ К ТАИНСТВУ ВЕРЫ С ЧИСТОЙ СОВЕСТЬЮ

Великое зло для любой живой души – предпочесть наименьший грех наибольшему страданию. Лучше претерпевать муки, чем пребывать в рабстве греха... Грех ужаснее любого несчастья; грех страшнее всех страданий и мук ада.

Джереми Барроуз [115]

Одна из величайших трагедий современного общества заключается в утрате представлений о вопиющей порочности греха. Пуританин Джереми Барроуз посвятил этой проблеме целую книгу под названием «Зло всех зол». Барроуз утверждает, что лучше страдать, чем грешить. Даже самый незначительный грех, говорит он, намного страшнее самого ужасного страдания. Описывая муки ада, он делает вывод, что одно-единственное греховное деяние является большим злом, нежели вечные страдания в преисподней:

Представьте, что Бог подвел вас к краю адской пропасти, и вы увидели проклятых созданий, навлекших на себя праведный гнев вечного Бога, и услышали

---

[115] Jeremiah Burroughs, *The Evil of Evils* (Ligonier, PA: Soli Deo Gloria, 1992 reprint of 1654 original), 2–3.

ужасающие крики и вопли претерпевающих невыносимые муки грешных душ. И все же я смею утверждать, что один греховный помысел страшнее всех этих вечных мучений... Воистину, если выбирать между вечными страданиями в аду и совершением лишь одного греховного деяния и если при этом мы искренне желаем угождать Богу, нам надлежит предпочесть греху муки ада[116].

Грех, подчеркивает Барроуз, противен самому Божьему естеству. Грех суть зло всех зол, источник всякого страдания, душевных мук, болезней и несчастий. В отличие от страдания, за грех Бог проклинает человека. Никто не осуждается за муки, но все осуждаемы Богом за грех. Грех развращает грешника; страдание — нет и т.д. На протяжении шестидесяти семи глав своей книги Барроуз красноречиво и убедительно доказывает и исследует порочность греха и раскрывает его суть. Данный труд по праву считается шедевром пуританской литературы, в нем продемонстрированы глубина и богатство богословской мысли английских реформаторов.

Современная же церковь, похоже, утратила всякое представление о чудовищной порочности греха. Мы оплакиваем свои страдания. Нас угнетают выпадающие на нашу долю муки. Жизненные испытания выбивают нас из седла.

> Современная же церковь, похоже, утратила всякое представление о чудовищной порочности греха.

Но так ли мы скорбим по поводу собственных грехов? Верим ли мы в то, что наименьший грех является большим злом по сравнению с жестоким

---

[116] Там же, 3.

страданием? На мой взгляд, лишь немногие из современных христиан считают грех величайшим злом.

Грех и чувство стыда

В действительности евангельские христиане в наши дни утверждают обратное. Сегодня людей больше заботит духовное *благополучие*, чем *благодеяния*. Мы полагаем, что страданий нужно избегать во что бы то ни стало. С другой стороны, с легкостью прощаем себя за грехи. В результате грех против Бога рассматривается как наименьшее из зол, если в противном случае нам грозят страдания и душевные муки. *Чувство стыда* представляется нам меньшим злом по сравнению с *грехом*, которым оно обусловлено. Именно такого образа мыслей придерживаются сторонники теории о самоуважении.

Абсолютно противоположное точке зрения Барроуза мнение высказывается в недавно прочитанной мною книге. Ее автор – преподаватель семинарии, известный своими трудами о взаимоотношениях между людьми, психологии, религии и т.п. Последняя его книга посвящена чувству стыда. Начинается она с воспоминаний автора о смерти его благочестивой матери. Умирая, она сказала ему: «Я так рада, что Господь простил все мои грехи; знаешь, ведь я была великой грешницей».

«Великой грешницей? – изумляется он на страницах своей книги. – Насколько я помню, почти всю свою жизнь она мыла полы в чужих домах, имея на шее пятерых непоседливых детей, которых каждый вечер нужно было кормить, а потом, когда наступала ночь, снова опускалась на колени... прося у Господа сил на следующий день»[117].

---

[117] Lewis B. Smedes, *Shame and Grace: Healing the Shame We Don't Deserve* (San Francisco: HarperCollins, 1993), 3–4.

Он делает вывод, что у его матери был «классический случай нездорового чувства стыда». «Меня по сей день терзает тот факт, что такая выдающаяся женщина умерла, ощущая себя никчемной грешницей, – пишет он. – Чувство стыда моей матери никоим образом не было обусловлено ее жизнью. Она просто не заслужила его»[118].

И все же этот профессор признается, что и в жизни, и в смерти его мать была «необычайно умиротворенным человеком. Милостью Божьей чувство стыда преобразилось в покой и примирение с трудностями жизни, которых она не заслужила». Очевидно, назвать себя «великой грешницей» ее побудило благочестивое и смиренное сердце. Ее скорбь была лишь отголоском того, что все мы должны ощутить, осознав природу и глубину собственной греховности (Рим. 7:24). Не совсем ясно, почему этот человек пришел к заключению, что присущее его матери чувство вины было «нездоровым» и незаслуженным[119].

В конце концов, разве сам апостол Павел не называл себя первым из грешников (1 Тим. 1:15)? Петр, пав ниц перед Господом, говорил: «Выйди от меня, Господи! потому что я человек грешный» (Лк. 5:8). Исаия, самый благочестивый человек во всем народе израильском, сказал: «Горе мне! погиб я! ибо я человек с нечистыми устами, и живу среди народа также с нечистыми устами» (Ис. 6:5). Все величайшие праведники испытывали точно такое же чувство вины.

Этот профессор утверждает, что в действительности мы не так уж порочны. Он даже говорит, что мы *заслуживаем* божественной благодати: «Если благодать Божья избавляет нас от чувства стыда, она должна внушать нам ощущение

---

[118] Там же, 4.
[119] Там же.

того, что мы достойны ее. Я полагаю, мы угодны Богу *не вопреки* своей „не-достойности", а *благодаря* нашей ценности в Его глазах»[120]. Вот в чем, по его мнению, состоит различие между «недостойным» и «достойным»: «Если на мою долю выпадает благо, это происходит потому, что я его *заслужил*. Если я достоин Божьей благодати, то только потому, что действительно *имею* огромную ценность пред лицом Бога»[121].

Сказано ли в Писании о том, что греховный человек изначально «заслуживает» Божьего благоволения? Отнюдь нет. Нигде в Библии вы не найдете даже намека на заслуженность нами Божьей благодати. Благодать и является *благом* исключительно из-за того, что ниспосылается людям, в высшей степени недостойным какого бы то ни было благоволения со стороны Бога: «когда еще мы были *немощны*... [Христос] умер за нечестивых... Христос умер за нас, когда мы были еще *грешниками*... будучи *врагами*, мы примирились с Богом смертью Сына Его» (Рим. 5:6,8,10). В этих стихах Павел подчеркивает небывалое чудо Божьей благодати, ставшей достоянием немощных, грешных, недостойных и даже презренных врагов Божьих.

Взгляните, к примеру, на покаянную молитву Даниила: «У Тебя, Господи, правда, а у нас на лицах *стыд*, как день сей, у каждого Иудея, у жителей Иерусалима и у всего Израиля, у ближних и дальних, во всех странах, куда Ты изгнал их за отступление их, с каким они отступили от Тебя. Господи! *у нас на лицах стыд, у царей наших, у князей наших и у отцов наших, потому что мы согрешили пред Тобою*» (Дан. 9:7-8). Вряд ли Даниил стал бы поддерживать сторонников богословия, призывающих людей уважать себя!

---

[120] Там же, 119.
[121] Там же, 120.

Библия просто и понятно называет грешников недостойными Божьей благодати. Блудный сын, которого Иисус привел в качестве примера кающегося грешника, признает свою недостойность (Лк. 15:21). Даже Иоанн Креститель, — по словам Самого Иисуса, величайший пророк всех времен (Мф. 11:11), — говорил о себе, что не достоин носить обувь

> Божья милость к грешникам – великая тайна. Нигде не сказано, что Бог возлюбил нас потому, что мы были достойны Его любви.

Спасителя (Мф. 3:11). «Что есть человек, что Ты помнишь его, и сын человеческий, что Ты посещаешь его?» (Пс. 8:5). Божья милость к грешникам — великая тайна. Нигде не сказано, что Бог возлюбил нас потому, что мы были достойны Его любви. Такое предположение является отголоском учения о самоуважении.

Писание говорит исключительно о Божьем величии, славе, святости, благодати и милости. Наша ценность в глазах Божьих как христиан является *плодом* Божьего благоволения, а вовсе не его *причиной*. Если бы люди по своей природе были достойны спасения, то Бог, будучи праведным, был бы вынужден спасти каждого.

Как мы уже отмечали в четвертой главе, прегрешение Адама повергло в грех весь род людской, поэтому все мы рождаемся грешниками. Стыд — это не неуместное чувство, а вполне заслуженное ощущение, возникающее при искреннем самоанализе. Людям был присущ стыд со времен первого греха (Быт. 2:25; 3:10). Иногда чувство вины возникает у нас необоснованно и даже бывает чрезмерным, — но сам стыд не следует считать чем-то незаслуженным. Среди нас нет ни одного, кто был бы «слишком праведен», чтобы не ощущать себя презренным грешником. В конце концов, все мы порочны.

К сожалению для церкви, учение о стыде сегодня пришло в упадок. Мы подменяем слова в песнопениях, дабы не называться в них «грешниками» или «червями». Мы идем на поводу у ложной теории о самоуважении, принижаем собственные грехи, избавляемся от чувства вины, выпячиваем свое «я» и жаждем высокой самооценки. Другими словами, мы умерщвляем собственную совесть. Нам ненавистно чувство стыда, каким бы оправданным оно ни было. Мы презираем покаяние, потому что оно связано с душевными муками. Мы избегаем стыда и ищем легких путей.

Грех и психология

Повсеместная увлеченность психологией в значительной мере усилила эти тенденции. Сама по себе психология враждебна библейскому вероучению о грехе, и попытки обручить Писание с психотерапией никоим образом не могут исправить ситуацию. В одном из пособий по психологии для христианских психотерапевтов под заголовком «Первородный грех» написано буквально следующее (несмотря на большой объем статьи, я решил привести ее здесь полностью, поскольку в ней раскрывается то, как психология подрывает библейское вероучение о грехе):

> Ни один авторитетный психолог не станет придерживаться древней теологической и антропологической теории о том, что грех передается из поколения в поколение. В наши дни термин «грех» употребляется в отношении сознательных и преднамеренных греховных поступков личности, которые противоречат принятым в обществе нормам морали и идеалам «нравственного» Бога. Таким образом, грех является проступком, за который человек должен нести *ответственность*.

Первородному греху, однако, присущ элемент психологической обусловленности, что подтверждается многочисленными фактами проявления человеческих слабостей за рамками сознательной ответственности.

Наследственные инстинкты, к примеру, являются средством выживания рода людского. С этой точки зрения, они аморальны и выполняют биологические функции. Вступая в конфликт с нормами поведения, они грозят человеку бедой и создают предпосылки для (преднамеренных) грехов. Прибавьте к этому всевозможные психические расстройства, возникшие в результате неблагоприятных жизненных условий в раннем возрасте, на которые индивид не мог повлиять, – и вы получите представление о существующем препятствии на пути развития личности, которое обусловлено общественным договором и называется «мораль».

Если правда, что все мы вышли из первобытного леса, обладая необходимыми средствами для выживания в кишащем опасностями мире (перепады температуры, дикие звери, наводнения, болезнетворные бактерии и т.п.), и в процессе развития общества выработали определенные нормы взаимоотношений между людьми, то легко понять, почему так непросто адаптировать необходимые для выживания в недружелюбной среде природные инстинкты к жизни в мире, где необходимо их подавлять. С биологической точки зрения, природным инстинктам свойственно «выживать», даже несмотря на обусловленные средой призывы к их нивелированию. «Первородный грех» – неудачный термин для определения естественных проступков человека, который живет в обществе, где добродетели альтруизма должны противоборствовать эгоизму. Но истина о «первородном грехе» заключается в том, что длинная история человеческого рода не прекратилась, несмотря на идеалы морали, лелеемые в постоянно развивающемся обществе. Пока существует это несоответствие (за которое ни один человек не может быть ответствен), доктрина о тернистом пути к праведности есть не что иное, как миф [122].

Обратите внимание, что с человека снимается всякая ответственность за проявления природных инстинктов, порочных желаний, греховных наклонностей, прочие «естественные проступки» — и даже вина за сам первородный грех! Единственное, за что он подлежит осуждению, — это «сознательные и преднамеренные греховные поступки личности, которые противоречат принятым в обществе нормам морали и идеалам нравственного Бога». Как далеки эти воззрения от библейских представлений! Но разве кому-нибудь есть до этого дело? Разве кто-нибудь еще помнит о том, чему учит нас Библия?

> Много лет назад Мартин Ллойд-Джонс высказал опасение по поводу стремительного «увядания» понимания опасности греха в вероучении и проповедях евангельских христиан.

Грех и церковь

Много лет назад Мартин Ллойд-Джонс высказал опасение по поводу стремительного «увядания» понимания опасности греха в вероучении и проповедях евангельских христиан. Он пишет:

---

[122] Vergilius Ferm, *A Dictionary of Pastoral Psychology* (New York: Philosophical Library, 1955), 173–174.

Имея дело с непокаянными грешниками, мы нередко говорим им: «О, не стоит так переживать о своей греховности сейчас, для этого еще будет время. Единственное, что от вас требуется, – обратиться ко Христу и уверовать в Него. Не забивайте себе голову мыслями о грехе – пока что вам этого не понять. Не обременяйте себя рассуждениями о том, ощущаете ли вы свою греховность или вину пред Богом и знаете ли вы вообще, что это такое. Просто придите ко Христу, доверьтесь Ему, – и обретете покой».

Потом, уже имея дело с новообращенными, мы снова говорим им: «Не смотрите на себя – обратите свои взоры ко Христу. Не нужно постоянно заниматься самоанализом. Поступать так неправильно, ибо именно этим вы занимались до своего обращения. Вы думали о себе и о своих поступках. Теперь вам нужно думать не себе, а о Христе». Мы полагаем, что от христиан требуется только определенная доля утешения и воодушевления, проповедование любви Божьей и Его замысла, а также кое-какие увещевания нравственного и этического характера. Таким образом, как вы понимаете, учение о грехе отходит на второй план. Мы забываем заострять на нем внимание грешников как до обращения, так и после него, и в результате этот важный аспект христианской веры остается за рамками нашего благовествования» [123].

Ныне целое поколение верующих не имеет даже смутных представлений о грехе. Любое упоминание о нем эти люди склонны расценивать как невежливость или даже грубость.

---

[123] D. Martyn Lloyd-Jones, *Sanctified Through the Truth: The Assurance of Our Salvation* (Wheaton: Crossway, 1989), 96-97.

Увлеченность «доброжелательными» церквями и «тактичным» служением только усугубляет эту проблему [124].

Грех и христиане

Нам во что бы то ни стало нужно возродить ненависть ко греху — как в церкви в целом, так в сердце каждого верующего. Наша греховность определенно не самый приятный вопрос для изучения или проповеди, но от этого никуда не деться. Этот вопрос приобретает *критическое* значение для все более склоняющейся к мирским воззрениям церкви. Мы должны рассматривать грех таким, каким он является на самом деле. Неадекватное восприятие собственной греховности чрезвычайно губительно с духовной точки зрения. Те, кто не замечает своей вопиющей греховности, ни за что не станут отказываться от греха.

> Нам во что бы то ни стало нужно возродить ненависть ко греху.

Бог явно обличает нас в грехах и приписывает каждому грешнику ответственность за его грехи. Доказательством этого является библейское вероучение о преисподней — ужасающая правда о том, что всякий проклятый Богом и непрощенный грешник обречен вечно расплачиваться за свои грехи в аду. Ответственности за свои грехи невозможно избежать, перекладывая вину на окружающих. Бог отнюдь не считает нас жертвами! Если бы мы ими были, то Он наказал бы кого-нибудь другого, только не нас самих. Каждый повинный в беззакониях грешник сполна заплатит за них своими муками в аду, так как всякий из них виновен пред Богом.

---

[124] My analysis of this movement is in John MacArthur, *Ashamed of the Gospel: When the Church Becomes Like the World* (Wheaton: Crossway, 1993).

Наша совесть не будет молчать в день суда. Она безжалостно обличит всякого грешника, напомнив о том, что только он один повинен в вечных муках, на которые обрек себя. Джон Бланшард пишет:

> В аду все будет по-другому (для тех, кто заглушал голос своей совести при жизни)... Собственная совесть станет для грешников беспощадным палачом. И ее не удастся ни заглушить, ни каким-либо другим образом утихомирить. Как писал Джон Флавел в XVII веке, «совесть, призванная быть для грешников ограничительным барьером при жизни земной, в преисподней становится для них истязающим бичом. Никакое другое качество или способность человеческой души не подходят на эту роль лучше, чем совесть. То, что раньше было центром и основой чувства вины, теперь становится центром и источником всех мук».
>
> Совесть неопровержимо убедит грешника в том, что избранный им путь жизни в итоге привел его в ад, и он оказался там исключительно по своей воле. Вдобавок она заставит грешника признать правомерность всех выдвинутых против него обвинений и законность всех его мучений, так что, говоря словами Флавела, «во всех этих страданиях не будет и тени несправедливости или ошибки». Более того, наказание получится непрекращающимся; грешник не будет иметь покоя «ни днем, ни ночью» (Отк. 14:11). Он на своем примере познает истинность Божьих слов о том, что «нечестивым... нет мира» (Ис. 48:22) [125].

---

[125] John Blanchard, *Whatever Happened to Hell?* (Durham, England: Evangelical Press, 1993), 145.

Если чувствуете, что ваша совесть умирает, вам надлежит осознать всю серьезность своего положения, покаяться, попросив у Бога чистую, здравую совесть, и преисполниться решимости навсегда оставить греховные пути.

Напоследок я хотел бы снабдить вас полезным перечнем принципов, которые помогут в этом. О многих из них мы уже говорили в этой книге, но от этого они не утратили своего значения. Возможно, данные строки станут для вас своеобразной точкой отсчета, с которой вы начнете свой путь к обретению здравой и чистой совести.

Не нужно недооценивать степень своей греховности. Определенно, это одна из основных причин, по которой люди терпимо относятся к своим грехам. Если бы они взглянули на свои грехи глазами Бога, то перестали бы грешить с присущим им безразличием. Грех противоречит праведности Бога, навлекает Его гнев, лишает нас радости и влечет за собой вечную смерть. Если бы мы осознали, что, как сказал Джереми Барроуз, самый малый грех является большим злом, чем все муки ада, мы бы перестали пренебрегать умерщвлением своих грехов. Бог дал нам Свой закон исключительно с целью сделать крайнюю порочность греха очевидной для нас (Рим. 7:13).

Примите решение перестать грешить. Торжественно поклянитесь избегать всяких грехов. Вот как это сделал автор псалмов: «Я клялся хранить праведные суды Твои, и исполню» (Пс. 118:106). Покуда вы не примете такого решения, грех будет легко вторгаться в вашу жизнь. Действительно, именно такая решимость и ревнивое сердце лежат в основе праведного образа жизни. Пока вы сознательно не решитесь на это, вам предстоит раз за разом, фигурально выражаясь, наступать на те же самые грабли — и всякий раз терпеть поражение.

В том же самом псалме есть и такие замечательные строки: «Потеку путем заповедей Твоих, когда Ты расширишь сердце мое» (Пс. 118:32). Сердца бегунов на длинные дистанции, как правило, шире, чем у обычных людей. В результате длительных тренировок, во время которых они пробегают многие километры, их сердца расширяются и начинают более эффективно качать кровь. Давид надеялся, что Бог — в духовном смысле — дарует ему сердце, которое позволит до конца пробежать избранную им дистанцию следования заповедям Божьим. Другими словами, Бог и вас почтит Своей благодатью, если вы примете решение сойти с греховного пути и встать на путь праведный.

Бдите собственную духовность. Павел говорил: «Посему, кто думает, что он стоит, берегись, чтобы не упасть» (1 Кор. 10:12). «Лукаво сердце человеческое более всего и крайне испорчено; кто узнает его?» — писал Иеремия (Иер. 17:9). Изощренные искушения собственного сердца иногда

> Нас легко обмануть; если бы не благость Бога, мы бы на каждом шагу впадали в грех.

пленяют нас в моменты наивысшего духовного расцвета. Нас легко обмануть; если бы не благость Бога, мы бы на каждом шагу впадали в грех. Взыскивайте Божью благодать и не надейтесь на свою плоть (Флп. 3:3).

Искореняйте в себе первые ростки греховного желания. «Похоть же, зачав, рождает грех, а сделанный грех рождает смерть» (Иак. 1:15). Грех нужно умерщвлять в момент его зачатия, а не после того, как он родится и заживет своей жизнью. При первых похотливых позывах тут же покончите с этой мыслью, пока она не окрепла и не принесла дьявольское потомство.

Размышляйте о Слове. «Уста праведника изрекают премудрость, и язык его произносит правду. *Закон Бога его в сердце у него; не поколеблются стопы его*» (Пс. 36:30-31). Когда нашим сердцем руководит Слово, наши шаги тверды. Слово

Божье заполняет собой сердце и владеет нашими мыслями — это помогает душе справляться с искушениями. Писание выступает в роли мощного сдерживающего средства в сердце, исполненном библейских истин.

Незамедлительно кайтесь в своих прегрешениях. В Писании сказано, что, после того как Петр впал в великий грех, трижды предав Христа, он, «выйдя вон, плакал горько» (Мф. 26:75). Мы ужасаемся его греху, но восторгаемся незамедлительностью его раскаяния. Не исповеданный грех оскверняет и ожесточает совесть: «Если исповедуем грехи наши, то Он, будучи верен и праведен, простит нам грехи наши и очистит нас от всякой неправды» (1 Ин. 1:9). Исповедуя свой грех, называйте его. Пусть ухо ваше слышит, в каком именно грехе вы раскаиваетесь. Это один из способов совершенствовать степень своей ответственности перед Богом и избегать одних и тех же грехов. Если вы не называете своего греха, вполне возможно, что в душе вы желаете снова предаться ему.

Непрестанно бодрствуйте и молитесь. Перечислив духовное оружие ефесян в начале шестой главы своего послания, Павел далее пишет: «Всякою молитвою и прошением молитесь во всякое время духом, и старайтесь о сем самом со всяким постоянством» (Еф. 6:18). А вот что он говорит колоссянам: «Будьте постоянны в молитве, бодрствуя в ней с благодарением» (Кол. 4:2). Сам Иисус говорил: «Бодрствуйте и молитесь, чтобы не впасть в искушение: дух бодр, плоть же немощна» (Мф. 26:41).

Тесно общайтесь с другими верующими. Все мы противимся одним и тем же искушениям (1 Кор. 10:13). Вот почему Павел писал галатам: «Носите бремена друг друга, и таким образом исполните закон Христов» (Гал. 6:2). Мы нуждаемся друг в друге. Способны ли мы удержать ближнего от греха? Не всегда. Но мы можем ободрять и наставлять друг друга (Евр. 3:13; 1 Фес. 5:11). Мы можем поощрять друг друга «к любви и добрым делам» (Евр. 10:24). И «если и впадет человек в какое согрешение, вы, духовные, исправляйте такового в духе кротости, наблюдая каждый за собою, чтобы не быть искушенным» (Гал. 6:1).

Это одна из целей основания церкви. Нам надлежит с любовью обличать братьев, которые грешат (Мф. 18:15-17), любить и служить друг другу. Все это вкупе призвано помочь умерщвлять присущие каждому из нас грехи.

Грех и Бог

Не забывайте о том, что Бог ненавидит грех и именно из-за наших грехов был распят Его возлюбленный Сын. Его чистые очи не одобряют злодеяний (Авв. 1:13). Не забывайте об идеале, к которому Он призывает и нас, а именно к Своей совершенной праведности.

Достигнем ли мы этой цели? Он обещает, что такое непременно произойдет, хотя и не при этой жизни. «Ибо кого Он предузнал, тем и предопределил быть подобными образу Сына Своего» (Рим. 8:29). Мы уже «преображаемся в тот же образ от славы в славу, как от Господня Духа» (2 Кор. 3:18). И мы «знаем... что, когда [Он] откроется, будем подобны Ему, потому что увидим Его, как Он есть» (1 Ин. 3:2). «А кого Он предопределил, тех и призвал, а кого призвал, тех и оправдал; а кого оправдал, тех и прославил» (Рим. 8:30).

А пока мы не должны отчаиваться и опускать руки. Ни на шаг не отступайте в борьбе с грехом и искушением. И превыше всего прочего блюдите чистоту и непорочность своей совести.

И делом правды будет мир, и плодом правосудия – спокойствие и безопасность вовеки (Ис. 32:17).

Приложение 1

ПОБЕЖДАЯ ГРЕХ –
ПОДРОБНЫЙ АНАЛИЗ ПОСЛАНИЯ К РИМЛЯНАМ 6

Мы ни в коем случае не должны думать, что чудесная благодать Божья дает нам право грешить и поощряет греховный образ жизни... «Оставаться ли нам в грехе, чтобы умножилась благодать?» – вопрошает Павел. «Никак, – сам же отвечает он. – Мы умерли для греха: как же нам жить в нем?» (Рим. 6:1-2).

Вот почему так важна развязка истории об Иисусе и уличенной в прелюбодеянии женщине, хотя о ней нередко забывают. Простив ее, Иисус добавил: «Иди и впредь не греши». Это неотъемлемое следствие прощения... Обретя спасение, мы должны перестать грешить.

В то же время нам надлежит быть благодарными Иисусу за Его слова, ибо Он не сказал: «Впредь не греши, и Я не осужу тебя». Если бы Он сказал это, была бы у нас надежда на спасение? Проблема заключается именно в нашей греховности. Прощение было бы невозможно, если бы его непременным условием был отказ от греховного образа жизни. Но Иисус говорит обратное. Во-первых, Он дарует прощение безвозмездно, вне зависимости от нашего дальнейшего поведения. Мы обретаем прошение исключительно благодаря Его искупительной жертве. Уже простив нас, Иисус велит нам перестать грешить.

Джеймс М. Бойс[126]

---

[126] James M. Boice, *Amazing Grace* (Wheaton: Tyndale, 1993), 41-42.

Иисус пришел к умершему Лазарю спустя четыре дня после его смерти. Несмотря на Свою любовь к Лазарю и его семье, Он намеренно задержался, дабы явить славу Божью посредством небывалого чуда, которое должно было продемонстрировать Его власть над смертью. Мария и Марфа, сестры Лазаря, знали, что, приди Иисус раньше, Он смог бы исцелить его (Ин. 11:21,32). Но Иисус выжидал, поскольку хотел, чтобы они осознали Его могущество и уверовали в Него.

Он направился ко гробу Лазаря, которым служила пещера, затворенная камнем, и велел скорбящим друзьям и родственникам убрать камень. Желая предостеречь Иисуса, Марфа сказала Ему: «Господи! уже смердит; ибо четыре дня, как он во гробе» (Ин. 11:39).

Тем не менее Иисус громко позвал усопшего: «Лазарь! иди вон» (стих 43).

То, что увидели собравшиеся у гроба, могло бы вызвать у них смех, если бы не поразило их до глубины души. Из пещеры показался Лазарь, «обвитый по рукам и ногам погребальными пеленами, и лицо его обвязано было платком». Он был похож на мумию, – но живой!

«Развяжите его, пусть идет», – велел Иисус (Ин. 11:44). Пока Лазарь был завернут в посмертные одежды, аура смерти витала вокруг него и не давала ощутить биение новой жизни.

История о Лазаре наглядно демонстрирует затруднительное положение, в котором пребывают верующие. Мы воскрешены к обновленной жизни (Рим. 6:4). И «по внутреннему человеку [находим] удовольствие в законе Божием» (Рим. 7:22). Но мы не можем делать то, что хотели бы (Гал. 5:17). «желание добра есть [в нас], но чтобы сделать оное, того не [находим]» (Рим. 7:18). Мы порабощены остатками тех самых грехов, от которых были избавлены (стих 22). Можно сказать, что мы по-прежнему обвиты по рукам и ногам погребальными пеленами. В данном приложении наша ситуация сравнивается с положением Лазаря — так же как и ему, нам надлежит избавиться от смрадных одежд греха. Ниже будут приведены наставления Павла (из шестой главы Послания к римлянам) касательно освобождения от греха, которое включает в себя знание, почитание, предоставление (себя Богу), послушание и служение.

Господь очищает нас, но мы продолжаем «смердеть»

И все же между нашей ситуацией и воскрешением Лазаря существует важное различие. С него погребальные одежды пали незамедлительно. Это был обыкновенный саван. К счастью, последствия смерти — например зловоние, которого так опасалась Марфа, — не пребыли на Лазаре, после того как он покинул гроб.

Однако наша ситуация не может быть разрешена столь быстро. Нас окутывает не просто саван, но «живой труп», названный Павлом «телом смерти» (Рим. 7:24). Это плотская греховность, омрачающая нашу новую жизнь на земле. Она отравляет духовную атмосферу, окутывая нас едким зловонием греха.

> Ожидая этого окончательного избавления от греха, мы не должны жить так, как жили раньше, пребывая в его власти.

И хотя ее жестокое иго более не довлеет над нами, она будет продолжать досаждать нам искушениями, муками и скорбями до тех пор, пока Господь не вознесет нас на небо.

Именно поэтому мы «в себе стенаем, ожидая усыновления, искупления тела нашего» (Рим. 8:23).

Ожидая этого окончательного избавления от греха, мы не должны жить так, как жили раньше, пребывая в его власти.

Грех повержен. Наш «ветхий человек» распят, «дабы нам не быть уже рабами греху» (Рим. 6:6).

Не стоит думать, что в этом стихе использовано будущее время. Оборот «не быть» отнюдь не подразумевает, что избавление от абсолютной власти греха ожидает нас в *будущем*. Павел говорит так, потому что наш «ветхий человек» уже мертв, и освобождение от греха – *реальность*. Чуть ниже он ясно заявляет, что таково положение всякого истинного верующего: «Благодарение Богу, что вы, быв прежде рабами греха, от сердца стали послушны тому образу учения, которому предали себя. *Освободившись же от греха, вы стали рабами праведности*» (Рим. 6:17-18). Он снова подчеркивает эту мысль в 22-м стихе: «Но ныне, когда вы освободились от греха и стали рабами Богу, плод ваш есть святость, а конец – жизнь вечная». «Умерший [с Христом и оединившийся с Ним] освободился от греха» (стих 7). Таким образом, избавление от греха является уже *свершившимся фактом*.

Как мы уже не раз отмечали, Павел не предполагает наличия у христиан абсолютной праведности – и даже не говорит о такой возможности при жизни. Он заявляет, что грех перестал быть для христианина насущной проблемой. По его словам, все верующие избавлены от безраздельного господства греха.

Мы способны воспользоваться этой свободой на практике. И можем сделать так, чтобы в нашей жизни отражалось наше новое естество. Нам надлежит избавляться от плотских наклонностей через умерщвление плотских дел. Давайте поближе познакомимся с шестой главой Послания к римлянам и перечислим практические средства, с помощью которых мы можем умерщвлять остатки греха.

Знание

В деле умерщвления греховной плоти первостепенное значение имеет знание. «Неужели не *знаете?*..» — спрашивает Павел в самом начале своего обращения к верующим. Возрастание в праведности и благочестивый образ жизни зиждутся на духовных принципах, которые мы должны *познать*, прежде чем они принесут нам пользу.

Обратите внимание, насколько часто в этих стихах Павел использует глагол «знать» и его формы: «Неужели не *знаете*, что все мы, крестившиеся во Христа Иисуса, в смерть Его крестились?» (Рим. 6:3). «*Зная* то, что ветхий наш человек распят с Ним, чтобы упразднено было тело греховное, дабы нам не быть уже рабами греху» (стих 6). «*Зная*, что Христос, воскреснув из мертвых, уже не умирает: смерть уже не имеет над Ним власти» (стих 9). «Неужели вы не *знаете*, что, кому вы отдаете себя в рабы для послушания, того вы и рабы, кому повинуетесь» (стих 16). «Разве вы не *знаете*, братия... что закон имеет власть над человеком, пока он жив?» (Рим. 7:1; см. также стихи 7,14,18).

В некоторых кругах существует тенденция чернить знание и превозносить страсть, мистику, братскую любовь, слепую веру и т.д. Христианское вероучение нередко противопоставляется практическому христианству. Игнорируется истина и воспевается «гармония». Высмеиваются знания и превозносятся чувства. Презирается понимание и поощряется доверчивость. Все это препятствует духовному взрослению, в основе которого должно лежать здравое вероучение (см. Тит. 1:6-9).

Разумеется, знание само по себе не является добродетелью. Если «кто разумеет делать добро и не делает, тому грех» (Иак. 4:17). Знание без любви развращает личность: «знание надмевает [делает надменным], а любовь назидает» (1 Кор. 8:1). Знание без послушания ожесточает сердце: «Ибо если мы, получив познание истины, произвольно грешим, то не остается более жертвы за грехи» (Евр. 10:26). Знание, не облагороженное другими добродетелями, может быть вредно: «Ибо если кто-нибудь увидит, что ты, имея знание, сидишь за столом в капище, то совесть его, как немощного, не расположит ли и его есть идоложертвенное? И от знания твоего погибнет немощный брат, за которого умер Христос» (1 Кор. 8:10-11).

Но еще губительнее *отсутствие* знания. Израильтяне отвергли Христа, ибо имели ревность без знания (Рим. 10:2). Пророк Осия засвидетельствовал упреки Господа в адрес духовных вождей Израиля: «Истреблен будет народ Мой за недостаток ведения: так как ты отверг ведение, то и Я отвергну тебя от священнодействия предо Мною; и как ты забыл закон Бога твоего, то и Я забуду детей твоих» (Ос. 4:6). «Израиль не знает [Меня], народ Мой не разумеет», – писал Исаия (Ис. 1:3).

В основе духовного роста лежит *знание истины*. Здравое вероучение имеет решающее значение для духовной жизни (см. Тит. 2:1). Павел писал колоссянам, что новая жизнь открывает путь к истинному знанию (Кол. 3:10). Знание является первоосновой нашей новой жизни во Христе. Вся жизнь христианина основывается на знании божественных принципов, здравом учении и библейских истинах. Отрицающие знание тем самым отвергают основные принципы, духовного роста и здоровья, а также делают себя уязвимыми для сонма духовных врагов.

Как говорил Павел в Рим. 6, если мы хотим побеждать грех, то должны начать с познания истины. Что именно надлежит нам знать? Свое новое положение во Христе: «Зная то, что ветхий наш человек распят с Ним, чтобы упразднено было тело греховное, дабы нам не быть уже рабами греху; ибо умерший освободился от греха» (Рим. 6:6-7). Мы должны понимать истины, о которых говорилось в этой книге: мы соединены со Христом в Его смерти и воскресении, а посему освободились от былого рабства греха.

Почитание

Хорошо, — можете подумать вы. — *Теперь я знаю эти истины. Но, подобно Павлу, я по-прежнему не могу избавиться от влияния греха. Что мне делать?* Павел наставляет нас: «Вы почитайте себя мертвыми для греха, живыми же для Бога во Христе Иисусе, Господе нашем» (Рим. 6:11). Слово, переведенное здесь как «почитать», в оригинале выглядит как *logizomai*, что буквально означает причислять, считать». Это же слово Иисус употребляет, цитируя Ис. 53:12: «к злодеям причтен» (Лк. 22:37).

«Почитать» в данном контексте означает «причислять». Таким образом, наша вера из области знаний перемещается в область практических действий. Павел имеет в виду, что наше единение со Христом должно представлять из себя нечто большее, чем просто теоретическое знание. Нам надлежит рассчитывать на него, считать его свершившейся реальностью — и поступать соответствующим образом, «вы почитайте себя мертвыми для греха, живыми же для Бога во Христе Иисусе, Господе нашем. Итак да не царствует грех в смертном вашем теле, чтобы вам повиноваться ему в похотях его» (Рим. 6:11-12).

> Мы должны почитать себя мертвыми для греха и живыми для Бога. Нельзя жить так, будто «ветхий человек» по-прежнему управляет нами.

Почитать своего «ветхого человека» мертвым довольно трудно. Наш опыт зачастую противоречит истине, пребывающей в сердце. Мы свободны от власти греха, но наши ежедневные сражения с грехом нередко напоминают былое рабство. Как бы то ни было, мы должны почитать себя мертвыми для греха и живыми для Бога. Нельзя жить так, будто «ветхий человек» по-прежнему управляет нами.

Может сложиться впечатление, что совет Павла имеет нечто общее с современной идеологией «позитивного мышления» и культом самоуважения. Но Павел не учит нас «играм разума». Он не советует нам убеждать самих себя в чем-то неистинном. Апостол не побуждает нас в уме возноситься до такого уровня духовного развития, которого мы на самом деле еще не достигли. Он не наставляет нас отказываться от рационального мышления и мечтать о чем-то еще не осуществившемся.

Как раз наоборот, Павел утверждает абсолютную истинность единения верующего со Христом и уверяет нас в возможности жить в свете этой истины. Наш «ветхий человек» *мертв.* Слово Божье учит нас этому. Нам надлежит принимать сказанное как истину.

Многие христиане не способны на такое. Они продолжают считать себя беспомощными рабами греха. Их учили, что старое естество по-прежнему имеет над ними власть. Они не понимают, что Христос разрушил господство греха, и поэтому не могут побеждать грех. Они не почитают себя воистину мертвыми для греха.

Именно по этой причине я выступаю противником представлений о двойственной природе, получивших широкое распространение благодаря изданию, озаглавленному как «Библейский указатель Скофилда». Поскольку в среде современных евангельских христиан Америки преобладают подобные воззрения, полезно будет познакомиться с этим учением поближе.

Скофилд полагает, что у каждого христианина существуют два естества — «ветхое, или Адамово, и Божественное, полученное в результате рождения свыше»[127]. Это равновеликие, но противоборствующие сущности. Ветхое Адамово естество — с его любовью к греху, абсолютной развращенностью, греховными наклонностями и неспособностью любить Бога и творить добро — все еще живо и обладает силой. Новое божественное естество дается исключительно верующему и, будучи однажды вменено ему, борется с естеством ветхим за право властвовать над человеком. Следовательно, согласно данному воззрению, всякий христианин вынужден противоборствовать своему ветхому греховному естеству, но при этом он является обладателем нового, божественного естества. Это похоже на своего рода духовную шизофрению (раздвоение личности). Обращение рассматривается не как *преображение* личности, а как некий «*довесок*» к новому естеству.

Вот что пишет об этом духовном дуализме один из приверженцев учения Скофилда:

> Когда в сердце верующего рождается «новый человек», «человек ветхий» отнюдь не умирает. Он продолжает активно действовать. Таким образом, существуют два диаметрально противоположных естества, борющихся за обладание одним и тем же телом, подобно тому как два совладельца оспаривают право на один и тот же доходный дом... Нужно помнить, что мы не в состоянии избавиться от «ветхого естества», пока не умрет наше плотское тело[128].

Такой дуализм неизбежно сдерживает духовный рост христиан. В конце концов, если ветхая природа по-прежнему

---

[127] C. I. Scofield, *The Scofield Reference Bible* (New York: Oxford, 1917), 1200.
[128] Clarence Larkin, *Rightly Dividing the Truth* (Philadelphia: Larkin Estate, n.d.), 210–211.

> Некоторые даже оправдывают свои грехи, ссылаясь
> на теорию о двойственном естестве. «В нас грешит
> ветхая природа» – заявляют они, тем самым снимая
> с себя всякую ответственность.

жива и сильна в нас, как можем мы считать себя умершими для греха и в то же время живыми для Бога? В самом деле, было бы довольно опасно почитать «ветхого человека» мертвым, если он все так же «активно действует».

Сторонникам теории о двойственной природе весьма трудно понять значение Рим. 6:11. Веря, что греховная сущность все еще пребывает в нас, они просто не в состоянии признать себя мертвыми для греха. Они не могут считать «ветхого человека» распятым со Христом и верить в то, что греховное тело утратило свою власть. Это становится очевидным, если почитать их труды. Тот же автор, которого я цитировал выше, пишет: «Не нужно забывать, что пока мы лишаем жизненных сил «ветхого человека», делая его немощным, бездеятельным и считая мертвым, в действительности он *жив*, и если мы снова начнем «подкармливать» его, то он может вновь исполниться сил и стать для нас источником бедствий»[129]. Данная цитата наглядно показывает, почему приверженцы дуализма не смеют считать своего «ветхого человека» мертвым. Их система взглядов подсказывает, что «ветхий человек» еще не умер, а посему те, кто считает его мертвым, боятся оказаться в плену собственных предубеждений.

Некоторые даже оправдывают свои грехи, ссылаясь на теорию о двойственном естестве. «В нас грешит ветхая природа», — заявляют они, тем самым снимая с себя всякую ответственность. Такие представления губительно сказываются

---

[129] Там же (курсив как в оригинале).

на совести и являются серьезной помехой духовному росту. Они исключают личную ответственность человека, вследствие чего заглушают глас совести.

Более двух веков назад Р. Л. Дабни обличал ранние формы теории о двойственном естестве. Он называл это учение «противоречивым»:

> Если вы верите, что в вас обитают два «человека», или два «естества», тогда для вас будет весьма соблазнительным оспаривать ответственность «нового» человека за деяния человека «ветхого». Это губительное отрицание… И если ветхое естество не утрачивает своей силы до самой смерти, тогда наличие и даже сам ужасающий факт пребывания в душе греха несомненно заставит верующего задуматься, насколько истинна его вера. Можно ли отрицать опасность мирского успокоения во грехе? Насколько разнится это с библейскими строками из Иак. 2:18: «покажи мне веру твою без дел твоих, а я покажу тебе веру мою из дел моих». Теперь, если кто-либо из числа исповеданных верующих сочтет «ветхого человека» в себе по-прежнему исполненным сил, – то вот доказательство того, что он так и не «облачился в нового человека» [130].

Писание не поддерживает духовный дуализм. В Рим. 6:6 ясно сказано, что наш «ветхий человек» распят со Христом. Человека, которым мы были до обращения ко Христу, больше не существует. Тирания греха упразднена. Наше естество *изменилось*, преобразилось. Мы – «новые твари», а вовсе не «старые» с новыми чертами характера. У нас новое

---

[130] R. L. Dabney, *Systematic Theology* (Edinburgh: Banner of Truth, 1985 reprint of 1878 edition), 677.

сердце — не «обновленное», а совершенно новое. Ведь именно это обещано нам в Новом Завете: «И дам вам сердце новое, и дух новый дам вам; и *возьму из плоти вашей сердце каменное*, и дам вам сердце плотяное» (Иез. 36:26). И у этого нового сердца есть *совесть*, обладающая способностью осуждать нас.

Вы можете положиться на нее. Почитайте наличие у вас нового сердца свершившимся актом.

«Предоставление» себя Богу

«Предоставьте» — вот еще одно ключевое слово в нашем стремлении обрести свободу от греха: «Итак, да не царствует грех в смертном вашем теле, чтобы вам повиноваться ему в похотях его; и не предавайте членов ваших греху в орудия неправды, но представьте себя Богу, как оживших из мертвых, и члены ваши Богу в орудия праведности» (Рим. 6:12-13).

Как уже неоднократно отмечалось, грех более не довлеет над христианами. Наконец-то мы можем сказать греховным искушениям решительное «нет». Мы избавлены от власти греха. До рождения свыше такой возможности у нас не было. Теперь же грех ни в коей мере не властен над нами.

Однако он по-прежнему может обманывать, угрожать, запугивать и использовать всевозможные уловки, для того чтобы искушать нас. Будучи повергнутым и побежденным, он не был уничтожен полностью. Он все еще представляет для нас опасность. Грех так просто не сдается. Он терзает и мучает нас. Свирепствует и буйствует. *Но уже не господствует над нами*, посему нам вовсе не обязательно поддаваться ему.

Мы должны предоставить себя новому Господу, «представьте себя Богу, как оживших из мертвых, и члены ваши Богу в орудия праведности» (Рим. 6:13). «Предоставление», к которому призывают нас эти строки, суть сознательное, деятельное подчинение всех наших членов Богу в качестве орудий праведности. Другими словами, теперь мы вольны использовать во имя прославления Бога те же самые свои способности, что некогда были подчинены греху.

Обратите внимание, что Павел говорит о «смертном теле» (Рим. 6:12) и наших «членах» (стих 13). Он подразумевает не только смертное тело и его физические члены, но говорит о способностях души, таких как ум, чувства, воображение, стремления и воля. В Кол. 3:5 поясняется, что именно имеет в виду Павел: «Итак, умертвите земные члены ваши: блуд, нечистоту, страсть, злую похоть и любостяжание, которое есть идолослужение». В данном стихе термин «члены» определенно не относится к физическим членам тела. Под ним подразумеваются способности и дары «сокровенного сердца человека» (см. 1 Пет. 3:4).

В нашем понимании слова *плоть*, *члены* и *тело* относятся исключительно к физическим составляющим человеческого существа. Мы противопоставляем им такие термины, как *сердце*, *душа* и *ум*, которые у нас ассоциируются с нематериальной, или духовной, стороной нашего существа. Но в Писании слово «тело» часто упоминается по отношению ко всему человеку — как к его материальной, так и духовной сущности, — и при этом не проводится никаких различий между телом и душой. Иаков писал: «И язык... оскверняет все тело» (Иак. 3:6) — то есть пагубно влияет на всего человека. Иисус говорил: «Светильник для тела есть око. Итак, если око твое будет чисто, то все тело твое будет светло; если же око твое будет худо, то все тело твое будет темно. Итак, если свет, который в тебе, тьма, то какова же тьма?» (Мф. 6:22-23). «Если же тело твое все светло и не имеет ни одной темной части, то будет светло все так, как бы светильник освещал тебя сиянием» (Лк. 11:36). В этих стихах выражение «все тело твое» относится к смертному человеку и его душе, — то есть ко *всему человеку*, а не только к смешению плоти и крови.

В том же значении в Рим. 6 и 7 Павел употребляет термины «тело» и «члены», описывая ими всего человека, которому еще только предстоит быть вознесенным на небо, — его тело, ум, чувства и волю, а не только физические аспекты человеческого существа.

В некоторых местах Писания трудно понять смысл ряда слов. К примеру, Павел пишет: «Ибо по внутреннему человеку нахожу удовольствие в законе Божием; но в членах моих вижу иной закон, противоборствующий закону ума моего и делающий меня пленником закона греховного, находящегося в членах моих» (Рим. 7:22-23). Складывается впечатление, что здесь он противопоставляет «внутреннего человека» физическому телу, тем самым будто бы утверждая, что его плоть и кровь противоборствуют уму. Некоторые читатели ошибочно полагают, что тут Павел называет ум благом, а плоть — злом. Такого рода дуализм исповедовали еретики гностического толка. Но совсем не это имеет в виду Павел. Он просто говорит, что его смертные члены — включая тело, страсти, пристрастия, чувства и в некоторой степени даже ум — пребывают в состоянии конфликта с его «внутренним человеком» — новым, животрепещущим, ниспосланным Духом принципом праведности, благодаря которому он полюбил и принял в сердце закон Божий. Апостол использует выражения «члены» и «внутренний человек» в качестве удобных сокращений, дабы показать контраст между плотским и духовным, «новым» человеком.

Наша смертная составляющая — «смертное тело», как называет его Павел, — является единственной целью для атак греха. Грех не может поработить наши бессмертные души. Когда-нибудь наша смертная сущность — тело и сознание —

будет «поглощено... жизнью» (2 Кор. 5:4). Тленное перейдет в нетление (1 Кор. 15:53-54). Именно этого мы так ждем: «искупления тела нашего» (Рим. 8:23). «Мы ожидаем... Спасителя, Господа нашего Иисуса Христа, Который уничиженное тело наше преобразит так, что оно будет сообразно славному телу Его» (Флп. 3:20-21). После этого, и только после этого, мы будем навеки недоступны для греха. Но пока мы живем на земле и находимся в своем обычном состоянии, мы подвержены атакам греха.

Это наше тело, и все его составляющие по-прежнему уязвимы для ловушек греха. Мы ведем продолжительную борьбу с грехом в своих смертных телах и сердцах (умах). Мы не должны предавать «членов [своих] греху в орудия неправды» (Рим. 6:13). Наоборот, нам надлежит представлять «тела [наши] в жертву живую, святую, благоугодную Богу, для разумного служения» (Рим. 12:1). Мы обязаны представлять «себя Богу, как оживших из мертвых, и члены [наши] Богу в орудия праведности» (Рим. 6:13).

В этом месте Павел дает славное обещание: «Грех не должен над вами господствовать, ибо вы не под законом, но под благодатью» (Рим. 6:14). Мы свободны от обвинений в грехе, потому что уже оправданы перед Богом. Благодать также избавляет от господства греха, дабы мы становились «рабами праведности» (стих 18) — и слушались своего нового Господа.

> «Грех не должен над вами господствовать, ибо вы не под законом, но под благодатью» (Рим. 6:14).

Послушание

Цель божественной благодати – освобождать нас от греха, дабы «нам ходить в обновленной жизни» (Рим. 6:4). Благодать выражается не только в прощении наших грехов или возможности беспрепятственно попасть на небо. Благодать определенно избавляет нас от ига греха. Спасенные благодатью, «мы – Его творение, созданы во Христе Иисусе на добрые дела, которые Бог предназначил нам исполнять» (Еф. 2:10). Благодать научает «нас, чтобы мы, отвергнув нечестие и мирские похоти, целомудренно, праведно и благочестиво жили в нынешнем веке» (Тит. 2:12). Христос предал Себя за нас, «чтобы избавить нас от всякого беззакония и очистить Себе народ особенный, ревностный к добрым делам» (Тит. 2:14).

Однако, как нам представляется, всегда были те, кто порочит Божью благодать, превращая ее в похоть (см. Иуд. 4). Они воспринимают благодать как абсолютную свободу, «будучи сами рабы тления» (2 Пет. 2:19), тем самым отвергая благодать Божью (см. Гал. 2:21).

«Истинная благодать Божия» (см. 1 Пет. 5:12) не снимает с нас моральных ограничений. Благодать не наделяет нас правом грешить. Как раз наоборот, она дарует верующему *свободу* от греха. Она избавляет нас от меча закона и кары за грех, а также от безраздельного владычества греха. Благодать дает нам возможность слушаться Бога.

Предвидя мысли тех, кто имеет неверные представления о Божьей благодати, Павел снова задает вопрос из Рим. 6:1: «Что же? станем ли грешить, потому что мы не под законом, а под благодатью?». И с чувством отвечает: «Никак» (Рим. 6:15).

Отвергая возражения, он взывает к здравому смыслу: «Неужели вы не знаете, что кому вы отдаете себя в рабы для послушания, того вы и рабы, кому повинуетесь, или рабы греха к смерти, или послушания к праведности?» (стих 16). Говоря иначе, если вы готовы в качестве раба исполнять все прихоти греха, значит, грех по-прежнему господствует над вами. Становится очевидной высказанная

Павлом мысль: истинно спасенные благодатью не захотят добровольно вернуться в былое рабство.

В самом деле, фраза «отдать себя» предполагает сознательный, деятельный и добровольный *выбор* объекта послушания. Нам представляется солдат, который предает себя и свое оружие в руки своему военачальнику с готовностью исполнить любое его приказание. Это добровольное, намеренное посвящение себя и своих членов служению — либо «греху к смерти», либо «послушанию к праведности». Здесь Павел призывает к осознанному и преднамеренному выбору послушания. Однако для неверующих выбора нет. Они порабощены грехом и не могут поступать иначе. Из слов Павла можно сделать вывод, что у истинного христианина тоже нет другого выбора, помимо послушания Бога.

Другими словами, избирающие служение греху в качестве рабов в действительности все еще порабощены им, они еще не познали Божью благодать. Воистину, «кому вы отдаете себя в рабы для послушания, того вы и рабы». На первый взгляд, последующее может прозвучать как тавтология, но, развернув фразу, можно проникнуть в суть высказывания апостола: «Когда вы добровольно посвящаете себя служению греху, то в первую очередь это является неопровержимым доказательством того, что на самом деле вы никогда не были избавлены от его рабства. Сам образ вашей жизни показывает, кто является для вас истинным владыкой, — либо это ведущий к смерти грех, либо послушание Богу, ведущее к праведности». Петр писал: «Кто кем побежден, тот тому и раб» (2 Пет. 2:19).

В Рим. 5 Павел высказывает точно такую же мысль. Он заявляет, что грех и смерть правят теми, кто пребывает в Адаме (5:12); однако же благодать, праведность и вечная жизнь властвуют над теми, кто во Христе (стихи 17-20).

В Рим. 6 Павел утверждает, что рабом является всякий, у кого есть господин. Падший человек любит называть себя хозяином своей судьбы и господином своей души, но это не так. Каждый человек пребывает либо под пятой сатаны и является рабом греха, либо во власти Господа, будучи слугой праведности. Третьего не дано, никто не может служить двум господам (Мф. 6:24). Мэтью Генри, писал: «Если мы хотим узнать, к какому из этих двух семейств принадлежим, нам нужно спросить себя, какому из этих двух хозяев мы отдали себя в послушание»[131].

Еще раз подчеркиваю, Павел в своем Послании к римлянам не говорит, что христиане *должны быть* рабами праведности. Он утверждает, что истинные христиане просто *не могут не быть* рабами праведности. Именно с этой целью они были избавлены от ига греха: «Благодарение Богу, что вы, быв прежде рабами греха, от сердца стали послушны

> Он утверждает, что истинные христиане просто не могут не быть рабами праведности.

тому образу учения, которому предали себя. Освободившись же от греха, вы стали рабами праведности» (Рим. 6:17-18). Это в точности соответствует словам апостола Иоанна: «Всякий, рожденный от Бога, не делает греха, потому что семя Его пребывает в нем; и он не может грешить, потому что рожден от Бога. Дети Божии и дети диавола узнаются так: всякий, не делающий правды, не есть от Бога» (1 Ин. 3:9-10).

Для христиан жизнь в рабстве греха *миновала*. Грех более не является основной характеристикой нашей жизни. Непослушание плоти нередко вторгается в нашу новую жизнь, — и мы грешим. Временами *кажется*, что грех полностью преобладает в жизни того или иного христианина (как это было в случае Давида). Но всякий истинный верующий

---

[131] Matthew Henry, *Commentary on the Whole Bible*, 6 vols. (Old Tappan, NJ: Revell, n.d.], 6:405.

обладает новым и праведным естеством. Он ненавидит грех и любит праведность, не может жить в грехе или ожесточенном противостоянии Богу и довольствоваться этим. Это противоречило бы самой его сути (см. 1 Ин. 3:9).

Служение

Павел ясно заявляет, что послушание, к которому он призывает верующих, суть пожизненное служение Богу:

> Как предавали вы члены ваши в рабы нечистоте и беззаконию на дела беззаконные, так ныне представьте члены ваши в рабы праведности на дела святые. Ибо, когда вы были рабами греха, тогда были свободны от праведности. Какой же плод вы имели тогда? Такие дела, каких ныне сами стыдитесь. потому что конец их – смерть. Но ныне, когда вы освободились от греха и стали рабами Богу, плод ваш есть святость, а конец – жизнь вечная (Рим. 6:19-22).

Другими словами, христиане должны служить праведности точно так же, как некогда они служили греху, – в качестве рабов.

От теоретического вопроса («почитайте себя мертвыми для греха», стих 11) Павел переходит к вопросу практическому («представьте члены ваши в рабы праведности», стих 19). Очевидно, что наша позиция по отношению к греху должна определять наше поведение по отношению к праведности.

> Другими словами, христиане должны служить праведности точно так же, как некогда они служили греху, – в качестве рабов.

Если прежде грех склонял нас к нечистоте и беззаконию «на дела беззаконные» (Рим. 6:19), то теперь праведность ведет к освящению. Мартин Ллойд-Джонс писал:

> Живя праведно, посвящая этому все свои силы и время... вы обнаружите, что прежний образ жизни, когда вы впадали в грехи один ужаснее другого и все более развращались, ныне коренным образом изменился. С каждым днем вы будете все более очищаться, освящаться и уподобляться Сыну Божьему [132].

Невозможно постоянно пребывать на одной и той же ступени духовного развития. Каждый из нас двигается либо вниз, либо вверх; либо все глубже утопает в грехах и разврате, либо продвигается к заветной цели — Христоподобию.

В конце концов, жизнь во Христе *должна* категорически отличаться от нашей жизни до обращения: «Ибо, когда вы были рабами греха, тогда были свободны от праведности» (Рим. 6:20). Если и сейчас вы продолжаете желать свободы от моральных ограничений, вы *не* христианин. Вы по-прежнему раб греха.

Истинная праведность не способна ни наставлять рабов греха, ни руководить ими. Они служат другому господину. И хотя многим из них присуще напускное самодовольство — как это было в случае Павла до обращения, — дела плотские не имеют никакого отношения к истинной праведности. Писание резко осуждает подобные плотские усилия. Исаия писал: «Вся праведность наша — как запачканная одежда» (Ис. 64:6). Павел называл свою дохристианскую жизнь «сором» (Флп. 3:8).

---

[132] D. Martyn Lloyd-Jones, *Romans: An Exposition of Chapter Six: The New Man* (Grand Rapids: Zondervan, 1972), 268-69.

Плоды рабства греха суть «прелюбодеяние, блуд, нечистота, непотребство, идолослужение, волшебство, вражда, ссоры, зависть, гнев, распри, разногласия, [соблазны], ереси, ненависть, убийства, пьянство, бесчинство и тому подобное», в конечном итоге ведущие к вечному осуждению, о котором «предваряю [предостерегаю] вас, как и прежде предварял, что поступающие так Царствия Божия не наследуют» (Гал. 5:19-21). «Какой же плод вы имели тогда? Такие дела, каких ныне сами стыдитесь, потому что конец их – смерть» (Рим. 6:21).

Истинная вера приносит совершенно другой плод: «Но ныне, когда вы освободились от греха и стали рабами Богу, плод ваш есть святость, а конец – жизнь вечная» (стих 22).

«Освободились от греха и стали рабами Богу» – вот, пожалуй, самое точное описание христиан. Разумеется, это не означает, что верующие не грешат совсем. Но они более не рабы греха, не беззащитны перед ним и не предпочитают тьму свету.

В этой небольшой главе Павел призывает нас храбро противостоять нападкам греха. Верующим нужно *знать*, что они обручены со Христом в Его смерти и воскресении, и посему освобождены от власти греха. Они должны *почитать* единение со Христом причиной смерти своего «ветхого человека», который более не может требовать от них послушания своим греховным похотям. Им нужно *предоставить* Богу себя и все свои члены – тело, ум, чувства, все свое существо – в качестве орудий праведности. Они должны *слушаться* Бога как своего нового Господа. И служить Ему с тем же беспрекословным повиновением, с каким прежде служили греху.

Такова формула победы над грехом апостола Павла. Он призывает нас к отваге, решительности и осознанной, подкрепленной знаниями вере. От нас требуется любить Бога и желать видеть дела Его праведности в своей жизни.

Павел предлагает нам свободу от владычества греха и средства борьбы с ним в повседневной жизни.

Это не означает, что каждый день мы будем успешны в деле противостояния греху. Павел отнюдь не имеет в виду, что путь христианина не будет замаран временными поражениями и прегрешениями. Как мы уже неоднократно отмечали, все, что от нас требуется, – это вчитываться в седьмую главу Послания к римлянам. Совершенно очевидно, что грехопадения Павла нередко обескураживали его самого: «потому что не то делаю, что хочу, а что ненавижу, то делаю» (Рим. 7:15). «Ибо не понимаю, что делаю... знаю, что не живет во мне, то есть в плоти моей, доброе; потому что желание добра есть во мне, но чтобы сделать оное, того не нахожу» (стихи 15,18). «Доброго, которого хочу, не делаю, а злое, которого не хочу, делаю» (стих 19). «Когда хочу делать доброе, прилежит мне злое» (стих 21). «Бедный я человек! кто избавит меня от сего тела смерти?» (стих 24).

Истинно, если каждый из нас заглянет в свое сердце, то должен будет с разочарованием повторить эти слова апостола. Хотя грех уже повержен, и мы противостоим ему с позиции победителей, это по-прежнему борьба не на жизнь, а на смерть. И мы должны продолжать борьбу этим врагом, умерщвляя свою греховную плоть и искореняя ее губительные последствия.

> Хотя грех уже повержен, и мы противостоим ему с позиции победителей, это по-прежнему борьба не на жизнь, а на смерть.

Приложение 2

МОЛЬБА О ДОБРОЙ СОВЕСТИ

АВТОР – РИЧАРД СИББС [133]

> Так и нас ныне подобное сему образу крещение, не плотской нечистоты омытие, но обещание Богу доброй совести, спасает воскресением Иисуса Христа.
>
> 1 Пет. 3:21

Вот какова предыстория этого высказывания Петра: благословенный апостол говорил о погибших во время потопа и о ковчеге Ноя, в котором «восемь душ спаслись от воды». Потом он говорит о крещении («нас ныне подобное сему образу крещение... спасает»).

«Христос вчера и сегодня и во веки Тот же» (Евр. 13:8). Он позаботился о спасении Ноя во время этого страшного бедствия. С начала сотворения мира Он спасал Своих. Каин и Авель дали начало двум родам, и с каждым из них Бог обращался по-разному. «Знает Господь, как избавлять благочестивых» (2 Пет. 2:9). Все спасенные были спасены Христом, и все их жертвоприношения по-разному знаменовали Христа.

---

[133] Адаптировано на современный английский язык и приводится в сокращении из проповеди под названием «The Demand of a Good Conscience» впервые опубликованной в Sibbes's *Evangelical Sacrifices*, в Лондоне в 1640 году.

С потомками Каина Бог поступает иначе: он истребляет их.

Но давайте вернемся к словам: «ныне подобное сему образу крещение». Спасение Ноя в ковчеге было иллюстрацией крещения, ибо крещение и спасение Ноя в ковчеге напоминают нам о Христе. Между этими событиями много «подобного».

Во-первых, как все, оставшиеся за бортом ковчега, погибли, точно так же погибнут все, кто не во Христе (кто не соединен с Ним посредством веры). Крещение является символом такого единения.

Во-вторых, как вода потопа *сохранила* Ноя и *уничтожила* ветхий мир, так же кровь и смерть Христа истребляет наших духовных врагов. В красном море Христовой крови тонут нечестивые, но выживают Его дети. В Ветхом Завете говорится о трех своеобразных потопах, каждый из которых напоминает нам о Христе: потоп, погубивший ветхий мир; переход через Красное море; воды Иордана. В каждом из них народ Божий выживал, а Его враги гибли. Именно это имеет в виду пророк Михей, говоря: «Ты ввергнешь в пучину морскую все грехи наши» (Мих. 7:19). Он упоминает о фараоне и его войске, утонувших в море. Они камнем ушли на дно; так же и наши грехи, будучи врагами Христа, тонут в «морской пучине».

В-третьих, нечестивый мир насмехался над Ноем, пока тот сооружал свой ковчег; нападкам подвергаются и все те, кто обращается ко Христу за спасением.

Ной поступил благоразумно, узнав о приближающемся потопе. Подобным же образом мудро поступают и те, кто укрывается во Христе перед страшным судом. Между потопом и крещением существует много сходства. Я перечислю лишь некоторые черты, после чего мы продолжим.

Церковный обряд – это еще не все

«Нас ныне подобное сему образу крещение... спасает». Это, в первую очередь, своеобразное описание средств, которыми мы спасаемся: нас спасет крещение.

Далее Петр, предвидя вопрос, говорит, что это «не плотской нечистоты омытие», то есть не внешняя сторона крещения.

После этого он объясняет, *как* именно крещение спасет нас: «но обещание Богу доброй совести», другими словами, мольба о доброй совести.

И обосновывает это «воскресением Иисуса Христа».

Я не буду останавливаться на этих вопросах подробно, дабы перейти к сути своего обращения. И тут я предвижу возражения, о которых упомяну лишь вкратце, поскольку это будет полезно.

Обряд крещения не спасает. Говоря, что нас спасает крещение, Петр имеет в виду не то крещение, которое есть «плотской нечистоты омытие», тем самым обусловливая двойственную природу крещения. Крещение подразумевает два процесса: *вешний*, омовение тела, и *внутренний*, омовение души. Без омовения души омовение тела не может нас спасти. Он намеренно противопоставляет эти два понятия, дабы у его читателей не складывалось впечатления, что прошедшие обряд телесного крещения обретают спасение.

Опасность приверженности внешним обрядам. Апостол знал, что люди склонны уделять чрезмерное внимание внешним проявлениям веры. Сатана толкает людей на крайности, в результате чего они либо абсолютизируют церковные обряды, либо перестают придавать им должное значение. Тем самым он хочет заставить нас сконцентрироваться на внешних аспектах веры (таких как крещение и тайная вечеря), чтобы сами церковные церемонии стали для нас объектами идолопоклонства, — или же принизить их значение, дабы такие церковные обряды были лишены для нас всякого смысла. Так или иначе сатана добивается своего.

Апостолу были известны пороки людей, особенно пороки его современников. Люди придают обрядам слишком большое значение. Апостол Павел в своем Послании к галатам дважды говорит об этом: «Ибо во Христе Иисусе ничего не значит ни обрезание, ни необрезание, а новая тварь» (Гал. 6:15, см. 5:6). Вы чересчур трепетно относитесь к внешним проявлениям веры, говорит он, но для Бога важно, чтобы вы были «новой тварью».

Подобным же образом в Ветхом Завете, когда Бог обязывал Свой народ поклоняться как в душе, так и в мире, люди слишком большое внимание уделяли внешним аспектам, забывая о внутренних. Бог упрекает их: «Что ты проповедуешь уставы Мои и берешь завет Мой в уста твои, а сам ненавидишь наставление Мое и слова Мои бросаешь за себя?» (Пс. 49:16-17). В Ис. 1:13-14 и 66:3 мы видим решительное обличение: «Не носите больше даров тщетных: курение отвратительно для Меня... Новомесячия ваши и праздники ваши ненавидит душа Моя». А также: «[Беззаконник же,] закалающий вола — то же, что убивающий человека; приносящий агнца в жертву — то же, что задушающий пса; приносящий семидал — то же, что приносящий свиную кровь; воскуряющий фимиам [в память] — то же, что молящийся идолу». И все-таки Бог освящал эти жертвы. В чем же дело? А в том, что иудеи вели себя с Богом лицемерно, принося Ему жертвы, но не служа Господу всем сердцем. Они устраивали во имя Его обряды, но при этом забывали об их духовной составляющей, которая более всего прочего угодна Богу.

Заметьте, как наш Спаситель Христос упрекает фарисеев: «Не думайте говорить в себе: „отец у нас Авраам"» (Мф. 3:9). Они слишком гордились своими привилегиями в качестве потомков Авраама. Из Писания явно следует, что не принадлежащие Богу люди особенно склонны уделять избыточное внимание внешним обрядам, хотя их надлежит совмещать с обрядами души, о которых нередко забывают.

Почему люди переоценивают значение внешних обрядов. Служение Богу включает в себя два аспекта — внешний и внутренний. Плоти и крови очень трудно подчинять себя духовному служению. Как и в крещении, тут наличествуют две составляющие — внутреннее и внешнее омовение; внемлить Слову Божьему должна как плоть, так и душа; во время тайной вечери мы принимаем хлеб и вино, а также полагаем завет с Богом. В наши дни верующие увлечены обрядами внешними, полагая, что Бог должен вознаградить их за это, но пренебрегают обрядами духовными, поскольку стремятся оправдать свои похоти.

И дело тут, в первую очередь, в развращенности человеческой природы.

Во-первых, внешние обряды необременительны и приятны мирскому оку. Каждый видит совершаемые таинства и самих верующих, слушающих Слово Божье.

Во-вторых, люди довольствуются внешними обрядами, поскольку последние утешают совесть, которая в противном случае обличала бы людей, если бы они не делали ничего из того, что предписывает вера, или же были оголтелыми атеистами. Вот почему они говорят: «*Мы будем слушать Слово и исполнять внешние предписания*». Не решаясь заглянуть к себе в душу, они ограничиваются церковными обрядами и пытаются таким образом удовлетворить свою совесть. Эти и подобные причины служат объяснением тому, что так много верующих сегодня исполняют исключительно внешние предписания веры.

Что надо делать. Давайте будем учитывать эту склонность людей к внешним проявлениям веры и усвоим для себя, что внешняя вера без веры внутренней не угодна

Богу. Более того, Он презирает таких верующих. Если Бог способен ненавидеть обряды, которые Сам и утвердил, в какой же мере ненавистны Ему церемонии, придуманные людьми? Католическая литургия, к примеру, суть лишь внешнее, бессмысленное проявление. Люди хотят умилостивить Бога одними лишь благодеяниями. Их вероучение «сшито» по меркам развращенной человеческой природы. Они утверждают, что исполнение обрядов само по себе обеспечивает благодать, при этом совершенно неважно, какова душа человека, участвующего в них. Согласно этому учению, носителями благодати являются святые, как будто безжизненная материя может быть проводником Божьих благословений. Сторонники этой веры обеспокоены соблюдением исключительно внешних предписаний. Но из рассматриваемой нами библейской цитаты следует, что внешняя составляющая крещения ничего не значит без внутренней: «не плотской нечистоты омытие, но обещание Богу доброй совести», – говорит Петр.

Будем же во всяком служении Богу обращать сердца свои на духовные аспекты! Как говорил Самуил Саулу, «послушание лучше жертвы и повиновение лучше тука овнов» (1 Цар. 15:22). А вот что говорит Бог устами пророка Осии: «Я милости хочу, а не жертвы, и Боговедения более, нежели всесожжений» (Ос. 6:6). Слишком много христиан довольствуются внешними обрядами, что в действительности довольно легко.

Если мы не поклоняемся Богу в сердце своем, то не поклоняемся Ему вовсе. «Бог есть дух, и поклоняющиеся Ему должны поклоняться в духе и истине» (Ин. 4:24). Всякое истинное богослужение нуждается в божественной силе, которая не может быть получена посредством одних только внешних действий. Требуется божественное вмешательство, дабы человек мог слышать глас Божий (см. 1 Кор. 2:9-15).

Точно так же и в *богослужении* от нас требуется нечто большее, чем внешние действия. Все составляющие веры обладают как *формой* (видом), так и *содержанием* (силой). Так давайте уделять внимание не только форме, но и содержанию.

О тех, кто забывает о содержании веры, сказано в 2 Тим. 3:5: «имеющие вид благочестия, силы же его отрекшиеся». Павел также говорит, что они «более сластолюбивы, нежели боголюбивы». Как бы то ни было, они следуют форме, отрицая силу. А сейчас я спешу перейти к следующему вопросу.

Мольба о доброй совести

Обличив ложную веру во внешние формы, Петр ясно дает понять, что же именно *спасет* человека: это «просьбой к Богу о доброй совести» (1 Пет. 3:21, НРП). Святой апостол мог сказать и так: «Все мы одним Духом крестились в одно тело» (1 Кор. 12:13), имея в виду не крещение в воде, а крещение Духом Святым. Или так: «Омывая не тело, но душу». Вместо этого он говорит о деянии души, которое позволяет нам приобщиться к спасительной благодати Божьей, — «просьба к Богу о доброй совести». Несомненно, под этим Петр подразумевает *веру*.

Нужно угодить Богу, прежде чем мы сможем угодить своей совести. Богу была угодна смерть Посредника, Его Сына; и посему, когда мы окропляемся кровью Христа, — когда спасаемся Его смертью, — наша совесть радуется этому. Вот как «Кровь Христа, Который Духом Святым принес Себя непорочного Богу, [очищает] совесть нашу от мертвых дел, для служения Богу живому и истинному» (Евр. 9:14).

«Просьба к Богу о доброй совести» равнозначно истинной вере. Петр говорит о тех, кто верует во Христа Иисуса и живет согласно Его заповедям.

В результате веры наша совесть становится «доброй» (чистой). Если сатана начнет осуждать нас, мы сможем с чистой совестью ответить ему: «Кто будет обвинять избранных Божиих? Бог оправдывает их. Кто осуждает? Христос Иисус умер, но и воскрес: Он и одесную Бога, Он и ходатайствует за нас» (Рим. 8:33-34). С окропленным кровью Христа сердцем мы ответим на все обвинения и восторжествуем над своими врагами. Мы сможем приступить «с дерзновением к престолу благодати, чтобы получить милость и обрести благодать для благовременной помощи» (Евр. 4:16).

Понятие «добрая совесть» в том смысле, в каком употребляет его Петр, подразумевает совесть» очищенную от греха, а посему обладающую способностью беспрепятственно служить Богу. Это обращенная к Богу совесть, готовая дать Ему отчет в наших поступках. Как узнать, пребываем ли мы «во Христе» и являемся ли преемниками спасительной благодати Божьей? Для этого нам и дана совесть — напоминать об ответственности за поступки и побуждения, а также свидетельствовать об истинности нашего «хождения пред Богом». Если хотите проверить свое духовное здоровье, просто спросите себя, обращена ли ваша совесть к Богу.

Если вы праведны, честны и добры, потому что ваша совесть прислушивается к Божьим повелениям и исполняет их, значит, у вас «добрая совесть». Но если вы участвуете в церковных обрядах с целью покрасоваться перед людьми, — вы делаете это не от чистой совести (Мф. 6:5-6,16-18). Добрая совесть заставляет нас ответственно относиться к своим поступкам именно потому, что ею повелевает Сам Бог. Таким образом, совесть является своего рода Божьим представителем в сердце верующего.

Все то, что мы делаем от чистой совести, делаем от сердца. Если в своем поведении мы не руководствуемся сердечной любовью, значит, добрая совесть нами не руководит. Здравая совесть оценивает не только наши *поступки*, но и *помыслы* – вызваны они любовью к Богу и желанием Его слушаться или же исключительно чувством ненавистного долга.

Добрая совесть обличает и отвергает *всякое* зло, поэтому те, кто лелеет свои пороки и в то же время считает себя христианином, противоречат исповедуемой ими вере. Как назвать тех, кто услаждает свои глаза тщетой и уши нечистыми беседами; кто позволяет стопам вести свою душу в болота разврата; кто, вместо того чтобы обличать свои грехи, оправдывает их? Могут ли они считать себя спасенными во Христе, имея нечистую совесть?

«Возврати мне радость спасения Твоего и Духом владычественным утверди меня», – молил Давид Бога (Пс. 50:14). Согрешив, он утратил эту радость и твердость духа, ибо, когда мы намеренно грешим против совести, то тем самым смыкаем уста для своих молитв и не можем обращаться к Богу. Мы смыкаем уста своей совести, и посему не в состоянии с *дерзновением* приступать к Богу. Давайте практиковаться в уступчивости перед Духом. Давайте уповать на Бога во всех своих замыслах. Давайте с верой исполнять все Его заповеди. Ведь именно это означает иметь добрую совесть. Давайте придерживаться этого пути в стремлении обрести здравую совесть!

Давайте ревностно испытывать себя, дабы совесть знала о наших грехах. Задайте себе такие вопросы: верую ли я? Или же просто успокаиваю свое сердце, не стремясь угождать Богу? Слушаюсь ли я Его? Облекаюсь ли Словом Божьим и исполняю ли все, чему оно меня учит? Или же я обманываю себя? Обратите эти вопросы к своему сердцу. «И даже если наше сердце осуждает нас, мы можем успокоить его, потому что Бог больше нашего сердца и знает все» (1 Ин. 3:20, НРП). Если мы отвечаем Богу с оговорками

(я буду исполнять это, но не буду то; я согласен следовать
за Христом в тех случаях, когда мне не нужно будет отказываться от своих грехов), – это ответ *не* здравой совести.
То, что делается для Бога, должно делаться от всего сердца
и без оговорок. Если сердце артачится, совесть наша нечи-
ста. Частичное послушание не может считаться послушанием вовсе. Выбирая к исполнению только то, что не идет
вразрез с нашими похотями и не угрожает чувству гордости, мы не показываем послушания, к которому призывает
нас Бог. Послушание должно выражаться в соблюдении
всех Его заповедей. Давайте же испытывать себя и задавать
себе испытующие вопросы, дабы выяснить, насколько ис-
тинны наша вера и послушание и каковы мотивы, побужда-
ющие нас верить и исполнять Божьи повеления.

Жизнь многих верующих есть не что иное, как череда
прегрешений. На что им надеяться в смертный час и в день
суда Божьего? Могут ли они рассчитывать на обещанную
Богом вечную жизнь, если не соблюдали Его заповедей?
Могут ли они взыскивать благодать Божью, если отвергают ее и посвящают свою жизнь удовлетворению собственных греховных похотей? Если ваша вера не приносит
благодатных плодов сейчас, не принесет она их и в день
суда. Помните об этом, будучи искушаемы грехом.

С другой стороны, оступаясь на пути веры, не позво-
ляйте сатане ввергнуть вас в пучину отчаяния, но продол-
жайте уповать на Христа. Вера и покаяние суть не
единовременные деяния; вы должны всю жизнь хранить
веру и каяться в своих грехах.

Преимущества чистой совести

Какое благо иметь чистую совесть! Она будет утешать нас
в немощах, в смерти и в день суда Божьего. И пусть сатана

противится нам; пускай неверие восстает против нас, — если мы обладаем обновленной, освященной совестью, она сможет справиться с такими нападками. В этом мире каждому суждено претерпевать лишения и страдать, но покуда совесть наша чиста, ничто не сможет нас побороть. Если совесть наша здрава, мы будем победителями, и даже более.

Во время земной жизни совесть может быть либо лучшим другом, либо злейшим врагом. Зная о нашем беспрекословном послушании Богу, совесть выступает в качестве друга и ходатайствует за нас перед Ним. Каким утешением она будет для нас на смертном одре! И особенно в судный день! Искреннее сердце и чистая совесть, сподвигавшая нас соблюдать заповеди Божьи, смогут прямо смотреть в Его глаза.

Обладающий здравой совестью христианин может при всяком «потопе» укрыться во Христе. Христос избавляет нас не только от осуждения и ада, но и от прижизненных страданий.

Но увы тем, кто восстает против Бога и тем самым оскверняет свою совесть! Чем им утешаться? Совесть обличает их в неисполнении Божьих заповедей. Сердце говорит им о невозможности надеяться на утешения свыше. В груди своей они носят адский огонь, суд совести. Люди с порочной совестью, и в особенности те, кто грешит осознанно, не могут рассчитывать ни на что, кроме гнева Божьего.

В тяжелые времена испытаний и в час смерти становится очевидной мудрость тех, кто хранит совесть в чистоте и блюдет свой завет с Богом. Их вера не есть лишь церковные обряды, — она исходит из чистого сердца и здравой совести. Давайте же с чистой совестью ревниво исполнять заповеди Божьи!

Приложение 3

ИСПЫТАЙТЕ СВОЮ СОВЕСТЬ

АВТОР – ДЖОНАТАН ЭДВАРДС [134]

Испытай меня, Боже, и узнай сердце мое; испытай меня и узнай помышления мои; и зри, не на опасном ли я пути, и направь меня на путь вечный.

Пс. 138:23-24

138-й псалом посвящен размышлению о Божьем всеведении. Бог видит и ведает *все без исключения*. Давид свидетельствует о таком совершенном всеведении заявлением, что Бог ведает о всяком нашем *поступке* («Ты знаешь, когда я сажусь и когда встаю», стих 2); о каждой нашей *мысли* («Ты разумеешь помышления мои издали», стих 2); о каждом *слове* («Еще нет слова на языке моем, – Ты, Господи, уже знаешь его совершенно», стих 4).

После этого он демонстрирует невозможность укрыться от Божьего ока:

Куда пойду от Духа Твоего, и от лица Твоего куда убегу? Взойду ли на небо – Ты там; сойду ли в преисподнюю –

---

[134] Адаптировано из брошюры, впервые изданной в 1788 г. (Edwards, *Christian Cautions: The Necessity of Self-Examination*).

и там Ты. Возьму ли крылья зари и переселюсь на край моря, – и там рука Твоя поведет меня, и удержит меня десница Твоя. Скажу ли: «может быть, тьма скроет меня, и свет вокруг меня сделается ночью»; но и тьма не затмит от Тебя, и ночь светла, как день: как тьма, так и свет (стихи 7-12).

Затем Давид говорит о том, что Бог знал его еще до рождения:

Ибо Ты устроил внутренности мои и соткал меня во чреве матери моей... Не сокрыты были от Тебя кости мои, когда я созидаем был в тайне, образуем был во глубине утробы. Зародыш мой видели очи Твои; в Твоей книге записаны все дни, для меня назначенные, когда ни одного из них еще не было (стихи 13,15-16).

Далее автор псалма заявляет о неизбежном последствии Божьего всеведения: Он поразит нечестивых (стих 19).

Наконец, Давид на практике применяет свои размышления о Божьем всеведении и просит Бога испытать его, указать на грехи и направить на путь вечный.

Совершенно очевидно, что Давид молил Бога испытать его не для того, чтобы *Бог* познал Давида. Основной смысл этого псалма как раз и заключается в том, что Бог *уже* все знает. Поэтому Давид просил Бога испытать его затем, чтобы *самому* получить представление о своих грехах.

По всей видимости, Давид сам испытывал свое сердце, но ему это показалось недостаточным. Он по-прежнему опасался, что в нем могут быть тайные грехи, о которых ему неизвестно, поэтому воззвал к Богу.

В другом псалме Давид пишет: «Кто усмотрит погрешности свои? От тайных моих очисти меня» (Пс. 18:13). Под «тайными погрешностями» он подразумевает неизвестные, но все же пребывающие в нем грехи.

Каждому из нас надлежит выяснять, живем ли мы во грехе, даже не подозревая об этом. Лелеем ли мы в себе тайные похоти или пренебрегаем своими христианскими обязанностями, наши тайные грехи так же ненавистны Богу, как и грехи явные. Поскольку мы склонны так или иначе грешить и сердце наше изначально греховно, надлежит с особой тщательностью избегать непреднамеренных грехов, совершаемых нами по самонадеянности или невежеству.

Почему люди грешат, даже не замечая этого?

Трудность выявления грехов обусловлена отнюдь не отсутствием *внешнего* света. Бог в Своем Слове дал нам ясные и доступные пониманию представления о грехах, а также заповеди, которые мы должны соблюдать. Значит, испытывать свои сердца нам трудно не потому, что у нас не хватает должных указаний, как это делать.

Как могут люди вести неугодный Богу образ жизни — и в то же время не замечать своих грехов? Эта порочная склонность человека обусловлена рядом факторов.

Обольстительная, ослепляющая природа греха. Сердце человеческое по-прежнему греховно и порочно, и эта порочность духовно ослепляет нас. Грех несет в себе изрядную долю тьмы. Чем больше в нас грехов, тем сильнее омрачен наш ум. Грех мешает нам распознавать собственную греховность. Хочу еще раз отметить: проблема здесь не в отсутствии света Божьей истины. Этого света вокруг нас в избытке, все дело в нашем духовном взоре: он ослеплен и замутнен грехом.

Грех легко обольщает, потому что он владеет нашей волей, тем самым искажая наш взгляд на самих себя.

Необузданные похоти заставляют сердце одобрять их. Мы не хотим избавляться от вошедших в привычку грехов, которые приносят нам сомнительную радость. Сердце наше изначально считает правильным все, что доставляет нам удовлетворение. Когда греховное желание овладевает волей, оно также искажает мышление. И чем больше человек грешит, тем больше оскверняется и омрачается его сердце. Именно так грех порабощает людей.

Если человек не осознает собственных грехов, очень трудно заставить его увидеть их порочность. В итоге те же самые нечестивые желания, что ввергают человека в грех, одновременно ослепляют его сердце. Чем больше гневливый человек поддается злобе и зависти, тем сильнее эти грехи омрачают мышление и принуждают его оправдывать себя. Чем сильнее сосед ненавидит соседа, тем более он склонен считать свою ненависть оправданной, соседа достойным этой ненависти и отрицать свое обязательство любить ближнего. Чем сильнее преобладают в человеке нечистые похоти, тем более приятным представляется ему грех и тем больше он склонен оправдывать его.

Подобным же образом, чем сильнее у человека жажда наживы, тем больше оправданий он будет находить своей алчности. Он станет убеждать себя в том, что без определенных вещей ему просто не обойтись. А поскольку они необходимы, делает вывод он, то и желать их — вовсе не грех. Таким образом можно оправдать любую похоть сердца человеческого. И чем похотливее человек, тем сильнее омрачены его сердце и совесть. Вот почему Писание называет мирские желания «обольстительными похотями» (Еф. 4:22). Даже благочестивые люди иногда могут, ослепленные и искушенные похотью, совершать неугодные Богу поступки.

Похоти также сподвигают плотское сердце оправдывать грехи. Человеческая природа весьма изворотлива в вопросах оправдания греха. Некоторые люди настолько укоренились в своей греховности, что, когда совесть начинает обличать их, они истово изобретают домыслы, дабы заглушить голос совести и убедить себя в законности своих прегрешений.

Мириться с грехом людей побуждает и себялюбие. Мы не любим осуждать самих себя. По природе мы склонны оправдывать свои грехи и давать им благие названия, которые придают грехам добродетельный или, по меньшей мере, невинный вид. Алчность мы называем бережливостью, а жадность — деловой хваткой. Радуясь постигшему ближнего горю, мы притворно заявляем, будто оно должно пойти ему на пользу. Пьянство мы оправдываем особенностями организма. Злословя и сплетничая о ближнем, мы тем самым якобы хотим удержать его от греха. Упрямство в споре мы именуем благоразумием, а пустяковые расхождения во взглядах называем делом принципа. Таким образом мы оправдываем свои грехи, скрывая их под личиной мнимой благопристойности.

Людям свойственно «подгонять» свои принципы под определенный образ жизни, а не наоборот. Вместо того чтобы поступать по совести, они изо всех сил стараются заглушить ее голос.

Поскольку грех весьма обольстителен и наше сердце чрезвычайно греховно, нам очень трудно справедливо судить о своих поступках. В этом отношении мы должны заниматься самоанализом и испытывать себя на предмет наличия греха. «Смотрите, братия, чтобы не было в ком из вас сердца лукавого и неверного, дабы вам не отступить от Бога живого. Но наставляйте друг друга каждый день, доколе можно говорить: „ныне“, чтобы кто из вас не ожесточился, обольстившись грехом» (Евр. 3:12-13).

Люди легко подмечают недостатки других и не видят своих собственных. Видя прегрешения ближних, они тут же начинают осуждать их, даже когда оправдывают те же грехи у себя! (см. Рим. 2:1). Нам проще увидеть сучок в глазу ближнего, чем бревно в собственном. «Всякий путь человека прям в глазах его» (Пр. 21:2). «Лукаво сердце человеческое более всего и крайне испорчено; кто узнает его?» (Иер. 17:9). В этом вопросе мы не можем полагаться на свое сердце. Нам надлежит следить за собой, пристально взирать на свое сердце и просить Бога испытать нас. «Кто надеется на себя, тот глуп» (Пр. 28:26).

Коварство сатаны. Сатана действует заодно с нашими похотями. Он стремится ослепить нас, дабы мы не могли видеть свои прегрешения. Он постоянно искушает нас и воздействует на наше плотское сердце, с тем чтобы мы считали себя лучше, чем есть на самом деле. Таким образом он ослепляет нашу совесть. Он – князь тьмы. Сатана ослепляет и обманывает нас с тех самых пор, когда впервые искусил наших прародителей.

Сила привычки. Некоторые из нас не замечают грехов, который вошли в привычку. Вошедшие в привычку грехи притупляют ум так, что те из них, которые некогда вызывали у нас угрызения совести, начинают казаться безобидными проделками.

Пример окружающих. Некоторые люди утрачивают восприимчивость к своим грехам, потому что позволяют общественному мнению формировать свою систему ценностей. Они наблюдают за окружающими, чтобы выяснить, как нужно себя вести. Но общество настолько терпимо к грехам, что большинство из них уже не считается чем-то предосудительным. То, что неугодно Богу и является мерзостью пред Его взором, в глазах общественного мнения выглядит вполне приемлемым. Мы видим, как грешат почитаемые в обществе люди, наши начальники и люди, славящиеся своей «мудростью». Это в значительной мере притупляет нашу совесть в угоду грехам. Особенно опасно, когда грешат благочестивые люди, уважаемые руководители церквей. Это в значительной степени ожесточает и ослепляет сердце, заставляя нас уважать греховные привычки окружающих.

Несовершенное послушание. Те, кто исполняет заповеди Божьи без должного рвения или не в полном объеме, весьма вероятно, подвержены тайным грехам. Некоторые христиане, сосредоточивая свои усилия на исполнении ряда духовных обязанностей, пренебрегают остальными. Возможно, их сердца всецело заняты молитвами, чтением Библии, служением в церкви, размышлением о Слове и прочими духовными практиками, но при этом они забывают о своих нравственных обязательствах перед мужьями и женами, детьми или соседями.

Им известно, что нельзя обманывать, лгать и прелюбодействовать. Но они не принимают в расчет другие грехи, такие как злословие, осуждение ближнего, ссоры, лицемерие перед своими домашними, или же не дают духовных наставлений своим детям.

Такие люди, как правило, весьма совестливы в отдельных вещах — в вопросах, которым они уделяют первостепенное внимание, — но зачастую напрочь забывают о других областях веры и служения.

Как выводить на чистую воду тайные грехи

Как мы уже отмечали, нам самим очень трудно выявлять в себе грехи. Но если это нам небезразлично, если мы прилежно и строго испытываем свое сердце, то в большинстве случаев сможем обнаружить в себе грех. Желающие угождать и служить Богу в свете истины не должны грешить из-за своего неведения.

Истинно, что сердце наше лукаво сверх всякой меры. Но Бог в Своем Слове дал нам свет, который может рассеять окружающую тьму. Проявив настойчивость, мы узнаем возложенные на нас духовные обязанности и научимся распознавать свои грехи. Всякий истинно любящий Бога верующий с радостью примет помощь, предоставленную ему Богом посредством Слова, потому что он стремится исполнять все Божьи заповеди, дабы угождать Всевышнему и славить Его. Если его жизнь хоть в чем-нибудь неугодна Богу, он непременно захочет это выяснить и не станет закрывать глаза на свои грехи.

Те, кто от всего сердца задается вопросом: «Как мне спастись?», тоже захотят вывести на чистую воду свои грехи, ибо прегрешения преграждают им путь ко Христу.

Существуют два способа выявления своих грехов.

Изучение закона Божьего. Если вы хотите выявить в себе тайный грех, вам надлежит ознакомиться с требованиями, выдвигаемыми Богом. Данное Им Писание выступает в роли непогрешимого и совершенного наставника, к голосу которого мы должны прислушиваться. В нем Бог ясно и в полной мере выразил Свои наставления верующим, дабы мы могли знать — несмотря на духовную тьму и козни сатаны, — что именно требует от нас Бог. Каким совершенным и подробным откровением Божьего сердца является Писание! Как понятны и просты его наставления! Как часто они повторяются! И насколько четко они раскрыты во множестве разнообразных форм, чтобы мы смогли досконально изучить их!

Но какой будет прок от всего этого, если мы пренебрегаем Божьими откровениями и не предпринимаем никаких усилий для ознакомления со Словом Божьим? Какой смысл иметь правила благочестия и не знать о них? К чему Богу являть нам Свои откровения, если нам нет до них никакого дела?

И все же единственный способ узнать о своих грехах – изучить Его нравственный закон, «ибо законом познается грех» (Рим. 3:20). Следовательно, если мы хотим перестать грешить, нужно прилежно изучать открытые нам Богом принципы добра и зла. Мы должны внимательно читать и исследовать Святое Писание. И делать это надлежит с намерением познать *все* обязанности христиан, дабы Слово Божье стало «светильником ноге [нашей] и свет стезе [нашей]» (Пс. 118:105).

С учетом вышесказанного становится очевидным, что большинство людей виновно пред Богом вследствие того, что они пренебрегают своими духовными обязанностями. Они заслуживают наказания в первую очередь за нерадивое отношение к Божьему Слову и другим источникам духовной истины. Люди ведут себя так, словно изучать Писание – дело исключительно священников и проповедников. Такое невежество зачастую является намеренной, осознанной беспечностью. Вина за незнание законов Божьих лежит на совести людей. У них достаточно возможностей, и они *могли бы* познать Слово, если бы захотели. Более того, часто люди прилагают максимум усилий, чтобы овладевать знаниями недуховного характера. Они знают почти все о том, что пробуждает их мирской интерес, изучают способы заработка и существования в мире бренном, но не хотят тратить свои силы и время на духовные искания, которые могут обеспечить им жизнь вечную.

Познание самих себя. Если вы хотите выявить в себе тайные грехи, начните исследовать (испытывать) *себя*. Сравните свою жизнь с принципами Божьего закона. Это первое, что Вы должны сделать во имя познания своей личности. Между человеком и зверем существует важное различие: человек способен познавать и контролировать себя, а также оценивать природу своих поступков с точки зрения моральных законов. Определенно, Бог наделил нас такой способностью, чтобы мы познавали себя и «обращали сердце наше на пути наши».

Нам надлежит исследовать самих себя до тех пор, пока не станет ясно, согласуется наша жизнь с библейскими принципами или нет. Это требует крайней собранности и прилежания, дабы не проглядеть свои прегрешения и не оставить незамеченными тайные грехи.

Как испытывать себя

Может сложиться впечатление, что самих себя мы знаем лучше, чем кого-либо или что-либо другое. В конце концов, мы ведь не разлучаемся с самими собой ни на мгновение. Мы действуем осознанно, немедленно узнаем о собственных чувствах и поступках.

Однако в некотором отношении истинное знание о себе добыть труднее, чем любое другое, поэтому нам надлежит ревностно вглядываться в глубины своего сердца и прилежно исследовать собственные поступки. Вот ряд правил, которые помогут в этом.

Всегда сверяйте плоды самопознания со Словом Божьим. Читая Библию или слушая проповедь, оценивайте себя и сравнивайте свою жизнь с тем, что читаете или слышите. Выявляйте расхождения между Словом и своим образом жизни. Писания свидетельствуют обо всех грехах и содержат указания о всякой обязанности христианина. Как писал Павел, «все Писание богодухновенно и полезно для научения, для обличения, для исправления, для наставления в праведности, да будет совершен Божий человек, *ко всякому доброму делу приготовлен*» (2 Тим. 3:16-17). Читая наставления Христа и Его апостолов, спрашивайте себя: «Живу ли я согласно этим правилам? Или же моя жизнь противоречит им?»

Читая о прегрешениях библейских пророков, спрашивайте себя, не подвержены ли и вы сами тем же грехам. Узнавая, как Бог обличал и наказывал грешников, задумайтесь, не заслужили ли вы такого же наказания. Читая о поступках Христа и Его учеников, задайтесь вопросом, берете ли вы с них пример. Узнавая, как Бог хвалил и вознаграждал людей за их добрые дела, спросите себя, достойны ли вы подобных благословений. Сделайте Слово своим духовным зеркалом, внимательно изучайте в нем себя — и будьте исполнителем Слова (см. Иак. 1:23-25).

Как мало тех, кто испытывает себя должным образом! Слушая проповедь о грехе, большинство верующих думают не о себе, а об окружающих. Они могут услышать сотни обличений, касающихся их лично, но им в голову не придет, что слова проповедника обращены именно к ним. Они с готовностью вспоминают о прегрешениях ближних, при этом забывая о своих собственных.

Если вы совершаете поступки, которых избегают зрелые и проницательные верующие, особенно тщательно исследуйте свое поведение на предмет греховности. Возможно, вы сомневаетесь в законности того или иного своего поступка, но не видите в нем никакого зла. Если подобное поведение осуждается благочестивыми людьми, это должно насторожить вас. В таком случае нужно добросовестно оценить свои поступки и попытаться выяснить, угодны ли они Богу. Если какая-либо модель поведения осуждается людьми, которым можно доверять в подобных вопросах, вам надлежит еще с большим рвением исследовать законность своих поступков.

Спросите себя, будете ли вы с удовольствием вспоминать свою жизнь на смертном одре. Благополучные люди нередко совершают поступки, которые они не осмелились бы совершать, если бы знали, что вскоре им предстоит предстать перед Господом. Смерть кажется чем-то далеким, и люди не прислушиваются к голосу совести относительно своего поведения. Но если бы они знали о скорой смерти, то не стали бы с беспечностью взирать на собственные поступки. Не так-то просто заглушить голос своей совести на пороге смерти.

Со всей ответственностью спросите себя, будут ли ваши нынешние поступки тревожить вас на смертном одре. Подумайте о своем образе жизни и испытайте себя в преддверии вечной жизни. Беспристрастно оцените свою жизнь: будут воспоминания о ней утешением для вас перед смертью или же, наоборот, осуждением.

Принимайте в расчет мнение о вас окружающих. Не замечая собственных прегрешений, люди легко обнаруживают их в ближних — и чувствуют себя вправе говорить о них. Иногда люди живут в высшей степени неправедно, но не замечают этого. Они не способны распознать свои недостатки, хотя их проступки очевидны для окружающих; они не видят собственных прегрешений, в то время как окружающие не могут закрыть на них глаза.

Есть люди, которые очень горды собой и не замечают этого, но для окружающих этот грех очевиден. Другие слишком суетны, но, похоже, не обращают на это внимания. Третьи завистливы и злобны. Ближние подмечают эти недостатки, на их взгляд, весьма презренные. Сам же грешник зачастую пребывает в неведении относительно своих грехов. В таких случаях не следует уповать на собственные сердце и глаза. Нам нужно знать, что думают о нас окружающие, за что осуждают, в чем видят нашу вину, — и стараться выявить обоснованность такого отношения.

Если нас осуждают за гордость, суету, надменность, злобу — или обвиняют в каких-либо других грехах, присущих нашему нраву или поведению, — нужно искренне спросить себя, насколько справедливы эти обвинения. Они могут выглядеть в наших глазах совершенно безосновательными, и тогда мы сочтем обличителя злонамеренным. Но для проницательного человека такие обвинения будут лишним поводом для самоанализа.

Нужно с особым вниманием прислушиваться к тому, что наши *друзья* говорят нам и о нас. Глупо и не по-христиански обижаться и отвергать обличения. Как писал Давид, «искренни укоризны от любящего, и лживы поцелуи ненавидящего» (Пс. 27:6). Нужно радоваться, когда нам указывают на наши недостатки.

Надлежит прислушиваться и к укорам *врагов*. Если они обличают и бранят нас в глаза — даже если делают это из неприязни, — нужно задуматься над их словами и спросить себя, насколько они справедливы. Даже если их упреки имеют целью задеть нас, они, тем не менее могут быть истинными. Когда люди критикуют ближних, пусть даже не из добрых побуждений, укоры, нередко имеют основания. Действительно, враги и недоброжелатели стараются ударить нас словом в самое уязвимое место. Часто они нападают на нас там, где мы беззащитнее всего. Целью для наших гонителей — хоть они и бранят нас не по-христиански и не из благих намерений, — обычно являются наши слабости.

Таким образом, если за спиной кто-то злословит о вас, неважно из каких соображений, правильно будет прислушаться к этим словам, чтобы выяснить, действительно ли вы виновны в грехах, в которых вас обвиняют. Поистине это лучше, чем впадать в гнев, браниться в ответ или исполняться презрением к хулителям. Так мы сможем извлечь добро из зла и расстроить планы врагов, поносящих нас. В стремлении ранить нас они руководствуются недобрыми намерениями, но именно здесь мы можем извлечь для себя пользу. Как говорится, нет худа без добра.

Замечая проступки окружающих, взгляните на себя: может быть, вам присущи те же самые недостатки? Многие с готовностью обсуждают недостатки других, при этом имея в себе те же самые пороки. Гордецы больше всего любят обличать в гордости других. Обманщики зачастую жалуются на несправедливое отношение к себе. Прегрешения других нам кажутся более возмутительными, чем свои собственные. Мы с легкостью подмечаем тот или иной презренный грех в ближнем. На примере окружающих мы понимаем, насколько отвратительна гордость, или как мерзок гнев, или в какой мере губительны их грехи. В то же время, замечая эти и другие недостатки в ближних, мы не видим их в себе, ибо они покрыты пеленой лукавства.

Наблюдая проступки других, их прегрешения, злобу, непристойное поведение, слушая обличения или осуждая людей за несправедливое обращение с вами, — задумайтесь, насколько сами вы подвержены тем же грехам. Может быть, вам присущи точно такие же недостатки? Поймите, что ваши прегрешения не менее презренны, чем грехи окружающих. Ваша гордость или надменность и высокомерие столь же ненавистны Богу, как подобные пороки у вашего ближнего. Ваши враждебность и мстительность по отношению к ближнему в такой же степени неугодны Ему, как аналогичные чувства ближнего в отношении вас. Как вам грешно обманывать ближнего, так и он осуждаем за нечестное отношение к вам. Как вам не подобает злословить на соседа за его спиной, так же и ему не следует поносить вас за глаза.

Обращайте внимание на духовную слепоту окружающих и спрашивайте себя, насколько четко вы видите

свои грехи. Вам известно, что окружающие ослеплены своими похотями. Может быть, какое-нибудь плотское желание или похоть сердца ослепили и вас? Вы видите, как другие ослепляются своей суетностью. Спросите себя, ослепляют ли вас земные привязанности так, что вы перестаете замечать свои грехи. Греховные желания ослепляют вас точно так же, как и других людей. У вас точно такое же лукавое и крайне развращенное сердце. «Как в воде лицо — к лицу, так сердце человека — к человеку» (Пр. 27:19). Говоря иначе, как в воде отражается лицо, так и человек отражается в своем сердце.

Изыскивайте в себе тайные грехи

Исследуйте сокровенные уголки своего сердца. Может быть, в нем есть тайные грехи? Возможно, вы уклоняетесь от исполнения своих христианских обязанностей, о чем известно только вам и Богу? Не предаетесь ли вы тайным занятиям, которые ненавистны всевидящему око Божьему?

Спросите себя, насколько прилежно вы исполняете свои духовные обязанности, как-то: чтение Библии, размышление о Слове, уединенная молитва. Занимаетесь ли вы этим вообще? И если да, то делаете ли это от всего сердца и с должным рвением? Как вы ведете себя наедине с собой, когда вы ответственны лишь перед своей совестью и Богом? Что ваша совесть говорит вам?

Я подробнее остановлюсь на двух следующих вопросах.

Спросите себя, насколько прилежно вы читаете Слово Божье. Библия написана для того, чтобы ее читали, — и не только проповедники и пасторы, но и весь народ Божий. Недостаточно прочесть Библию единожды или перечитывать ее спустя многие годы. Писание должно постоянно быть с нами в качестве непогрешимого путеводителя по жизни. Как ремесленнику всегда нужно иметь под рукой мерило, а слепцу — проводника, так и идущий во тьме нуждается в свете, который есть Библия, призванная быть светильником ноге нашей и светом стезе нашей (Пс. 118:105).

В Иисуса Навина 1:8 сказано: «Да не отходит сия книга закона от уст твоих; но поучайся в ней день и ночь, дабы в точности исполнять все, что в ней написано: тогда ты будешь успешен в путях твоих и будешь поступать благоразумно». Кроме того,

> И да будут слова сии, которые Я заповедую тебе сегодня, в сердце твоем [и в душе твоей]; и внушай их детям твоим, и говори о них, сидя в доме твоем и идя дорогою, и ложась и вставая; и навяжи их в знак на руку твою, и да будут они повязкою над глазами твоими, и напиши их на косяках дома твоего и на воротах твоих (Вт. 6:6-9).

Христос тоже заповедал нам исследовать Писание (Ин. 5:39). Оно суть рудник, в котором мы отыскиваем спрятанное сокровище. А вы сами исполняете эту обязанность?

Спросите себя, не потакаете ли вы своим плотским похотям. Есть множество способов такого потакания, и каждый из них ненавистен святому Богу. Даже если вы удаляетесь от явных грехов, не потакаете ли вы втайне своим похотям время от времени и не вкушаете ли приторный нектар запретных удовольствий?

Отдаете ли вы себе отчет в том, что даже тайное потакание похотям в сердце и воображении есть мерзость пред Богом? Водится ли за вами такой грех?

Оставьте грехи свои, дабы жить в безопасности

Вы получили указания, как испытывать себя, чтобы выявлять грехи. Как обстоит дело с вашей жизнью? Находите ли вы в себе тайные грехи? Я не спрашиваю, свободны ли вы от грехов абсолютно. Этого от вас не требуется, «ибо нет человека, который не грешил бы» (3 Цар. 8:46). Но есть ли грех, который стал для вас *привычкой* и частью *образа жизни*? Безусловно, есть чистые в этом отношении люди, «непорочные в пути, ходящие в законе Господнем... хранящие откровения Его, всем сердцем ищущие Его. Они не делают беззакония, ходят путями Его» (Пс. 118:1-3).

Пусть совесть свидетельствует о вашей жизни. Грешны ли вы? Стал ли какой-либо грех привычным для вас? *Допускаете* ли вы это? Если да, то примите к сведению следующее.

Если вы искали спасения и до сих пор не обрели его, вероятно, причина тому – грех. Должно быть, вы задаетесь вопросом, почему после продолжительных и прилежных поисков спасения вы все еще не достигли цели. Неоднократно вы взывали к Богу, но Он не внял вашим мольбам. Другие обретают утешение, а вы по-прежнему прозябаете во тьме. Удивительно ли это, если вы никак не можете оставить свои грехи? Разве это не веская причина того, что все ваши молитвы и воззвания к Богу остались без ответа?

Если вы, ища Спасителя, грешите – спасения вам не найти. Сперва нужно свернуть с нечестивого пути. Если один из членов соблазняет вас и вы не отсекаете его (в фигуральном смысле), то в результате своего бездействия можете угодить в ад (Мф. 5:29-30).

Если в вашей душе благодать не пребывает, а, наоборот, убывает, возможная причина тому – грех. Чтобы возрастать в благодати, нужно жить в послушании, и делать это от всего сердца. Всякий живущий так будет исполняться благодати. Однако, если вы грешите, грех, как злокачественная опухоль, подрывает силы вашей души. Он делает вас немощным, обделенным и чахлым.

Всего один только грех, вошедший в привычку, будет препятствовать вашему духовному росту и лишать вас силы благодати. Грех оскорбляет Святого Духа Божия (Еф. 4:30). Он мешает благотворному влиянию Слова Божьего. Пребывающий в вас грех подобен язве; он делает вас слабым, даже если ваша духовная пища обильна.

Если вы впали в тяжкий грех, вероятно, какой-либо меньший грех подготовил почву для вашего падения. Тот, кто не воздерживается от всякого греха и не исполняет все заповеди, безоружен перед самыми тяжкими грехами. Пребывающий в нем грех всегда будет открытой дверью для сатаны. Это как пролом в крепостной стене, через который неприятель может проникнуть в крепость и нанести вам большой урон. Если вы совершили вопиющий грех, вполне возможно, что причина именно в этом.

Или же, если грех служит своеобразным клапаном для ваших пороков, он подобен бреши в плотине, которая будет неумолимо разрастаться, если ее вовремя не заделать.

Если вас окружает кромешная духовная тьма и вы не ощущаете присутствия Божьего, должно быть, это также объясняется наличием в вас греха. Если вам не хватает благодатного общения с Богом; если вам кажется, что Бог покинул вас; если вы полагаете, что Он сокрыл от вас Свой лик и все реже и реже являет вам свидетельства Своей славы и благодати или если вы ощущаете себя идущим на ощупь в темноте по безжизненной пустыне, — причина, вероятнее всего, кроется в грехе. Возможно, вы часто взывали к Богу, проводили бессонные ночи и дни, полные скорби. Если вы каким-либо образом грешите, весьма вероятнее, что именно *это* является причиной ваших несчастий, корнем ваших прегрешений, Аханом, оскорбляющим Бога и омрачающим покой вашей души. Вы печалите Духа Святого — вот почему Он не дает вам утешения.

Христос обещал являть Себя Своим апостолам, но при условии, что они будут соблюдать Его заповеди: «Кто имеет заповеди Мои и соблюдает их, тот любит Меня; а кто любит Меня, тот возлюблен будет Отцом Моим; и Я возлюблю его и явлюсь ему Сам» (Ин. 14:21). Но если вы постоянно нарушаете Его заповеди, стоит ли удивляться, что Он не утешает вас Своим присутствием? Чтобы иметь благоволение Божье, нужно во всем слушаться Его.

Если вы подвергаете сомнению факт своего спасения, вероятно, именно грех порождает эту неуверенность. Самый верный способ удостовериться в своем спасении — ходить в непорочности пред Богом. Это, как мы уже отмечали, также является способом исполниться благодати. Чем больше в нас благодати Божьей, тем заметнее это будет для нас самих и для окружающих. Когда Христос являет нам Себя, мы получаем уверения Его любви и благоволения.

Если вы грешите, нужно ли удивляться неуверенности в своем спасении? В конце концов, грех мешает вам исполняться благодати и затмевает свет лика Божьего. Вряд ли вы сможете почувствовать себя истинным христианином, пока не оставите все грехи свои.

Если провидение Божье неблагосклонно к вам, поводом для этого может служить грех. Вероятно, именно ваши грехи являются причиной того, что вы получаете упреки и наказания. Временами Бог бывает необычайно суров по отношению к Своему непослушному народу в этом мире. Бог не позволил Моисею и Аарону войти в землю Ханаанскую, потому что они согрешили устами у вод Меривы. А как жестоко покарал Он Давида! Какие

страдания Бог обрушил на Давида через его семью! Один
из сынов Давида надругался над своей сестрой; другой
убил своего брата и, прогнав отца из его царства на глазах
у всего Израиля, прилюдно осквернил одну из его налож-
ниц на крыше дворца.

В конце концов он встретил ужасную смерть, тем самым окончательно разбив отцовское сердце (2 Цар. 18:33).
В конце своей жизни Давид стал свидетелем того, как другой его сын захватил власть в его царстве.

Как сурово покарал Бог Илию за то, что тот не удерживал своих сынов от греха! Оба сына были умерщвлены
в один день, и сам Илия умер насильственной смертью.
Более того, филистимляне захватили ковчег Божий
(1 Цар. 4). Дом Илии был проклят навеки; Бог поклялся,
что «вина дома Илиева не загладится ни жертвами, ни при-
ношениями хлебными вовек» (1 Цар. 3:3-14). Титул свя-
щенника был отобран у Илии и отдан другому роду.
Ни одному из его потомков не суждено было дожить до
старости (1 Цар. 2:31).

Являются ли ваши грехи причиной того, что вы пре-
терпеваете удары карающего меча Провидения Божьего?
Воистину, вашим ближним не подобает судить вас за страдания, но вам надлежит спрашивать себя, за что с вами борется Бог (Иов 10:2).

**Если мысль о смерти внушает вам страх, вполне воз-
можно, что причиной этому также является ваш греховный образ жизни.** Вы трепещете от ужаса, думая о смерти?
Вас пугает болезнь или какая-либо иная угроза вашей жизни? Тревожат ли вас мысли о смерти в вечности, несмотря
на то что вы считаете себя христианином?

Вероятно, именно ваши грехи являются источниками
подобных страхов. Грех искушает ваше плотское сердце
мирскими похотями, не дает вам предвкушать радость

пребывания на небе и мешает исполняться благодатью. Грех лишает вас успокоительного ощущения Божьего благоволения и присутствия, посему не нужно удивляться, что вы не в состоянии без страха смотреть в лицо смерти.

Перестаньте грешить. Если, читая эти строки, вы обнаружили в себе какой-либо грех, знайте, что впредь вы будете жить в грехе *явном*. Неважно, был этот грех явным в прошлом или нет, возможно, вы грешили непреднамеренно. Но теперь, зная о нем и продолжая грешить, вы не сможете оправдаться своим *неведением*, в результате чего станете в один ряд с теми, кто грешит *осознанно*.

УКАЗАТЕЛЬ СТИХОВ ИЗ БИБЛИИ

ТЕМАТИЧЕСКИЙ УКАЗАТЕЛЬ

Издательство «Благая весть»

Любовь к чтению Слова Божьего и полезной духовной литературы — добрая традиция нашего братства с первого дня его основания. Мы молимся и трудимся для того, чтобы верующие церквей бывшего Советского Союза имели желание и возможность регулярно читать полезные христианские книги наряду с изучением Библии, чтобы они имели доступ как к богатому духовному наследию мужей веры минувших веков, так и к трудам современных христианских авторов.

 Канал
издательства

Чтобы вы через чтение книг больше познавали Бога, мы:

- подбираем лучшие книги, доступные на русском языке;
- переводим новые книги по еще мало освещенным вопросам;
- помогаем издавать книги местных авторов со здравым богословием.

Книжный интернет-магазин Legere.ru

Цель книжного служения: обеспечить христиан хорошими печатными ресурсами, чтобы помочь им расти как в личном благочестии, так и в развитии своих навыков в служении.

- Цены: желание сделать книги максимально доступными.
- Содержание: строгий подход к выбору книг, сфокусированных на Боге и Его Слове.
- Сервис: удобный для посетителей сайт, простой заказ книг.

Программа «Снаряди пастора»

Цель программы: помочь русскоязычным пасторам и молодым служителям лучше подготовиться к служению через чтение хороших христианских книг.

Мы хотим помочь пасторам, которые ценят чтение книг, но имеют ограниченный бюджет на их покупку, а также студентам христианских учебных заведений, которые стремятся стать пасторами. Как участник программы «Снаряди пастора» Вы будете бесплатно получать по 1–2 книги в месяц в течение 18 месяцев. Мы надеемся, что эти книги заложат фундамент Вашей личной библиотеки и помогут сформировать культуру чтения хороших христианских книг в церквах.

Условия участия: надо верно читать полученные книги и присылать краткий отчет об одной из прочитанных книг 1 раз в квартал.

СЛУЖЕНИЕ «В ПОМОЩЬ ПРОПОВЕДНИКУ»

cbtsamara@gmail.com
www.SamaraCBT.ru

1 УРОВЕНЬ

Цель программы:
научить верно толковать текст
Писания, применять его в своей
жизни и эффективно наставлять
слушающих.

Приглашаем для участия:
- пасторов;
- проповедников;
- наставников воскресных школ;
- лидеров малых групп.

2 УРОВЕНЬ

Цель программы:
подготовить пасторов и
наставников для будущих
пасторов церквей братства.

Приглашаем для участия:
- пасторов;
- основателей новых церквей;
- братьев, занимающихся
наставлением будущих служителей.

Существует заочная форма программы.

ИЗУЧАТЬ
ИСПОЛНЯТЬ
УЧИТЬ

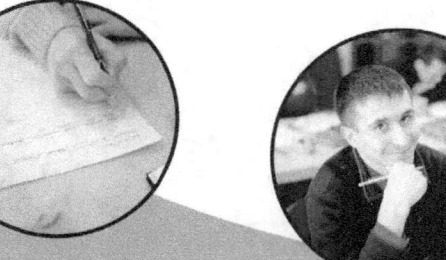

Джон Мак-Артур

ОТМИРАЮЩАЯ СОВЕСТЬ
Знать пределы дозволенного в мире,
отрицающем вину

Перевод с английского: А. В. Петровский
Редактор перевода: Н. Л. Смирнова
Ответственный редактор: Р. Куропаткин
Технические редакторы: А. М. Молчанов, Н. Н. Папаян
Корректор: А. Х. Салтанаева
Верстка: Д. Петинина
Дизайн обложки: М. Литвинова

Религиозное издание

The Master's Academy International
www.tmai.org
publishing@tmai.org

www.ingramcontent.com/pod-product-compliance
Lightning Source LLC
Chambersburg PA
CBHW061136120626
46546CB00005B/1806